KB273804

정신에 대하여

정신에 대하여

정신에 대하여
하이데거와 물음

초판 1쇄 발행 2026년 3월 10일

—

지은이 자크 데리다
옮긴이 박찬국
펴낸이 이병은

책임편집 이희도   **책임디자인** 양혜진
기획 김명희 · 박준성   **마케팅** 최성수 · 배근호

—

펴낸곳 세창출판사
　　　　신고번호 제1990-000013호 주소 03736 서울특별시 서대문구 경기대로 58 경기빌딩 602호
　　　　전화 02-723-8660 팩스 02-720-4579 이메일 edit@sechangpub.co.kr 홈페이지 http://www.sechangpub.co.kr
　　　　블로그 blog.naver.com/scpc1992 페이스북 fb.me/Sechangofficial 인스타그램 @sechang_official

—

ISBN 979-11-6684-484-3 93160

ⓒ 박찬국, 2026

이 책에 실린 글의 무단 전재와 복제를 금합니다.

정신에 대하여

하이데거와 물음

DE L'ESPRIT
Heidegger et la question

자크 데리다 지음
박찬국 옮김

세창출판사

이 책은 국제철학연구원이 파리에서 개최한
컬로퀴엄 '하이데거와 열려 있는 물음들'이 끝날 때인
1987년 3월 14일에 행한 강연을 엮은 것이다.
주는 물론 나중에 덧붙인 것이다.

차례

일러두기

1. 외래어 표기는 국립국어원 원칙을 따랐으며 일부 관례로 굳어진 것은 예외로
   두었다.
2. 본문에 언급된 외국 저작은 국내에 번역된 경우 해당 제목을 따라 표기했다.
3. 옮긴이의 판단에 따라 병기가 필요한 단어는 첨자로 표기했다. 옮긴이가 독자
   의 이해를 돕기 위해 덧붙인 글은 [ ]로 묶었다. ( ) 안에 표기된 글은 모두 데리
   다의 것이다. 단 저서명은 모두 우리말로 옮기고 원서명은 첨자로 표기했다.
4. 원서에서 이탤릭으로 표기한 부분은 굵은 글씨로 구분했다.
5. 각주는 모두 옮긴이의 것이다.

I

나는 망령, 화염 그리고 재災에 대해서 말할 것이다. 그리고 피한다는 것이 하이데거에게 의미하는 바에 대해서.

피한다는 것은 무엇인가? 하이데거는 vermeiden[피하다]이라는 일상어를 여러 번 사용한다. 피한다éviter, 도망친다fuir, 달아난다esquiver. '정신esprit' 혹은 '정신적인spirituel'이라는 단어들이 문제가 될 때 이것들은 무엇을 의미할 수 있는가? 보다 분명히 말하자면 esprit와 le spirituel이 아니라 Geist, geistig, geistlich가 문제가 된다.* 이러한 물음은 전적으로 언어의 문제이기 때문이다. 이 독일어들은 번역될 수 있는가? 달리 말해 우리는 그것들을 피할 수 있는가?

---

*   'esprit'는 '정신'을 의미하는 프랑스어, 'le spirituel'은 '영'을 의미하는 프랑스어다. 'Geist'는 '정신', 'geistig'는 '정신적인', 'geistlich'는 '영적인'을 의미하는 독일어다. 그러나 데리다는 이 말들이 다른 언어들로 번역될 수 없는 독특한 뉘앙스를 갖는다고 말한다. 이는 하이데거가 서양철학의 존재(Sein)나 불교의 니르바나(열반), 노자의 도(道) 등이 다른 언어들로 번역될 수 없는 근본어(Grundwort)라고 말하는 것과 유사하다.

『존재와 시간』(1927)—거기에서 하이데거는 무엇을 말하는가? 그는 고지하며 지시한다. 그는 이렇게 경고한다. 우리는 몇 개의 용어를 피해야(vermeiden) 한다고. 이 용어들에는 정신(Geist)이 포함된다. 이로부터 25년 후, 단지 25년밖에 흐르지 않았음에도 하이데거는 트라클에게 바치는 위대한 텍스트에서 트라클은 geistig라는 단어를 항상 조심스럽게 피해(하이데거는 다시 vermeiden이라는 단어를 쓴다) 왔다고 쓴다. 그리고 분명히 하이데거는 트라클이 그 단어를 피하는 것을 찬양하며 그와 동일하게 생각한다. 그러나 이번에 피해야 할 것은 Geist도 geistlich도 아니고 geistig다.

이러한 차이를 우리는 어떻게 파악하면 좋은가? 그리고 [그동안에] 무엇이 일어났는가? 이 [두 시점 사이의] 기간은 어떻게 되는가? 25년 동안, 즉 위의 두 경고신호['피한다', '그것을 사용하는 것을 피한다'] 사이에 존재하는 기간에 하이데거가 위의 용어 전체를, 형용사 geistig까지 포함해서 자주 그리고 규칙적으로 또한 주목할 정도는 아니라도 눈에 띄게 사용하고 있다는 사실을 우리는 어떻게 설명할 수 있는가? 그리고 자주 '정신'에 대해서 말했을 뿐 아니라 때로는 과장하며 정신의 이름으로 말했다는 사실을 우리는 어떻게 설명할 수 있는가?

그는 피해야만 한다고 알고 있던 것을 피하지 못했던 것일까? 말하자면 그가 피하겠다고 자신에게 약속했던 것을? 그는 피하는 걸 잊어버렸던 것일까? 또는 —이는 있을 법한 의심인데— 사태는 보다 복잡하고 다른 방식으로 얽혀 있는 것일까?

우리는 여기에서 어떤 다른 책을 위한 하나의 장을 쓸 수도 있을 것이다. 나는 그 장의 제목을 '말하는 것을 어떻게 피할 것인가'라고 상상해 본다.[1] '피한다'는 것은 무엇을 의미하는가? 특히 하이데거의 경우에 그것은 무엇을 의미하는가? 그것은 필연적으로 회피도 부인도 아니다. 이러한 범주들은 통상적으로 그것들을 이용하는 담론, 예를 들면 정신분석의 담론이 vermeiden의 경제를 그것이 존재 물음에 노출되는 바로 그 장場에서 고려하지 않는 한 불충분한 범주들이다. 그것[vermeiden의 경제]에 우리가 마땅한 주의를 기울이지 않았다는 사실을 우리는 인정해야만 한다. 그리고 오늘 나는 그것에 가까이 다가가려고 할 것이다. 나는 무엇보다도 '피함'의 모든 양식, 말하지 않으면서도 말하고, 쓰지 않으면서도 쓰고, 어떤 단어들을 사용하지 않으면서도 사용하는 것을 특징으로 갖는 '피함'의 그 모든 양식을 생각하고 있다. 예를 들어 인용부호 사이에, 또는 부정이 아니면서 십자를 친 삭제기호(kreuzweise Durchstreichung)* 아래 또는 "내가 만약 다시 하나의 신학을 쓴다면 거기에 '존재'라는 단어는 나타나지 않을 것이다" 등과 같은 모든 [피함의] 양식을 나는 염두에 두고 있다.[2] 그런데 잘 알려진 사실이지만, 이렇게 말할 당시에 하이데거는 이 단어[존재]를 삭제 기호 아래 나타내는 방식으로 소멸시킨다. 그리고 이것은 아마 이미 오래전부터 그를 신학의 길에서 사로잡았을 것이다. 신학에 대해서 그는 쓰기를 원하지만 바로 이 시점에 쓰지 '않고' 있는 것은 아니다. 오히려 그는 신학을 쓸 의도도 없고 절대로 쓰지 않을 것이며 어느 날 신앙이 그를 찾아온다면, 자신의 사유의 아틀리에를 폐쇄해야만 할 것이라고 말한다.[3] 그는 이렇게 말하면서 자신이 신학을 쓸 수 있으며

---

* 하이데거는 'Sein'이라는 말에 십자 표시를 하는 방식으로 그것을 삭제한다.

더 나아가 그렇게 할 수 있는 유일한 사람이라는 사실을 표명하고 있는 것은 아닐까?

이 강연에 대해서 내가 채택할 수밖에 없었던 제목으로 인해 여러분 중의 몇몇은 놀라거나 충격을 받았을지도 모른다. 이들이 이 제목에서 물의를 일으켰던 한 권의 책[엘베시우스의 『정신에 대하여*De l'esprit*』], 처음에는 익명으로 나왔다가 불에 바쳐진[불태워진] 책으로부터의 ─그렇다고 해서 이 책은 불태워진 이 책에 대한 패러디는 아니다─ 인용을 알아챘든 못 챘든 간에.[4]

이 제목은 오늘날 그 문법과 어휘라는 면에서 볼 때 시대착오적인 것처럼 보인다. 그것은 『정신에 대하여*De spiritu*』에서의 키케로 스타일의 라틴어 논문을 모델로 하는 체계적인 논문들을 썼던 시대로, 즉 사람들이 18세기의 프랑스 유물론 혹은 그것에 이어지는 세기들의 프랑스 유심론이라고 부르는 것이 그것을 모델로 하여 오늘날의 학교들이 사용하는 수사학의 가장 아름다운 규칙들을 세웠던 저 시대로 되돌리는 것 같다. 이 "정신에 대하여*De l'esprit*"라는 시대착오적인 형식, 즉 '과거로 되돌아가는' 도발적인 제목은 이 컬로퀴엄과 관련해서는 더욱 상궤를 벗어난 것처럼 보인다. 스타일상의 이유(그 제목은 하이데거적인 표현 방식을 전혀 상기시키지 않는다)로도 그리고 내가 그렇게 말해도 된다면 의미론상의 이유로도 그러하다. 즉 정신은 적어도 외관상으로는 하이데거가 사용한 주요 용어는 아닌 것이다. 그것은 그의 주제가 아니다. 그는 분명히 이 주제를 피할 줄 알았다. 그리고 누가 감히 그가 저 형이상학 ─유물론적인 것이든 유심론적인 것이든─, 프랑스적인 전통의 가장 화려한 시절과 중요한 순간들에 해당하는 저 형이상학, 우리의 철학 제도를 그렇게 오랫동안 각인한 저 형이상학을 추구하고 있다고 의심할 수 있을 것인가?

이러한 의심은 터무니없는 것으로 보이기 때문에, 그리고 그것은 자신 내에 사람들이 용인할 수 없는 어떤 것을 포함하고 있기 때문에, 또한 그것은 아마도 하이데거의 사유 도정과 여러 담론 그리고 역사에 존재하는 가장 불안한 장소들로 향하기 때문에, 사람들은 처음부터 끝까지 정신에 의해 자석에 끌리는 것처럼 끌리고 있는 저작 안에 깃든 정신에 대해서 말하는 것을 피하게 된다.

정신이라는 이 주제가 하이데거의 사유 도정에서 주요하면서도 분명한 지위를 점하고 있다는 사실을 나는 곧 보여 줄 생각이지만, 이러한 주제가 우리가 계승해야만 하는 유산으로서의 권리를 상실했다는 사실은 주목할 만한 것이 아닐까? 정통 하이데거파든 이단적인 하이데거파든 신新하이데거파든 방계 하이데거파든 [하이데거의] 제자들의 경우든 하이데거 전문가들이든 모든 종류의 하이데거파는 이 주제를 수용하려고 하지 않는다. 어느 누구도 하이데거와 관련하여 정신에 대해서는 결코 말하지 않는다. 이뿐 아니라 하이데거에 반대하는 전문가들조차도 하이데거가 말하는 정신을 고발하기 위해서라도 정신이라는 주제에 대해서 관심을 갖지 않는다. 무엇 때문인가? 무슨 일이 일어나고 있는가? 사람들은 이렇게 해서 무엇을 피하는 것인가? [과거의] 유산을 상속하는 것과 관련해서 이렇게 걸러내고 차별하는 것은 무엇 때문인가? 유산을 거부한다고 할지라도 왜 Geist는 존재, Dasein[현존재], 시간, 세계, 역사, 존재론적 차이, Ereignis[존재의 사건] 등과 같은 대주제들과 주요 용어들처럼 그것에 상응하는 위치를 점하지 못하는 것인가?

프랑스적인 차원을, 프랑스-독일 연보를 ―이것에 대해서 다룰 의도는 없기 때문에 나는 이 문제를 열어 둔 채로 두겠지만― 드러내기 위해서는 아마도 고전적인 아카데미즘이라는 위험을 무릅써야만 할 것이다. 이 컬로퀴엄을 통해 우리는 하이데거가 이 연보에서 차지할 위치를 정하겠지만, 이 컬로퀴엄도 이 위치와 관련해서 '물음들을 열어 두면서' Erörterung[논구]하는 것이다. 정신에 대해서De l'esprit, 이 제목은 매우 프랑스적이다. 그것은 Geist의 geistig나 geistlich가 함축하는 것을 이해시키기에는 너무나도 프랑스적이다. 그러나 바로 그 때문에 사람들은 그것을 아마도 독일어로 말할 때 더 잘 이해하게 될 것이다. 그 말을 번역하려고 시험하면서 다른 언어를 통해 울리게 할 경우 혹은 차라리 번역에 대한 이 말의 저항을 시험할 경우, 우리는 아마도 이 말의 독일적인 성격에 보다 민감해질 것이다. 그리고 이는 우리가 우리의 언어로 동일한 시험을 할 경우에도 마찬가지다.

이러한 필연성이 중심적인 것은 아니다. 나는 서론이나 서문에서 내 논점을 정당화할 생각은 없지만 아래에 세 개의 예비적인 논거를 제시하고자 한다.

우선 여러 언어 사이, 독일어와 로마 사이, 독일어와 라틴어 사이, 특히 독일어와 그리스어 사이의 본질적인 대결, 논쟁의 필연성이 문제가 된다. pneuma, spiritus와 Geist* 사이의 Auseinandersetzung[대결]

---

* 세 단어는 모두 영혼 내지 정신을 의미하지만, pneuma는 그리스어, spiritus는 라틴어, Geist는 독일어다. 데리다는 이 단어들이 서로 번역 불가능한 고유한 뉘앙스를 갖는다고 본다.

으로서의 Übersetzung[번역]이 문제가 되는 것이다. 이 마지막 단어 [Geist]는 어떤 특정한 순간에는 앞의 두 단어로 더 이상 번역될 수가 없다. "네가 번역에 대해서 어떻게 생각하는지를 말한다면 나는 네가 어떤 사람인지를 말해 줄 것이다"라고 하이데거는 소포클레스의 『안티고네』와 관련해서 우리에게 상기시킨다.[5] 또한 정신에 대하여라는 이 제목에서 프랑스어-라틴어의 de는 탐구, 즉 학술 논문이라는 고전적 형태로 내가 하이데거와 관련하여 정신에 대해서, 그것의 개념과 말에 대해서, Geist, geistig, geistlich라는 용어들에 대해서 논하는 것에 착수하기를 원한다는 사실을 고지한다. 나는 이러한 도정들을, 움직임을, 규칙에 따르는 형성과 변형을, 정신의 전제와 규정을 겸손하게 추적하기 시작할 것이다. 이러한 예비적인 작업이 아직 체계적으로 기도된 적은 없었으며 내가 아는 한에서는 [비체계적으로라도] 기도된 적조차 없었다. 이러한 침묵이 의미가 없는 것은 아니다. 이러한 침묵은 사람들이 믿는 것보다 하이데거에서 정신이라는 단어가 더 많이 사용되고 있지만 그가 그것을 어떤 긴 고찰의, 어떤 책의, 어떤 세미나의, 심지어 어떤 강연의 제목이나 주요한 주제로 한 적이 한 번도 없었다는 사실에서만 기인하는 것은 아니다. 그렇지 않고, —아래에서 내가 드러내려고 시도하겠지만— 하이데거가 정신을 불러낼 때 이렇게 물어지지 않은 채로 남아 있는 것은 힘의 일격coup de force보다도 힘 자체, 가장 특별하게extra-ordinaire 나타나는 힘 자체다. 정신 혹은 정신적인 것의 이러한 모티브에는 그것들에 대한 독일어에서는 특별한 권위가 귀속된다. 그러한 모티브가 무대의 전경에 등장하지 않는한, 그것은 존재론의 역사에 속하지 않는 것처럼, 어떠한 파괴 내지 해체에서도 벗어나 있는 것처럼 보인다. 그리고 그것이 바로 문제일 것이다.

다른 한편으로 —이것이 내가 거론하고자 하는 두 번째 논거인데— 이 모티브는 높은 정도로 정치적인 맥락 내에 존재한다. 즉 그것은 역사, 언어, 민족, Geschlecht[성], 그리스어 혹은 독일어라고 불리는 것에 의해 그 어느 때보다도 사유가 요구되는 순간들에 나타난다. 그러한[정신에 관련된] 어휘군을 유심론적이라고 부를 권리도 심지어 영적spirituel이라고도 부를 권리는 없지만 —혹은 나는 그것을 정신론적spiritual이라고 불러도 좋을까?—, 하이데거는 그것을 1933년~1935년, 특히 「총장 취임 연설」과 『형이상학 입문』에서, 그리고 그 후 다른 형태로 『니체』에서 매우 자주 사용한다. 그러나 이어지는 이십 년 동안 동일한 어휘 계열은 예를 들면 셸링, 횔덜린, 그리고 특히 트라클에 관한 세미나들과 저술들을 자석처럼 끌어당기고 있다. 나는 이때 일어나는 변화를 분석할 것이다. 그러한 어휘군은 그러한 세미나들과 저술들에서 일정한 새로움을 수반하는 하나의 주제적인 가치를 갖게 된다.

마지막으로 나의 세 번째 예비적인 논거를 거론하고자 한다. Geist에 대한, geistig와 geistlich의 차이에 대한 사유가 주제적이지도 비주제적이지도 않다면, 따라서 이러한 사유의 양태가 다른 범주를 요구한다면, 이러한 사유는 내가 방금 성급하게 그리고 약간 관습적으로 말했던 것처럼 높은 정도로 정치적인 맥락에서 행해지는 것에 그치지 않는다. 그것은 아마 정치적인 것의 의미 자체까지도 결정한다. 그어떠한 경우에서도, 그러한 결정이 가능하다면 Geist에 대한 사유 그리고 geistig와 geistlich의 차이에 대한 사유는 그러한 결정의 장소를 규정할 것이다. 아직 거의 눈에 띄지 않더라도 정치적인 것의 물음, 혹은 정치의 물음이라고 불리는 것에 대해 이러한 사유가 갖는 특권은 여기에서 비롯된다. 정치적인 것 혹은 정치에 대한 물음을 통해 오늘날 하이데거에 관해서 ―프랑스에서는 특히 라쿠-라바르트Lacoue-Labarthe에 의해― 의심할 바 없이 새로운 방식으로 논쟁들이 활발하게 불러일으켜지고 있다. 그러한 논쟁들에서 정치적인 것 혹은 정치적인 것의 물음은 존재와 진리, 역사, Ereignis[존재의 사건], 하이데거의 사유 혹은 비사유, 혹은 ―나는 이것을 복수로 부르는 것을 항상 선호하는데― 하이데거의 사유들과 비사유들의 물음과 같은 대문제들과 얽혀 있다.

II

　나는 이 강연에 대해서 제안된 '열려 있는 물음들'이라는 부제를 상기시키고자 한다. 강연을 본격적으로 시작하기 전에, 나는 하이데거를 통해서 그리고 하이데거에 관해서 오늘 나에게 **열려 있는 물음들**이 무엇인지에 대해서 몇 마디 언급해야만 한다. 이를 통해 나는 나의 독서 이력의 어떤 순간에, 즉 나에게 가장 큰 주저와 심각한 당혹의 순간에, 오늘 이 주제를 선택할 수밖에 없었던 경위와 전략을 서술할 수 있을 것이다. 아직은 전적으로 예비적인 것에 그치고 있다고는 해도, 다음의 진술은 나중에 이어질 도정을 비춰 줄 것이다.

　나는 철학의 국적과 민족주의에 관한 세미나에서 몇 년 전부터 내가 추진하고 있는 연구를 통해 Geist에 주목하게 되었다. Geist에 대한 이러한 주목은 최근에 내가 헤겔을 읽을 때 나에게 방향을 제시해 준 것이었다.[6] 이 경우 하이데거의 몇몇 텍스트가 시금석이 된다. 특히 언어와 장소가 문제가 될 때도 그것들은 시금석이 된다. "Geschlecht, 성적 차이, 존재론적 차이"라는 제목으로 짧은 서문을 발표했던 연구 작업을 추진하면서[7] 나는 Geschlecht, 가공할 정도로 다의적이고 거의 번역이 불가능한 이 단어의 흔적과 이 단어와 함께 문제 되는 것을 『언어에의 도상』에 실려 있는 트라클에 대한 텍스트에서 추적하려고 했다. 그런데 이 텍스트에서 우리는 하이데거가 결정적이라고 말하는 geistig와 geistlich 사이의 구별에, 그다음에는 geistlich라는 단어의 내부에 존재하는 특이한 분할을 마주하게 된다. 물론 나는 하이데거의 사유 도정의 이 단계에서 Geschlecht에 대한 사유를 조직하는 이러한 구별과 분할을 다시 살펴볼 것이다.

다른 한편으로 —나는 여전히 동일한 세미나에 대해서 말하고 있다— 가능한 한 끈기 있게 행한 『티마이오스』에 대한 독서, 특히 거기에서 chora(장소)에 관련된 내용에 대한 독서를 통해 나는 그것에 대해 하이데거가 『형이상학 입문』에서 제시하는 해석에 문제가 있다고 생각하게 되었다. 이러한 예를 토대로 다른 물음들이 전개되고 구체적으로 분석될 수 있었다. 이러한 물음들은 존재–신–론*의 역사에 대한 일반적인 해석이나 내가 해체와 시대적인 도식 일반의 공리군axiomatique 이라고 부르는 것과 관련된다. 해체와 시대적인 도식 일반의 공리군이라는 용어는 하이데거라면 거부했을 것이며 나 자신도 잠정적인 편의 때문에 사용한다. 그러나 이러한 단어의 사용이 의심스럽게 생각되는 것은 이러한 시대적인 도식 자체의 관점으로부터 볼 때뿐이다. 따라서 하이데거가 추방을 명하는 것을 우리가 자신에게 미리부터 금지할 의무는 없다. 왜 우리가 이러한 명령과 추방을 문제 삼아서는 안 되는가?

---

* 하이데거는 서양의 전통형이상학을 존재–신–론이라고 부른다.

지난해에 나는 에식스대학교에서 개최한 하이데거에 대한 다른 강연(오늘 여러분들 사이에 앉아 있는 데이비드 크렐이 조직했던 강연으로, 여러분 중의 몇 사람이 거기에 참여했다)을 준비하기 위해 나는 예일대학교에서 미국의 친구들과 일종의 사적인 세미나를 했다.[8] 그들의 질문과 제안에 답하며 나는 그때 하이데거의 텍스트에서 나에게는 미정의 상태에 있고 불확실하며 유동하고 있는 것으로 보였던 것, 따라서 나에게는 적어도 도래하고 있는 것으로 보였던 것을 정의하려고 시도했다. 나는 네 개의 실마리[주요 사상]를 구별했고 내가 에식스에서 보고했던 대화의 말미에서 이렇게 자문할 수밖에 없었다. 이 네 개의 실마리를 결합하는 것은 무엇인가? 무엇이 그것들을 연결하는가? 이러한 Geflecht[얽어진 것]의 매듭은 어떠한 것인가? 적어도 그러한 매듭이 하나 존재한다면, 다시 말해 유일하면서도 단순한 매듭이 존재한다면 ―이것은 결코 확실하지 않은 것인데―, 바로 그것에 최종적인 물음 혹은 항상 최후로부터 두 번째의 물음이 존재한다.

내가 오늘 여러분들에게 제시하면서 검증하기를 원하는 가설은 다음과 같다. 하이데거의 정신론적인 것le spiritual의 흔적을 추적한다는 것은, 이 매듭의 중심점이 아니라 ―또한 나는 그러한 중심점은 존재하지 않는다고 믿는다― 매듭의 저항을 그것의 가장 경제적인 꼬임에 집중시키는 것에 접근하는 것이 될 것이다. 결론 부분에서 나는 내가 지금 겸손하게 가설로 제시하는 것이 왜 필연적으로 입증될 수밖에 없는지를 설명할 것이다. 말하자면 나는 이러한 가설이 참되다는 사실을 미리 알고 있다. 이러한 검증은 나에게는 숙명적인 것만큼 역설적인 것으로 생각된다. 하이데거에게는 진리의 진리가, 즉 그것의 동어반복이 발견되거나 발명될 필요도 없는 진리가 문제가 된다. 그러한 진리는 모든 물음의 피안과 모든 물음을 가능하게 하는 것에, 모든 물음의 물어질 수 없는 것 자체에 속한다. Geist는 ―그것이 하이데거에게는 일자l'Un와 'Versammlung[모음]'에 대한 다른 명칭, 집수集收와 집중集中에 대한 여러 이름 중 하나인 한에서― 저 얽힘을 모으는 것일 수밖에 없다는 사실을 우리는 나중에 증명할 것이다.

네 개의 실마리 중에 첫 번째는 바로 물음, 물음의 물음, Fragen[물음]이 갖는 분명히 절대적이고 오랫동안 의문시되지 않은 특권, 본질적으로 물음을 제기하는 형태와 본질 그리고 존엄이 갖는 특권, 최종 심급에서는 사유의 또는 사유의 길의 특권으로 이끈다. 우리가 나중에 볼 것처럼 하이데거가 묻고questionner, 물음을 걸며demander, 어떤 것의 궁극적 의미를 묻는interroger 양식들을 구별하는 순간들이, 다시 말해 그것들을 이러저러한 물음의 재귀적인 반복까지도 ―왜는 왜인가?― 분석하는 것에 의해 구별하는 순간들이 존재한다는 것은 분명하다. 그러나 하이데거는 사유의 최고의 것과 최선의 것을 물음과, 물음의 결단과, 물음의 부름과 보호와, 사유의 저 '경건함'과 동일시하는 것을 거의 한 번도 그만두지 않았다고 나는 생각한다.[9] 이러한 결단, 이러한 부름과 보호는 이미 물음인가? 그것은 아직 물음인 것인가? 이러한 '경건함'은 무엇인가? 그리고 왜 하이데거는 거의 한 번도 그만두지 않았는가? 우리는 이러한 물음들에 대해서 인내심을 가져야만 한다. 나는 그때[예일대학교 세미나에서] 물음이 갖는 이러한 특권이 어느 정도로 보호되는지를 이해하려고 했다. 어떤 물음의 보호 아래에서는 분명히 아니다. 사유되지 않은 것에 대한 하이데거적인 규정에 의해 아직 각인되었을 사유되지 않은 것에 대한 사유의 보호 아래에서도 아니다(각각의 위대한 사상가에게는 하나의 유일한 사상이 귀속되며, 따라서 단순하면서도 하나의 사유되지 않은 것도 그에게 귀속된다. 이 경우 사유되지 않은 것이란 그것이 부정적이지 않고 un-gedacht[사유되지 않은] 한에서,[10] 그것이 여전히 하나의 사유인 한에서의 사유되지 않은 것이다. 억양, 악센트, 강조, 내가 조금 전에 말했던 피함과 피하지 않음의 이러한 양식들이 이러한 사실을 드러낸다). 따라서 어떤 물음의 보호 아래에 있는 것이 아니라 다른 것의 보호 아래에 있다. 그런데 나는 Geist가 아마도 다른 모든 이름을 넘어서, 물음이 물어지지 않는 이 가능성에 부여하는 명칭이라는 사실을 보여 주려고 시도할 것이다.

두 번째 실마리는 특히 기술技術이라는 주요한 물음과 관련하여 '기술의 본질은 기술이 아니다'라는 전형적이고 범례적인 진술로 이끈다. 이러한 범형적인 진술은 적어도 어떤 관점에서는 전통적으로 철학적이다. 이 진술은 항상 본질의 사유인 묻는 사유의 가능성을 기술에 의한 어떠한 오염으로부터도 보호한다. 따라서 엄격한 비-오염을 향한 이러한 욕망을 분석하는 것이 [나에게는] 중요했으며, 이로부터 사유 혹은 언어를 근원적으로 불순하게 만드는, 기술에 의한 **오염**과 접촉의 필연성, 즉 숙명이라고도 말할 수 있을 필연성을 시야에 확보하는 것이 중요했다. 오염이라는 용어는 나에게 중요했다. 따라서 기술에 의해 본질의 사유가 오염되는 것, 따라서 기술의 사유될 수 있는 본질이 기술에 의해 오염되는 것. 그리고 물음의 특권은 기술의 이러한 환원 불가능성과 이미 항상 어떤 관계를 갖고 있기 때문에, 기술에 대한 물음에까지 미치는 기술에 의한 오염. 이러한 필연성이 초래하는 귀결들이 제한될 수 없다는 것은 상상하기 쉽다. 그런데 나중에 시사하겠지만 Geist는 하이데거가 모든 무력화(Entmachtung)로부터 구원하려고 하는 것을 가리킨다. 그것은 아마 구원해야만 하는 것을 넘어서 구원하는 것 자체다. 그런데 구원하는 것은 이러한 오염으로부터 구원될 수 없을 것이다. 이런 맥락에서 Geistigkeit[정신성]와 Geist의 (비기독교적인) Geistlichkeit[영성] 사이의 차이에는 결정적인 의미가 있다. 하이데거가 악(das Böse)은 영적인(geistlich) 것이라고 인정할 때, 그는 이를 통해 정신의 순수성, 정신에 내재하는 순수성을 구원하려고 한다.

세 번째 실마리는 관련된 사람이 하이데거이든 다른 사람이든 매우 오랫동안 나를 불안하게 만들고 그것에 대해 의심을 품게 만든다. 동물성에 대한 담론, 그리고 명시적이든 아니든 그러한 담론을 지배하는 공리군이 바로 그것이다. 오래전부터 나는 이 주제에 대해 갈수록 더 자주 언급해 왔다.[11] 3년 전에 나는 Geschlecht에 대한 저 연구 작업을 진행하면서 그리고 여러분 중의 몇몇 사람들이 알고 있는 강연에서[12] 나는 손에 대한 하이데거의 담론에 관한 긴 분석을 제시했다. 이 분석에서 나는 문제가 되는 모든 부분, 즉 손을 주제로 다루는 『사유란 무엇인가?』의 구절이든(원숭이는 [무언가를] 잡을 수 있는 기관을 갖고는 있지만 오직 인간만이 손을 '가지고 있다'. 아니 차라리 우리는 손 —복수의 손이 아니라— 이 인간의 본질을 소유하고 있다고 말하는 것이 좋을 것이다), 또는 이보다 10년 전의 세미나, 다시 말해 pragma, praxis, pragmata[사물, 행위, 제작물]에 대해 숙고하는 [하이데거의] 파르메니데스에 대한 세미나든, 문제가 되는 모든 부분을 다루었다. pragma, praxis, pragmata는 vorhandene[손 앞의 것들] 혹은 zuhandene[손 안의 것들]로서, 손의 영역 안에서(im Bereich der Hand) 나타난다.[13] 이 문제는 다시 한번 동물과 기

술의 관계에 관련된다. 그것은 특히 주는 것donner과 취하는 것prendre
사이의 대립, 나에게는 너무나 문제적이라고 여겨지는 대립을 통해
일어난다. 이러한 대립이 『사유란 무엇인가?』에서 문제 되는 구절을
규정하며, 그것은 인지(vernehmen)와 이성(Vernunft) 사이의 관계들, 언
어와 손 사이의 관계들, 그리고 어떠한 기술적인 기계화와도 무관하
며 글을 쓰는 데 도움이 되는 모든 기계와도 무관하게 손으로 쓰는 것
(Handschrift)으로서 에크리튀르écriture의 본질을 지배한다. 인간 현존
재와 동물 사이의 대립으로서 손을 해석하는 것은 주제적인 형태로든
비주제적인 형태로든, 존재의 의미에 대한 물음의 반복, 존재-신-론
의 해체, 그리고 우선은 Dasein[현존재]과 Vorhandensein[손 앞의 존재]
과 Zuhandensein[손 안의 존재] 사이의 한계들을 확정하는 실존론적 분
석론처럼 하이데거에서 가장 연속적인 담론을 지배하는 것이다. 손과
동물이 문제 될 때마다 —이러한 주제들은 그것들만으로 분리될 수
있는 것은 아니지만— 하이데거의 담론은 그것이 어떤 당혹감을 숨겨
야 하는 만큼, 더욱더 위압적이면서도 권위적인 레토릭[수사]에 굴복
하는 것처럼 여겨진다. 이 경우 이 레토릭은 가장 심오한 —나는 분명
히 가장 심오하다고 말한다— 형이상학적인 인간중심주의의 공리들
을 손대지 않은 채로 남겨 두며 어둠 속에 온존시킨다. 이러한 사실은
아래에서 내가 다시 살펴볼 『형이상학의 근본개념들』의 주도적인 테
제와 관련하여 특히 분명하게 드러난다.[14] 그 테제는 다음과 같다. "돌
은 무세계적이며(weltlos), 동물은 세계와 관련하여 빈곤하며(weltarm),
인간은 세계 형성적(weltbildend)이다." 나는 따라서 [예일대학교 세미나
에서] 이러한 테제의 함의를, 그것이 부딪히는 아포리아와 결코 은폐

될 수 없는 곤란을, 그것의 무한하게 예비적인 성격을 드러내려고 시도했다. 하이데거는 왜 위의 명제를 테제로서 제시하는 것일까? 그는 이와 같은 것을 다른 곳에서는 실제적으로 한 번도 하지 않으며, 본질적인 이유 때문에 한 번도 하지 않는다. 이러한 테제가 생과 세계의 개념을 비롯하여 거기에 관련된 모든 개념에 영향을 미치는 것은 아닐까? 이미 볼 수 있는 것처럼 이러한 곤란들은 Fragen이 갖는 곤란과 연관되며(동물은 물을 수 없다), 기술의 곤란, 최종적으로는 정신의 곤란과도 연관된다. 정신과 인간 사이의 관계, 정신과 생, 정신과 동물성의 관계는 어떠한가?

마지막으로 네 번째 실마리는 시대성épochalité에 대한 사유를 통해서 그 사유 자체에 있어서 그리고 그 적용에 의해서 다음과 같은 것, 즉 내가 약간 도발적인 방식으로 숨은 목적론 혹은 서사의 질서ordre narratif라고 부르는 것으로 이끈다. [예일대학교에서의 세미나에서] 나는 [플라톤의] chora의 예, 근거율에 관한 스피노자의 사유와 같은 몇몇 사유의 배제forclusion와 같은 예*를 강조했다. 그러나 이 경우 우리는 다시 한번 다음과 같은 사실을, 즉 시대의 구분이 정신적인 것(geistig)의 플라톤적-기독교적, 형이상학적 혹은 존재-신-론적인 규정에 대해 예를 들면 트라클과의 Gespräch[대화]에서 말해지는 것과 같은 정신적인 것에 대한 또 하나의 다른 사유가 갖는 차이를 중심으로 행해진다는 사실을 보게 될 것이다. 이 다른 사유에서는 geistlich가 문제가 되

---

* 하이데거가 분석하는 존재의 역사에서 플라톤의 chora나 스피노자의 철학은 언급되지 않는다는 것을 의미한다.

며 하이데거는 이것이 기독교 혹은 교회적인 의미에서 탈취되기를 원할 것이다.

내가 정신에 대해서 말하기로 결정했을 때 나는 대략 이러한 지점에 도달했다. 하나의 부정적인 확신과 하나의 가설과 함께 나는 정신에 대헤서 말할 것이다. 이러한 확신과 가설은 하이데거의 정신론적 spiritual 고유언어를 최종적으로 규정하는 것을 잘 이해하고 있지 못하다는 확신과, 더 큰 밝음이, 아마 화염의 애매한 밝음이 우리를 이 네 개의 실마리를 연결하는 것에, 몇 개의 사유되지 않은 것들의 매듭에 접근시킬 것이라는 가설이다.

이러한 사유되지 않은 것들이 나에게 그러한 것, 나에게만 그러한 것에 지나지 않을 수 있다는 것은 자명하다. 그리고 더욱 심각한 것은 그것들이 아무것도 줄 수 없을지도 모른다는 것이다. 하이데거는 이렇게 말한다. "어떤 사유가 근원적일수록 그것의 사유되지 않은 것은 더욱 풍부해진다. 사유되지 않은 것은 어떤 사유가 줄 수 있는 최고의 선물(Geschenk)이다."[15]

III

내가 아는 한 하이데거는 한 번도 "정신이란 무엇인가?"라는 물음을 제기한 적이 없었다. 적어도 그는 그가 상세하게 전개하는 다음과 같은 물음들, 즉 "왜 무가 아니라 존재자가 존재하는가?", "존재란 무엇인가?", "기술이란 무엇인가?", "사유란 무엇인가?" 등과 같은 물음들을 제기하는 방식과 형태로 그러한 물음[정신이란 무엇인가라는 물음]을 제기한 적이 한 번도 없었다. 또한 그는 정신을 형이상학이라면 존재에 대립시켰을 저 커다란 극極 중의 하나로 만들고 있지도 않다. 즉 그는 『형이상학 입문』에서 [형이상학이] 존재와 생성, 존재와 현상, 존재와 사유, 존재와 당위 또는 존재와 가치를 나누는 식으로 존재를 제한하는 것을 배격하고 있는데, 정신을 존재와 대립하는 하나의 극으로서 제기하지도 않고 있는 것이다. 또한 정신을 형이상학의 가장 강력하고 가장 영속적인 요구에 따라 자연에 대립시키지도 않는다. 그는 심지어 변증법적인 방식으로도 그렇게 하지 않는 것이다.

정신은 무엇이라고 불리는가? 정신은 무엇을 부르는가? Was heisst

der Geist? 이것이 하이데거가 쓰지 않았던 한 책의 제목이다. 정신에 관련될 경우 하이데거의 서술은 드물게만 본질에 대한 정의의 형태를 띤다. 여기서 '드물게'라는 말은 '오직 예외적인 경우에만'이라는 말이다. 그리고 우리는 그러한 예외들에 관심을 갖게 될 것이다. 그러한 예외들은 서로 매우 다르며 심지어는 서로 대립하기까지 한다. 하이데거는 거의 항상 명사(Geist) 혹은 형용사(geistig, geistlich)를 해체될 수 있는 존재론에 속하는 일련의 개념들과 철학소哲學素, philosophème들 내에 그리고 거의 항상 데카르트에서 헤겔에 이르는 계열 내에 기입하거나, 내가 다시 감히 공리적axiomatique, 가치론적axiologique 혹은 가치–제작적axio-poétique이라고 부를 명제들 내에 기입할 것이다. 이 후자의 경우 정신론적인 것le spiritual은 더 이상 저 형이상학적인 혹은 존재–신–론적인 의미들의 계열에 속하지 않는다. [이 경우] 정신은 하나의 가치가 아니라 해체의 피안에 존재하면서 [오히려] 모든 해체의 원천 자체이자 모든 가치평가를 가능케 하는 것을 가리키는 것 같다.

그러면 하이데거는 무엇을 정신이라고 부르는가?

『존재와 시간』에서 그것은 우선 그 의미가 일종의 존재론적인 어두움에 싸여 있는 하나의 단어다. 하이데거는 이러한 사실을 상기시키며 이 점에 대해 가장 크게 경계할 것을 요구한다. 이 단어는 하나의 공통된 특성을 갖는 일련의 의미들과 관련된다. 그러한 공통된 특성이란 사물에, 사물성의 형이상학적인 규정에, 그리고 무엇보다도 주체의 사물화, 데카르트에 의해 가정된 것과 같은 주체의 주체성의 사물화에 대립하는 것을 의미한다. 일련의 의미들이란 혼, 의식, 정신, 인격으로 이루어지는 계열이다. 정신은 사물이 아니다. 정신은 신체가 아니다. 물론 현존재의 실존론적인 분석론은 어떤 경계 지음을 통해 정신에 대한 이러한 **주체적인** 규정으로부터 구출되어야 한다. 아니 우리는 이렇게 말해도 좋을 것이라고 생각하는데, [현존재의 실존론적인 분석론은 정신에 대한 이러한 주체적인 규정으로부터] 해방되어야 한다. 이 분석론에는 '인간이란 무엇인가?'라는 물음에 대한 철학적인 논구를 준비한다는 과제가 부과되어 있다. [따라서] 이 분석론은 어떠한 생물학에도, 어떠한 인간학에도, 어떠한 심리학에도 선행한다(liegt vor 강조는 하이데거)는 사실을 상기해야만 한다. 어떠한 영혼학pneumatologie에도 선행한다고도 말할 수 있다. 이 영혼학은 헤겔이 또한 '추상적인 지성형이상학'이라고 비판하는 저 합리적인 심리학에 부여했던 별칭이다.[16]

실존론적 분석론은 특히 [다음과 같은] 두 시도, 두 유혹에 대해서도 거리를 두어야만 한다. 이러한 것들에서는 [계보학적인 연속성보다는] 오히려 하나의 도약, 하나의 단절, 실로 철저한 문제화가 존재하는 곳에서 하나의 계보학적인 연속성을 사람들이 생각할 수 있는 위험이 존재한다.

한편으로 데카르트의 cogito[나는 생각한다]를 실존론적 분석론에 이르는 길을 여는 역사적인 좋은 예, 선행하는 예라고 믿는다면 사람들은 과오를 범하게 된다. 데카르트가 전혀 묻지 않았던 또는 '전적으로 [물음의] 장소 밖에 두었던(völlig unerörtert)' sum[나는 존재한다]에 대해 실존론적 분석론은 존재론적인 물음을 제기한다.[17] 코기토의 cogitationes[사유작용]의 존재방식을 정의하기 위해서는 먼저 sum의 존재를 규정해야만 한다. 데카르트처럼 직접적으로 주어진 ego[나]와 주체로부터 출발하는 것은 현존재의 현상성을 놓치는 것이다.[18] 이러한 비판은 다른 한편으로는 정신현상학도 그리고 암암리에 초월론적 현상학과 후설의 cogito도 겨냥한다. 주체라는 이념이 존재론적으로 해명되지 않는 한, 그것은 어떤 subjectum[기체] 또는 hypokeimenon[기저에 놓여 있는 것], 따라서 어떤 실체 또는 기반substrat을 계속해서 설정(Ansatz)하고 있는 것이다. 단지 존재자적인 지반 위에서, 'Seelensubstanz[혼이라는 실체]'라고 부를 수 있는 것에, 심리적인 실체주의 혹은 의식의 전적인 사물화(Verdinglichung des Bewusstseins)에 반대할 경우에도 사태는 마찬가지다.[19] 이렇게 말하는 이유는, 사물화 혹은 실체화를 거부하는 것은 『존재와 시간』이 쓰였던 시대에는 통상적인 태도였지만 그것들을 진정으로 거부하기 위해서는 '사물', 실재 혹은 사물성(Dinglichkeit)의 존재론적인 기원을 다시 해명해야만 하기 때문이다. 사물성, 더 나아가 실체성의 존재론적 기원을 해명하는 것을 소홀히 했기 때문에 주체, 혼, 의식, 정신, 인격 등의 물화되지 않은 존재에 대해 말할 때 '긍정적인' 통찰로서 이해되는 모든 것은 존재론적으로 의문스러운 것으로 남을 것이다. 이러한 계열에 하이데거는 이미 '나je'와 이성도 덧붙였다. 무의식이 동일한 계열에 속한다는 것은 말할 것까지도 없다. 하이데거는 이러한 생각을 보다 이전, 즉 "존재론의 역사의 파괴라는 과제"라는 제목의 6절에서 분명히 피력한다.[20]

따라서 정신은 그 경우 일련의 비非-사물들, 사람들이 일반적으로 사물에 대립시키는 것들의 계열에 속한다. 그것은 어떠한 방식으로도 사물화될 수 없는 것이다. 그러나 사물이라고 이해되는 것의 존재가 존재론적으로 해명되지 않는 한 ―그리고 이것은 데카르트에 의해서도 후설에 의해서도 또한 주체, 혼, 의식, 정신, 인격을 물화시키지 않도록 권고했던 어떠한 사람에 의해서도 행해지지 않았다―, 이러한 개념들은 문제적이거나 독단적인 것들로 남게 된다. 적어도 현존재에 대한 실존론적 분석론의 관점으로부터는 그러한 것으로 남는 것이다. 이 모든 단어, 따라서 정신이라는 단어가 현상학이 탐구할 수 있는 현상성의 영역들을 가리킬 수 있다는 것은 분명하다. 그러나 이러한 존재자들의 각각의 존재에 관한 어떠한 물음에 대해서도 무관심할 경우에만 사람들은 그 단어들을 그렇게 사용할 수 있다.

따라서 이러한 용어와 개념들은 우리 자신인 존재자를 규정하려고 하는 현존재의 실존론적 분석론에서는 어떠한 권리도 갖지 않는다. 이 경우 하이데거는 자신은 그것들을 피할 것(vermeiden)이라고 말한다. 우리가 무엇인가, 우리가 누구인지에 대해서 말하기 위해서는 주체 또는 기체(subjectale)에 속하는 일련의 모든 개념, 특히 정신이라는 개념을 피하는 것이 필수적인 것 같다(『존재와 시간』, 46쪽).

그런데 우리는 누구인가? 여기에서 우리는 무엇보다도 먼저 그리고 오직 존재 물음으로 열려 있다는 사실로부터 규정된다는 것을 잊어서는 안 된다. 우리가 존재에 열려 있으려면 존재가 비록 우리에게 주어져 있어야만 하더라도, 우리는 이 점에서는 그것, 즉 물을 수 있는 능력, 아니 물음의 가능성, 물음의 경험 외에 아무것도 아니다. '우리는'에 대해서 우리는 그것밖에 알지 못한다.

우리는 조금 전에 물음에 대해서 말했다. 우리 자신인 존재자, 즉 실존론적인 분석론의 서두에서 현존재라는 명칭 이외의 명칭을 가져서는 안 되는 이 '우리'가 존재 물음을 위한 범례적인 존재자로 선택된 것은 그것이 다음과 같은 네트워크에 기재된 물음의 경험, 물음의 가능성을 갖고 있기 때문이다. 그러한 물음은 물어지는 것das Gefragte인 존재, 물음이 제기되는 목표das Erfragte인 존재의 의미, 존재 물음이 걸리는 존재자das Befragte인 우리 자신인 존재자, [다시 말해서] 존재의 의미를 독해하기 위한 —이것은 하이데거의 말이다— 범례적 내지는 특권적인 존재자, 이것들로 이루어지는 네트워크다. 실존론적인 분석론에서 출발점은 우선 그리고 오직 물음의 가능성, 경험, 구조, 그리고 규제된 변양들로부터 자신을 정당화한다. 바로 여기에 우리가 우리 자신과 다른 사람들에게 우리라고 말할 수 있는 공존재Mitsein의 저 담론적인 상황에서 우리 자신이 갖는 범례적인 성격이 존재한다. 이러한 범례적인 성격은 문제적인 것이 되거나 문제적으로 남을 수 있다. 그러나 이것이 다시 더욱 눈에 띄지 않는 그리고 아마 더 이상 그 자체가 문제성이 아닌 문제성을 숨겨서는 안 된다. 그러한 문제성은 물음과 문제의 형태로 규정될 수조차 없을 것이다. 이는 그러한 범례적인 성격이 물음(Fragen이라고 말하는 것이 좋을 것이다)과 그것의 구조적인 구성물들에 대한 반성을 출발점으로 한다는 데서 비롯되기 때문이다. 즉, Fragen의 구조 안으로의 [현존재의] 이러한 기입에 대해서, 즉 현존재가 그것으로부터 자신의 특권과 동시에 자신의 최초의, 최소한의, 그리고 가장 확실한 규정을 받아들였던 저 기입에 대해서 그것을 아 프리오리하게 그리고 순환적으로 확증하지 않고, 도대체 어떻게 물을 수 있는가? 하이데거가 이러한 구조를 적절하게 기술하고 있다고 가정해도(이는 확실하지 않지만 일단은 문제 삼지 않겠다), 묻는 능력을 반성하는 데 위와 같은 출발점의 정당성과 공리적 필연성에 관한 모든 불안은 실존론적 분석론의 ―세 단어로 말하자면 Sein und Zeit 의― 원리도 구조도, 마지막으로 의도도 그대로 두지는 않을 것이다. 그때 사람들은 하이데거가 자신에게 말하는 것을 그 자신에 반대하는 식으로 되돌릴 수 있을 것이다. 분석이 잠정적인 것일지라도 그것에는 항상 이미 올바른 출발점이 필요하다고.[21]

단지 이 강연을 시작하면서 지적했던 이유들 때문에 Fragen의 가능성 내에 존재하는 이러한 출발점을 강조하는 것은 아니다. 몇 년 후에, 정신에 대한 언급이 Destruktion[파괴]의 담론 내에서 그리고 현존재의 분석론 내에서 더 이상 규정되지 않을 때, Geist와 geistig라는 단어들이 더 이상 피해지지 않고 오히려 찬양될 때, 정신 자체는 물음의 이러한 자기 표명과 힘에 의해 정의된다. 그런데 이러한 물음이란 바로 그것의 이름으로 『존재와 시간』에서는 동일한 단어들[Geist와 geistig]이 피해졌던 것이다. [『존재와 시간』을 쓸] 당시 하이데거는 이러한 단어들을 피해야만 한다고 말하면서, 자신이 변덕이나 완고함 때문에 혹은 독자적으로 용어를 사용하고 싶어 하는 것 때문에 그러한 용어들을 피하는 것은 아니라는 사실을 강조한다. 그리고 하이데거가 그렇게 말할 때 그는 정당하다.[22] 이러한 일련의 용어들, 즉 정신, 그뿐 아니라 혼과 psyché[영혼], 의식, ego[자아], 이성, 주체 ―하이데거는 여기에 생과 인간도 덧붙인다―와 같은 용어들은 현존재의 존재에 대한 모든 탐구를 저지한다. 그것들은 모두 subjectum[주체, 기체]의 데카르트적인 입장에 결부된다. 이는 무의식의 경우도 마찬가지일 것이다. 그리고 그것들이 비록 주체의 비―사물화 혹은 비―물상화에 대한 유창한 근대적인 담론들에 영감을 불어넣어 주더라도 그것들은 ―특히 생과 인간이란 용어는― 우리 자신인 존재자의 존재의 물음에 대한 무관심, 냉담함, 그러한 물음을 불필요하다고 생각하는 태도를 의미하는 것이다.

따라서 이런 맥락에서 그리고 [용어들의] 이러한 계열에서 '정신'이란 단어에 마주칠 때, 하이데거에 따르면 우리는 그 단어에서 동일한 무관심을 인정해야만 할 것이다. 이러한 무관심은 존재 일반에 대한 무관심일 뿐 아니라 우리 자신인 존재자의 존재, 보다 정확히 말하면 저 Jemeinigkeit[각자성]에 대한 무관심이며, 자아^{moi}와 에고를 소급 지시하는 것은 아닌 항상 각자의 현존재인 나의 존재에 대한 무관심이기도 하다. 이러한 시사와 함께 하이데거는 처음으로 데카르트를 언급하지만, 이 경우 그는 신중하게 그리고 궁극적으로는 부정적으로 언급한다. 각자의 존재는 현존재를 손 앞의 존재자들^{Vorhandene}로서의 존재 유형을 갖는 것들의 한 경우 혹은 한 예와는 전적으로 다른 것으로 만든다. 손 앞의 존재^{Vorhandensein}를 특징짓는 것은 무엇인가? 그것은 바로 자신의 고유한 존재에 대한 무관심, 자신이 본래적으로 무엇인지에 대한 무관심이다. 이러한 무관심이 그것을 자신의 존재에 대해서 염려하는 현존재로부터 구별한다. 아니 사실은, 손 앞에 존재하는 것으로서 존재자는 자신의 존재에 대해서 무관심한 것(gleichgültig)조차도 아니다. 사람들은 의인관擬人觀에 빠지지 않고서는, 돌이 자신의 존재에 무관심하다고 말할 수 없을 것이다. 돌은 [자신의 존재에 대해서] 무관심하지도 무관심하지 않은 것도 아니다(weder gleichgültig noch ungleichgültig). 이 지점에서(9절) 하이데거는 이러한 범주들과 관련해서 동물의 경우도 그러한지를 자문하지 않는다. 이렇게 자문하는 것에 그가 약간의 어려움을 느낄 것이라는 사실은 의심할 나위가 없지만, 이에 대해서는 나중에 다시 살펴볼 것이다. 이에 반해 현존재에 대해서는 그것이 자신의 존재에 대한 물음에 무관심할 수 있다고 말하는 것이 의미가 있다. 이는 바로 현존재가 무관심하지 않기 때문이며 무관심하지 않을 수 있기 때문이다. 현존재의 무관심은 그의 비-무관심의 한 양상에 지나지 않기 때문이다. 현존재의 각자 존재는 인칭대명사에 호소하는 것(나는 있다, 그대는 있다)에 의해서만 자신을 표현할 수 있는바, 이러한 현존재에게 무관심(이번에는 Indifferenz이며 Gleichgültigkeit가 아니다)은 또한 자신에 관계하고, 자신의 고유한 존재에 관심을 가지며, 자신에 무관심하지 않은 하나의 방식이다. 자신의 고유한 존재에 대한 이러한 무관심(Indifferenz)은 돌이나 탁상의 무관심은 아니다. 그것은 현존재의 일상성을, 일상성에서 모든 것을 평균적인 것으로 몰아대는 것을, 저 Durchschnittlichkeit[평균성]를 특징짓는다. 하이데거가 평균성을 부정적인 현상으로 비난하려고 하는 것은 아니다. 이 경우 무관심은 '무가 아니라' '적극적인 현상 성격'이다.

따라서 세 가지 유형의 무관심이 존재한다. 첫째로 손 앞의 존재자의 절대적인 무관심이 있다. 돌은 무관심과 그것의 반대 사이의 차이의 피안에 존재한다. 이어서 현존재의 적극적인 현상으로서의 무관심(Indifferenz)이 존재한다. 세 번째로 형이상학의, 예를 들면 데카르트 이래의 형이상학의 역사에서, 저 현저한 Bedürfnislosigkeit, nach dem Sein …zu fragen[존재에 대해서 물을 필요성]을 느끼지 못하는 무관심이 존재한다. 그리고 우선 자신의 고유한 존재, 우리 자신인 존재자의 존재에 대해서 [물을 필요성을 느끼지 못하는 무관심이 존재한다]. 이 마지막 무관심은 기체(hypokeimenon)뿐 아니라 사물(res, substantia)의 사물성이 사유될 경우 우리를 마비시킨다. 이러한 무관심에 의해서 우리는 정신, 혼, 의식, 인격과 같은 개념들에 묶여 있게 된다. 그러나 이 마지막 두 개의 무관심의 표현들은 서로 유비적인 관계에 있으며 그것들을 가능케 하는 공통된 조건을 갖는다. 그것들은 필연적으로 존재의 물음을 제한하는 것으로 이끌며, 현존재의 '누구임'을 손 앞의 존재 Vorhandensein란 의미에서 혹은 손 앞의 존재로서의 주체라는 의미에서 실체적 동일성을 갖는 어떤 것으로서 해석하는 것으로 이끈다. 이렇게 되면 이후에는 사람들이 영혼의 실체성, 의식의 사물화 혹은 인격의 객체성에 대해 항의할 수도 없게 되며 [현존재의] '누구'는 손 앞의 존재의 형태로 존속하는 주체로서 존재론적으로 계속해서 규정된다. 이 경우 그 '누구'에게 사람들이 인정하는 정신마저도 실체적인 이러한 주체성과 이러한 손 앞의 존재를 통해서 영향을 받게 된다. 그런데 '누구'를 영속하는 실체로 만드는 이러한 해석의 뿌리는 무엇인가? 그것은 시간에 대한 통속적인 개념이다. 따라서 정신이라는 개념은 그 자체가 그러한 통속적인 시간 해석에 기초하는 한 피해져야만 한다. 이러한 정신 개념을 하이데거는 현존재의 분석론을 경계 지으면서 (Umgrenzung) 해체한다. 현존재의 본질이 하이데거가 거기[『존재와 시간』]에서 부여하는 의미로 실존이라는 것은 "인간의 '실체'는 혼과 신체의 종합으로서의 정신이 아니고 실존이다"라는 말과 동일하다.[23]

지나치는 김에 덧붙이지만, 무관심이라는 개념은 동물의 지위를 정하는 것에는 아무런 도움이 되지 않는다. 동물이 분명히 손 앞의 존재자가 아니라는 사실은 하이데거도 다른 곳에서 인정하고 있다. 따라서 그것은 돌처럼 절대적으로 무관심한 것은 아니지만, 현존재의 분석론의 출발점인 묻는 자인 '우리'에도 속하지 않는다. 그것은 현존재가 아니다. 그것은 무관심한가 아니면 무관심하지 않은가, 그리고 어떠한 의미에서 그런가?

[하이데거에 따르면] 데카르트는 중세 존재론을 떠나지 못했다. 중세의 존재론은 ens creatum[피조물]과 ens infinitum[무한한 존재] 혹은 increatum[창조되지 않은 존재자]을 구별하는 것에 그쳤을 뿐, 이러한 ens[존재자]의 존재를 묻지 않았다. 철학적 사유의 르네상스 혹은 근대로 간주되는 것[데카르트의 철학]은 Gemüt[심정]에 대한 존재론적이고 주제적인 분석론을 지연시킨 '치명적인 선입견의 이식'에 지나지 않는다.[24] 정신의 파괴(Destruktion) 전체의 프로그램에 속하지는 않더라도 그것의 지평에는 하나의 과제가 부과된 것으로 보인다. 그것은 'Gemüt에 대한 존재론적 분석론'이란 과제이며 그러한 과제의 운명과 나중의 생성이 하이데거의 작품에서 추적되어야만 할 것이다. 이 단어[Gemüt]에 상응하는 프랑스어가 존재하는가? 그 독일어를 문자 그대로 번역하는 프랑스어가? 나는 그러한 단어를 알지 못한다. 어느 날 『존재와 시간』이 프랑스어로 번역되어야만 할 경우 나는 어떤 용어가 가장 덜 부적합한지 알지 못한다. 뵘Rudolf Boehm과 웰렌스Alphonse de Waelhens는 번역자의 마음을 끌 수는 있지만 길을 잘못 들게 할 수 있는 모든 프랑스어, 즉 esprit, âme, coeur와 같은 용어들을 피해야만 한다는 사실을 잘 이해하고 있었다. 이때 그들은 기묘한 전략을 생각

해 냈다. 그들은 외국어를 원용했고 그들이 선택한 단어는 라틴어이자 데카르트적 용어인 mens[정신]였다. 그러나 그것은 [실질적으로는] 번역하지 않는 것일 뿐 아니라 피해야만 하는 것을 프로그램 안에 재도입하는 것이었다. 적어도 mens를 통한 작위적인 우회는 [번역에] 어려움이 있다는 것을 시사한다. 이러한 우회를 통해 사람들은 최악의 혼란을 면한다. 최악의 혼란이란 무엇인가? 그것은 하이데거가 정확히 이 맥락에서 정신이라는 단어를 피할(vermeiden) 것을 명하는 바로 그때 Gemüt를 'esprit[정신]'라는 말로 번역하는 것이다. 그런데 바로 이 단어에 마르티노-베쟁Martineau-Vezin은 모든 것을 혼란에 빠뜨리기 위한 것처럼 돌진한다.

동일한 경계 지음[현존재의 분석론을 인간에 대한 다른 파악들과 구별하는 것]은 '정신에 대한 과학들', 즉 정신에 대한 과학으로서의 역사학, 또한 정신과학으로서의 심리학(Geistwissenschaftliche Psychologie), 그리고 딜타이, 베르그송의 인격주의와 철학적 인간학 내에서 psyché[혼]과 생을 중심으로 조직되는 개념 장치의 전체를 겨냥한다. 하이데거는 이것들 사이의 차이를 고려하면서도 생과 지향적 구조를 준거로 하는 모든 사람을 동일한 집합에 포함시킨다. 후설이 문제가 되든 셸러가 문제가 되든, 이들에게는 인격의 존재를 물을 수 있는 능력이 없다. 이것과 유사한 논의 전개는 『현상학의 근본문제들』(15절)에서도 발견된다. 요컨대 이러한 지점에서는 정신의 개념, 이러한 정신 개념은 해체되어야만 한다. 이러한 개념에 결여된 것은 인간을 통일시키는 것(혼, 의식, 정신과 신체)에 대한 모든 존재론적인 물음일 뿐 아니라 바로 Gemüt의 분석론이기도 하다.

IV

우리는 여기서 『존재와 시간』을 덮어야만 하는 것일까? 하이데거가 데카르트에 의해 행해진 접목接木의 유산에 바치는 수많은 논의는 이러한 전제들[물음의 특권, 정신이라는 용어를 피해야 한다는 것 등]에 아무것도 덧붙이지 않는가? 그 책[『존재와 시간』]이 정신이라는 주제에 대해서 제시하는 최후의 말은 거기[Gemüt의 분석론]에 존재하는가?

이러한 물음에 대해서 우리는 '예'이자 '아니'라고 답할 수밖에 없다.

그러한 전제들과 해체가 한 번도 재검토되지 않은 한에서는 '예'다. 이는 『존재와 시간』에서도 그렇고 그 후에도 그렇다.

[그러나] Gemüt의 분석론의 방향으로 한 걸음 나아가는 순간 이미 레토릭의 전략이 변화되기 때문에 '아니다'. 『존재와 시간』에서부터 이미 하이데거는 '정신'의 가치와 단어를 다시 받아들이지만, 물론 그것을 인용부호(' ') 사이에 사용한다. 이렇게 함으로써 그는 그것을 받아들이지 않으면서도 그것을 받아들인다. 그는 그것을 더 이상 피하지 않으면서 피한다. 이렇게 피하지 않는다 해도 그것은 분명히 이전

의 경계 설정을 여전히 전제하며 이후에도 유지할 것이다. 그것은 피해야만 한다(vermeiden)는 필연성에 모순되지 않으며 그것을 확증하고 계속해서 유지한다. 그것은 항상 그럴 것이다. 그럼에도 인용부호에 둘러싸일지라도 이 단어와 함께 정신의 무엇인가가 그리고 의심할 여지 없이 Gemüt를 시사하는 어떤 것이 주체성에 대한 데카르트적이고 헤겔적인 형이상학에서 빠져나간다. 이를 통해 '정신'이라는 단어가 인용부호 안에서 명명하는 어떤 것이 구원된다. 정신은 다시 돌아온다. '정신'이라는 단어는 다시 받아들여지기 시작한다. 인용부호에 의한 정화catharsis를 통해 이 단어는 그것의 통속적인, uneigentlich[비본래적인], 한마디로 라틴적이고-데카르트적인 징표들로부터 자유로워진다. 이때 동일한 책의 다른 끝에서 서서히 [정신이라는 단어를] 재전유réappropriation하는 작업이 시작되며, 이 작업은 재독일화re-germanisation와 혼합된다. 나는 이러한 사실을 증명하고 싶다.

이번에는 공간과 시간이 문제가 된다.

우선 하이데거는 공간에 대해 그것은 제1단계일 뿐이지만 전통적인 정신 개념을 단적으로 피하는 것에서부터 시작한다. 현존재는 정신적인 내면성, 즉 공간적으로 된다는 이차적인 성질이 그것으로부터 파생되는 정신적인 내면성이 아니다. 현존재는 자신의 고유한 '공간-내-존재'(ein eigenes 'im-Raum-sein')를 갖는다. 그러나 이것은 세계-내-존재 일반을 기초로 해서만 가능하다. 어떤 하나의 세계 내에 존재하는 것(das In-Sein in einer Welt)을 정신적 속성(eine geistige Eigenschaft)이라고 말해서는 안 된다. 인간의 공간성이 단지 그의 신체만을 특징짓는다고 말해서는 안 된다. 이렇게 말할 경우, 신체적인 사물(Körperding)과 정신적인 사물(Geistding)이 손 앞의 존재Vorhandensein의 형태로 함께 존재한다는 불명료한 문제에 다시 부딪히게 될 것이다. 사태는 완전히 불명료한 채로 남게 될 것이다. 사람들은 정신적인 사물인 인간이 우선 존재하고 나서 나중에야(nachträglich) 공간 속에 옮겨지고 전이되고 이동된다(versetzt)는 소박한 생각(naive Meinung)에 굴복하게 될 것이다.[25]

그러나 두 번째 단계에서 동일한 논리는 이번에는 인용부호를 원용한다. '정신'이라는 단어는 다시 돌아오고, 그것은 더 이상 폐기되지도 피해지지도 않으며, 그것의 해체된 의미로 사용되는 것이다. 그것은 정신에 유사한 어떤 다른 것을, 정신이 그것의 형이상학적인 망령과 같은 것인 어떤 다른 것을, 다른 정신의 정신을 가리키기 위해 사용된다. 인용부호 사이에서 인용부호의 격자 사이를 통해 사람들은 정신의 분신double이 자신을 알려 오는 것을 보는 것이다. 보다 정확히 말해, 문자로는 보이면서도 거의 읽힐 수 없는 정신이 이미 읽힐 수 있는 유령 같은 실루엣, 어떤 다른 것의 실루엣처럼 되는 것이다. 유령과 같은 성격은 Geist의 우연적인 성격도 아니고 esprit의 우연적인 성격도 아니며, 그 사태와 그 단어의 우연적인 성격도 아니다. 데카르트적인 형이상학, 또는 주체적인 접목에 속하는 이 단어[정신]를 사용하는 것을 통해, 자신의 피안을 가리키는 인지[人指, 집게손가락]처럼 이 단어를 통해 하이데거는 인용부호 사이에서 다음과 같은 것, 즉 분명히 옛날의 담론이 '정신'이라고 불렀던 것은 분명히 아니지만 그렇다고 해서 그것이 정신의 반대물이라고 생각했었을 공간적인 것, 외부의 것, 신체, 살아 있지 않은 것은 더더구나 절대로 아닌 어떤 것을 ―소극적으로, 간접적으로, 소리 없이― 명명하고 쓴다écrire. 이 경우 문제가 되는 것

은 공간성이, 신체를 통해 나중에 공간 안에 떨어지는 정신적인 현존
재에 덧붙여지는 것은 아니라는 사실을 분명히 하는 것이다. 이와 반
대로, 현존재가 공간적인 존재이지만 사람들이 물리적인 혹은 연장을
갖는 사물이라고 부르는 것과는 전혀 다른 방식으로 공간적인 존재인
것은 현존재가 손앞에 존재하는 사물이 아니기 때문이다. 따라서 그
것이 공간적인 존재이고 그것의 공간성이 독특한 것으로 남는 것은
그것이 '정신적인'(이 경우에 이 단어는 당연히 인용부호 안에 쓰여야만 한다) 존
재이기 때문이다. 현존재가 공간적인 존재인 것은 이러한 '정신성' 때
문이며, 오직 그러한 '정신성' 때문이라고 하이데거는 강조한다. 우리
는 일차적으로 이러한 말 없는 기호들인 인용부호와 강조에 주의하지
않으면 안 된다.

> 현존재의 공간성은 '정신이 신체와 숙명적으로 결합되어 있다'
> 는 사실 때문에 실존이 갖게 되는 불완전성으로서 해석되어서는
> 안 된다. 오히려 그것은 '정신적(geistig)'이기 때문에 그리고 오직
> 그 때문에만(und nur deshalb), 연장을 갖는 물체에는 본질적으로 불
> 가능한 방식으로 공간적인 존재다.[26]

이 책[『존재와 시간』]의 뒷부분에서 공간이 더 이상 문제 되는 것이 아
니라 시간이 문제가 될 때도 인용부호가 '정신'이라는 단어의 주위에
서 동일한 감시를 행한다. 그러나 논리와 레토릭의 운동에 [시간과 공
간 사이에] 유사성이 있다고 할지라도 하이데거가 이 주제를 다루는 심
도는 동일하지 않다. 논의는 이제 정신의 진정한 주제에, 보다 정확히

는 정신과 시간 사이의 관계에 대한 헤겔적인 해석이라는 주제를 둘러싸고 전개된다(82절). 헤겔이 말하는 것처럼 "역사는 본질적으로 정신의 역사이지만 그것은 시간 안에서 전개된다"면, 따라서 "역사의 발전은 시간 안에 떨어진다(fällt)"면 어떻게 해서 정신은 이렇게 시간 안에, 이러한 순수감성적인 것, 즉 이러한 '비감성적이면서 감성적인 것(das unsinnliche Sinnliche)' 안에 떨어질 수 있는가? 이러한 전락이 가능하기 위해서는 시간의 본질과 정신의 본질은 헤겔에 의해 어떤 일정한 방식으로 해석되었어야만 한다. 이러한 이중의 해석, 하이데거는 이것을 비판하기(kritisieren)를 원하지 않으며 그것이 단순히 자신의 취미에 맞지 않는 것처럼 취급하기를 원하지 않는다고 말한다. 이에 따라 논의는 복잡해지며 긴 분석을 요구하게 된다. 무엇이 분명하게 드러나야만 하는가? 시간 안으로 정신이 전락한다는 생각은 시간에 대한 통속적인 개념을 전제한다. 본래적인, 고유의, 통속적이지 않은 시간성은, 즉『존재와 시간』에서 존재 물음의 초월론적인 지평을 형성하는 시간성은 시간에 대한 이러한 헤겔적인 개념, 이러한 통속적인 개념에 '대항해서(gegen)' 이러한 개념을 토대로sur son fond 제기된다. 이는 헤겔의 시간 개념이 "시간에 대한 통속적인 이해의 가장 철저한 개념적인 형성"을 대표하며 나타내기(darstellt) 때문이다.[27] 하이데거는 이러한 사실을 사람들은 거의 주목하지 않았다고 말한다.

정신이 부정의 부정으로서 규정되는 시간 안에 '떨어진다'면 정신은 그 자신 또한 부정의 부정으로서 나타나야만 한다. 그것의 본질은 개념이다. 즉 사유가 그 자신을 사유할 때의 사유의 형식, 비-아非-我의 파악으로서(als Erfassen des Nicht-Ich), 달리 말해 이러한 차이의 파악으로서 자기 파악(das sich Begreifen)이다. 따라서 정신의 본질인 순수개념 안에는 차이의 차이(ein Unterscheiden des Unterschieds)가 존재한다. 따라서 정신의 본질은 형식적이고-명제론적으로 부정의 부정으로서 규정될 수 있다. 그리고 그것은 데카르트적인 cogito의, 즉 cogito me cogitare rem, 비아의 파악으로서 자기 파악인 한에서 의식의 논리적인 형식화에 지나지 않는다. 정신에 대한 헤겔의 규정은 데카르트의 cogito를 통해서 명령받고 규정되며 결정된다. 그것은 [데카르트의 cogito와 마찬가지로] 동일한 해체를 요청한다. 헤겔은 데카르트를 철학적 근대의 크리스토퍼 콜럼버스로 보면서 경의를 표하지 않았던가?

정신과 시간 사이의 형식적 구조의 동일성, 즉 부정의 부정이 존재한다면, 남아 있는 것은 한쪽이 다른 쪽 안으로 '떨어진다'는 사실을 해명하는 것이다. 정신과 시간은 그것들의 형식적인 추상적인 성격으로 인해 외부에 있고 외화 된다. 이것으로부터 양자의 근친성(Verwandtschaft)이 유래한다. 그러나 헤겔은 항상 시간을 통속적으로, 그것의 유래가 은폐된 '수평화된 세계시간'으로서 사유한다. 그는 다시 시간을 Vorhandenes로서, 즉 그것 자체가 주체성으로서 이해된 정신 앞에 정신을 대면하면서 존재하는 것으로서 해석한다. 시간, 즉 개념의 거기에 있음, 다시 말해 정신의 본질의 거기에 있음은 정신 앞에 그것을 대면하면서, 그것 밖에, 그것에 대립해 있는 것으로서 있다(steht sie dem Geist als ein Vorhandenes einfach gegenüber). 이 경우 우리는 정신에 대해 그것이 '시간 안에 떨어진다'고 말하기 위해서는, 즉 흡사 정신 밖에 그것에 대립해서(gegenüber) 하나의 객-체의 방식으로 현전하는 것처럼 정신의 면전에 존재하는 시간 안에 떨어진다고 말하기 위해서는 이러한 통속적인 해석에 따르지 않으면 안 된다. 그러나 정신이 지배하는 것이면서도 정신에게 소원하거나 외적인 것으로 머무는 시간 안으로 정신이 이렇게 떨어지는 것과 시간 안에서 자신을 실현하는 것(Verwirklichung)은 무엇을 의미하는가? [하이데거에 따르면] 헤겔은 이에 대해서 아무것도 말하지 않는다. 그는 그것을 어둠 속에 방치한다. 더 나아가 그는 부정의 부정으로서의 정신의 본질적인 구성이 바로 근원적이고 비통속적인 시숙時熟의 기초 위에서 가능한 것은 아닌가라는 물음을 제기하지 않는다.

그런데 하이데거가 결국 '정신'이라는 단어를 끌어들이는 것은 이러한 근원적인 시간성을 설명하려고 하는 바로 그때다. 그는 두 번에 걸쳐서, 그러나 인용부호 사이에 두 번에 걸쳐서 정신을 끌어들인다. 방금 우리는 이러한 인용부호가 현존재의 공간성의 분석에서 'geistig'를 둘러싼 인용부호와 유사할지라도 동등한 것은 아니라고 말했다. 이는 시간이 갖는 자명한 특권에서 비롯된다. 『존재와 시간』의 원래 기획에 따르면, 시간이 실존론적인 분석론의 초월론적 지평, 즉 존재의 의미의 물음과 이 물음에 관련된 모든 물음의 초월론적 지평을 형성한다는 것은 잘 알려져 있다.

따라서 'Der 'Geist''는 두 구절에서 인용부호 사이에서 두 번 나타난다. 첫 번째 구절은 동일한 82절의 말미에 있다.

> '정신'은 먼저 시간 안에 떨어지는 것이 아니라 시간성의 근원적인 시숙(Zeitigung, 강조는 하이데거)으로서 실존한다(existiert, 강조는 하이데거). 시간성이 세계시간을 시숙시키며, 이러한 세계시간의 지

평 안에서 '역사'(이것에도 인용부호가 덧붙여져 있다. 나는 이러한 사실을 강조한다—데리다)가 시간 내적인 생기로서 나타날 수 있다.

지금 하이데거는 인용부호를 가지고 계속 유희하면서 [정신이] 떨어지는 위치를 바꾼다. Fallen은 더 이상 정신이 시간 안으로 떨어지는 것이 아니라 근원적인 시숙이 수평화된, 비본래적인, 고유성을 결한, 데카르트-헤겔주의의 통석적 해석이 표상하는 것과 같은 —Vorhandenes로서의— 시간성 안으로 떨어진다. 인용부호 사이에 분명히 '정신'이 존재하지만, 그것은 시간 안에 떨어지지 않는다. 인용부호 사이에 분명히 '떨어짐'이 있다. 그러나 이 경우 나는 그러한 떨어짐이 시간으로부터 시간으로de temps en temps 혹은 시간으로부터 다른 것으로de temps á autre 떨어지는 것이라고 감히 말하지는 않겠지만, 그것은 하나의 시간으로부터 다른 시간으로 떨어지는 것이다. 그러한 떨어짐은 정신으로부터 시간으로 떨어지는 것이 아니다. 만약 '정신'이 인용부호 사이에서 시숙 자체가 된다면, 우리는 [하나의 시간이 다른 시간으로 떨어진다고 말하는 것과] 똑같이 정신이 다른 정신으로 떨어진다고 말해야만 할 것이다. 내가 이제 인용하는 구절에서 인용부호상의 'Fallen'(헤겔로부터 인용)은 현존재의 분석론에서 인용부호 없이 쓰이고 있는 verfallen[퇴락]을 지시한다.

'정신'은 시간 안으로 떨어지는 것이 아니다. 현사실적 실존(die faktische Existenz)이 퇴락하는 실존으로서(als verfallende), 근원적, 본래적 시간성(ursprüngliche, eigentliche Zeitlichkeit)으로부터 떨어지는

(fällt) 것이다. 그러나 이러한 '떨어짐' 자체도 시간성에 속하는 그것의 시숙양식에 자신의 실존론적인 가능성을 갖는다.[28]

헤겔이 말하듯이 정신은 시간 안으로 떨어지지 않는다. 다른 의미로 그리고 필연적으로 요구되는 인용부호와 함께 정신은 본질적으로 시숙이다. 하이데거 역시 사유하고 있는 것과 같은 떨어짐이 있다면, 그것은 본질적인 이유들 때문에 —[시간이] 『존재와 시간』에서 존재 물음의 지평 자체를 형성하는 이유들 때문에—, 하나의 시간으로부터 다른 시간으로의 떨어짐이 존재하는 것이다. 그것은 악도, 우연한 일도 아니며, 우연한 악도 아니다. 그러나 우리는 이미 인용부호의 배후 내지 사이에 시간과 다르지 않은 저 정신을 보게 된다. 이러한 정신은 결국 시간으로, 시숙의 운동으로 귀착되며, 그것은 그 자체로 퇴락에 떨어지지 우연히, 외부의 영향에 의해서 혹은 우연히 일어나는 불행이나 사고로 인해 퇴락에 떨어지지는 않는다. 우리는 이러한 사실을 약간 나중에, 즉 악의 정신적 본질에 대한 하이데거의 주장을 고찰할 때 다시 살펴볼 것이다. 그러나 이때는 Geistlichkeit[영성]가 문제가 되며, 더 이상 Geistigkeit[정신성]는 문제 되지 않는다. 이러한 정신성이, 보통 기독교 언어에 속하지만 하이데거가 탈기독교화하려고 하는 단어인 geistlich의 의미론적인 가치를 규정하게 된다. 따라서 우리가 걸어야 할 긴 길이 존재한다.

하이데거가 1926년에서 1927년 사이에 [『존재와 시간』을 쓸 당시에] 사유했던 것을 다시 살펴보자. '정신'이란 단어는 [그것에 수반되는] 눈에 띄지 않는 소란에도 불구하고, 저 이중화dédoublement에 의해서 그것에 망령이 끈질기게 따라붙게 됨에도 불구하고, 하이데거는 이 단어를 진심으로 받아들이고 있지 않으며 그것에게 숙박처를 제공할 뿐이다. 그러한 숙박처는 결코 아무런 유보 없이 제공되는 것은 아니다. 이 단어는 환영받을 때조차도 문지방 또는 경계선에 억류되며 차별하는 기호를 수반하게 되고 인용부호에 의해서 거리가 취해진다. 이러한 글쓰기의 기교를 통해서 그것은 분명히 동일한 단어이지만 다른 단어가 된다. 이러한 상황을 묘사하기 위해서 편의상, 잠정적으로 speech act theory(언어 행위 이론)가 제안하는 사용usage과 언급mention 사이의 구별을 원용하고자 한다. 이것은 하이데거의 취미에는 맞지 않겠지만, 그러한 구별을 시험대 위에 올려놓고 그것이 갖는 한계들을 드러낼 수 있을 것이다. 하이데거는 '정신'이라는 단어를 사용하는 것에서 시작했다. 보다 정확히 말해서 그는 그것을 우선은 부정적으로 **사용했고** 더 이상 사용해서는 안 되는 단어로서 언급했다. 그는 그것이 배제되어야만 한다는 식으로 그것의 가능한 **사용**을 **언급했던** 것이다. 다음 두 번째에 그는 이 단어를 사용했지만, 인용부호와 함께 사용했다. 다른 사람의 담론을 언급하는 것처럼, 자신이 다른 의미로 사용하고 싶어 하는 단어를 인용 혹은 차용하고 있는 것처럼. 가장 중요한 것은 '사용'과 '언급'의 이러한 미묘한, 실로 풀기 어렵게 결합된 저 구절이다. 저 구절은 개념을 변형하고 전위시킨다. 인용부호로부터 그리고 그것을 규정하는 담론적인 맥락에서 출발할 경우, 그 구절이 동일한 단어, 동일한 호칭을 변화시키지 않고, 동일한 단어로 다른 것을 환기시키지 않는다면, 그 구절은 다른 단어를, 다른 호칭을 요구한다는 사실이 분명해진다.

V

그것은 인용부호의 법칙이다. 인용부호는 두 개씩 경계선과 문 앞에 보초를 선다. 그것은 모든 경우 입구 앞에 놓인다. 그러한 장소들은 항상 극적이다. 그 장치는 극적으로 만드는 데 그리고 무대와 무대장치를 환각적으로 불러일으키는 데 기여한다. 두 쌍의 핀셋이 일종의 장막, 베일 혹은 커튼을 걸어 둔다. 막은 닫혀 있지 않고 약간 열려 있다. 이렇게 [장막이] 걸려 있는 시간, [『존재와 시간』 출간 후] 6년, 관객의 불안에 찬 기대(서스펜스) 그리고 타이틀 자막에 이어지는 긴장이 존재한다. 그리고 나서 갑자기 ―세 번은 아니고 단 한 번― 인용부호의 제거가 개막을 알린다. 개막하자마자 급전急轉이 일어난다. 즉 정신 자체가 무대에 등장하는 것이다. 단 이는 그것이 아직 자신의 유령을, 바꿔 말하면 그것의 정신Geist을 대신 파견하지 않는다고 할 경우에 그렇다.

6년 후인 1933년에 「독일대학의 자기주장」과 함께 결국 막이 올려진다. 그리고 이러한 개막은 아카데믹한 장엄한 광경, 인용부호의 소멸을 축하하는 화려한 연출이기도 하다. 정신은 무대 안에서 자기의 시간을 기다리고 있었다. 이제 그것은 출현한다. 그것은 자신을 드러낸다. 정신 그 자체가, 내용 면에서나 문자 면에서나 인용부호 없이 자신을 긍정한다. 그것은 독일대학의 자기주장을 통해서 자신을 긍정하는 것이다. 정신의 긍정이 불타오른다. 분명히 나는 '불타오른다'라고 말한다. 내가 이렇게 말하는 것은 「총장 취임 연설」이 정신을 찬양할 때의 파토스를 환기시키기 위해서만은 아니다. 또한 그것은 화염에 대한 언급을 통해서, 극장의 주위에 자신의 유령들을 활개 치게 하던 가공할 시대가 조명될 수 있기 때문만도 아니다. [내가 그렇게 말하는 것은] 20년, 정확히 20년 후, 하이데거가 정신을 고려하지 않고서는 악은 사유될 수 없다고 정신에 대해서 말하기 때문이며, 그것은 우선 pneuma도 spiritus도 아니라고 말하기 때문이다. 이와 함께 하이데거는 정신은 귀가 먹은 로마어는 말할 것도 없고 복음서의 그리스어와 마찬가지로 철학자들의 그리스어로도 이해될 수 없다고 우리로 하여금 결론짓게 한다. 정신은 화염이다. 그런데 이것은 오직 독일어로만 말해지고 사유될 수 있는 것이다.

정신의 이러한 갑작스러운 발화發火와 격상은 어떻게 설명될 수 있는가? 『존재와 시간』, 그것은 모든 언명이 엄격하게 감시되는 기표들의 규율에 따라 행해지는 빈틈없이 신중한 글쓰기와 글쓰기의 엄격한 체제였다. 그런데 하이데거는 어떻게 웅변적인 열정에 가득 차서, 독일대학의 자기주장에 바쳐지고 종종 약간 교화적인 성격을 띠는 선언을 하게 되는가? 한쪽으로부터 다른 쪽으로의 이러한 비약은 어떠한 성격을 갖는가? 이러한 비약에도 불구하고, 한쪽으로부터 다른 쪽으로의 이행에서 견지되고 계속되는 것은 무엇인가?

표제를 이루는 각 단어, die Selbstbehauptung der deutschen Universität[독일대학의 자기주장]는 정신에 의해 관통되고 침투되고 비추어지고 규정된다. 나는 정신에 의해 정의되고 운명지어지고 불린다고 말하고 싶다. 우선 자기주장은 만약 그것이 정신으로부터의 명령 l'ordre에 의한 것이 아니라면 그리고 정신의 명령 그 자체가 아니라면 불가능하고 이해되지 못할 것이며, 본래의 그 자신이 되지도 못할 것이다. l'ordre라는 프랑스어는 명령, 이끔 혹은 지도, 즉 Führung[지도]의 의미를 가지며, 또한 사명mission—파견envoi, 주어진 명령—이라는 의미를 갖는다. 자기주장은 Führung을 통한 정신의 주장이 되고자 의지한다(의지한다는 말이 강조되어야 한다). 지도는 물론 정신적인 지도이지만, Führer[지도자], 지도자guide—여기에서는 총장—는 그 자신이 불요불굴의 명령, 엄격한 사명, 실로 확고하게 지시하는 사명에 의해 지도되지 않는다면 다른 사람들을 지도할 수 없다고 말한다. 이러한 사명도 이미 정신적인 것이다. 이 때문에 [정신의] 지도에 의해 [다른 사람들에 대한] 지도로 이끌려서 독일대학의 자기주장은, 그 자신들이 [정신에 의해] 지도되면서 다른 사람들을 지도하는 사람들, 이러한 정신적 사명의 자기주장에 의해 지도되는 지도자들을 통해서만 가능하게 된다. 우리는 나중에 이러한 자기주장과 어떤 일정한 동의의 사유 사이에, 혹은 응답의 형태를 띤 참여의, 책임을 지는 승낙의, 일치 혹은 약속(Zusage)의, 응답으로서 주어지는 말의 사유 사이에 연관이 존재한다는 사실을 깨달아야만 할 것이다. 그러한 연관은 모든 물음 이전에 그리고 물음 자체를 가능하게 하는 방식으로 주어지는 것이다.

이러한 대학이 독일적인 성격을 갖는다고 말할 때 이 '독일적'이라는 술어는 2차적이거나 우연적인 술어는 아니며 정신의 이러한 주장과 분리되는 것이 아니다. 이렇게 건립되는 제도의 최고 심급인 정신, 즉 높은 곳으로부터 높은 곳으로 향해 지도되는 이러한 '높은 학교(대학교, hohe Schule)'의 최고 심급인 정신은 자기 자신을 주장할 수밖에 없다. 그리고 그것은 우리가 듣게 될 것처럼, 본래적으로 독일적이려고 의지하는 어떤 인증 혹은 정체성 증명의 운동 내에서 [자신을 주장한다].

하이데거는 「연설」을 시작하면서부터 '정신적(geistig)'이라는 단어를 강조한다. 이렇게 그는 이 단어에 최초의 악센트를 두는 것이다. 나 역시 제라르 그라넬Gérard Granel의 번역을 원용하면서 이 단어를 강조할 것이다. 이는 하이데거가 강조하는 첫 번째 단어일 뿐 아니라 이 형용사 geistig는 20년 후 geistlich와 대립하는 용어로 사용될 것이기 때문이다. geistlich라는 단어는 플라톤적―형이상학적인 성격도 기독교적―형이상학적인 성격도 전혀 갖지 않는 반면, geistig는 형이상학적―플라톤적―기독교적인 대립, 이 세상과 저세상, 낮음과 높음, 감성적인 것과 지성적인 것의 대립에 사로잡혀 있다고 하이데거는 자신이 주석하는 트라클의 이름이 아니라 자신의 이름으로 그때 말하게 될 것이다. 그러나 「총장 취임 연설」에서도 하이데거가 호소하는 Geistigkeit[정신성]은 이미 '[기독교 신앙에] 뒤따라오는 기독교적-신학적 세계 해석(Die nachkommende christlich-theologische Weltdeutung)'과 대립하는 것이다.[29] 그러나 아직 Geistlichkeit[영성]이라는 단어는 나타나지 않고 있다. 그러면 그것은 용어상의 단순한 비일관성인가 아니면 일정한 시간이 필요한 용어상의 조정에 지나지 않는가? 일정한 정도로는 다분히 그렇겠지만, 문제가 그러한 요인들로만 환원된다고 나는 믿지 않는다.

이제 나는 「총장 취임 연설」의 첫 번째 구절을 인용할 것이다. 이 구절에서는 인용부호가 제거되고, 막이 올려지면서 서막이 열리고, 정신의 취임식이 거행된다. 이 취임식에서 행해지는 행렬과 아카데미의 행진의 선두에는 정신이 자리 잡고 있으며 가장 높은 곳에 두어지고 있다. 왜냐하면 정신은 다른 사람들을 지도하는 사람들조차도 지도하기 때문이다. 정신은 앞서가고 앞에 오며, spiritus rector[지도적인 정신](그것의 지도 방향에 대해서는 오늘날 더 잘 알려져 있다)와 그것을 따르는 사람들에게 따라야 할 방향을 지시한다.

총장직을 떠맡는 것은 이 대학의 정신적인 지도에 대한 의무를 지는 것이다. 따르는 자들, 즉 교수와 학생들은 자신의 존재와 힘을 오직 독일대학의 본질에 진실하면서도 공동으로 뿌리내리는 것으로부터만 가질 수 있다. 그러나 이 본질이 명료함과 품격 그리고 위력을 갖게 되는 것은 무엇보다도 먼저 그리고 항상 지도자(Führer—나는 그라넬 번역본의 'guideur'보다도 'guide' 쪽을 선호한다. 전자는 상당히 드물게 사용되는 용어이고 신조어라고 할 수 있기 때문에, 그것을 사용할 경우에는 Führer가 그 당시 독일에서 일반적으로 통용되던 용어라는 사실이 간과될 위험이 있다—데리다) 자신이 지도받는 자일 경우에만, 즉 독일 민족의 운명을 민족의 고유한 역사에 각인하는 저 준엄한 정신적인 사명(jenes geistigen Auftrag)에 의해 인도될 경우에만 가능하다.

여기서 보듯이 마지막 문장은 독일 민족의 운명 안에 새겨지는 각인(Gepräge)에 대해서 말한다. 라쿠-라바르트라면 [이와 관련하여] 유형론적인, 즉 존재-유형론적인 동기가 작용하고 있다고 말할 것이다. 「총장 취임 연설」 안에서 이러한 모티브가 회귀하고 있다는 사실은 윙거Ernst Jünger에 대한 편지(「존재 물음을 위해서」)와 그러한 모티브에서 기체성la subjectité의 근대적 완성과 관련된 것의 빛 아래에서 회고적인 방식으로 탐문되어야만 한다. 지금 이 문제를 다룰 수는 없지만, 나는 각인의 형상이 여기에서는 항상 그리고 본질적으로 힘의 형상과 결부되어 있다는 사실을 지적하고 싶다. 하이데거는 종종 Prägekraft[각인력][30] 혹은 prägende Kraft[각인하는 힘][31]라고 말한다.

「연설」의 중심 부분에서 하이데거는 내가 아는 한 처음으로 정신에 대해 하나의 정의를 제시한다(그 후에도 하이데거는 두 번, 즉 셸링에 대한 텍스트와 트라클에 대한 텍스트에서 각각 한 번씩만 정신에 대한 정의를 제시하고 있을 뿐이다). 그것은 분명히 'S는 P다'라는 정의의 형태로 제시되고 있다. 그리고 그러한 정의를 하이데거가 자신의 정의로 간주하고 있다는 사실은 전혀 의심할 여지가 없다. 그는 [그러한 정의에서] 다른 사람의 담론을 언급하지 않는 것이다. 데카르트, 헤겔 혹은 약간 뒤에는 셸링이나 횔덜린에 따른 [정신에 대한] 정의에 대해 더 이상 언급하지 않으면서, 하이데거는 이러한 술어적인 규정을 일련의 표제어들[물음, 세계, 대지와 피, 결의성]에 결부시키는 것이다. 이러한 표제어들이 갖는 중요성을 내가 강조할 필요는 없을 것이다.

1. 우선 **물음**이란 표제어가 존재한다. 그것은 의지, 인식에의 의지와

본질에의 의지로서 여기서 **자기 자신을** 고지한다. 이러한 의지는 그것
을 재주장하는 정신에 대한 정의 이전에 이미 「연설」의 보다 앞부분에
서 주장되었다.

> 독일대학의 본질을 의지하는 것은 자신의 국가에서 자신을 인
> 식하는 민족으로서의 독일 민족에게 부과된 역사적, 정신적 사명
> 에의 의지(Wille zum geschichtlichen geistigen Auftrag des deutschen Volkes)
> 라는 의미에서 학문을 의지하는 것이다. 학문과 독일의 운명은
> 본질에의 이러한 의지 안에서 **동시에** 힘을 성취해야만 한다.(7쪽)

2. 다음에 『존재와 시간』의 중심적 주제인 세계라는 표제어가 존재
한다. 물음의 요구와 마찬가지로 그것은 『존재와 시간』과 「연설」 사이
에 존재하는 깊은 연속성을 가리킨다.

3. 더 나아가, 항상 힘과 결부되어, 대지와 피라는 주제, 즉 '위력으
로서의 대지와 피의 힘'이라는 표제어가 존재한다.

4. 마지막으로 무엇보다도 이 경우에도 『존재와 시간』과의 본질적
이고 내적인 연속성을 갖는 개념인 결의성Entschlossenheit이 존재한다.
이러한 결의성이란 단호함, 결단이며, 현존재의 본래성, 현존재의 진정
한 고유성이 자신을 개시할 수 있도록 하는 결심이다.

정신에 대한 이러한 네 가지 규정을 포함하는 결정적인 구절은 다

음과 같다.

우리가 존재자 전체의 불확실성 한가운데에서 물으며 [그 어떠한 전통적인 형이상학이나 종교에 의해서도 보호되지 않고] 적나라하게 서서 견딘다는 의미에서 학문의 본질을 의지하기를 원할 경우에, 이러한 본질에의 의지를 통해서만 우리 민족은 가장 내밀하고 최고의 위험을 갖는 세계, 즉 자신의 진정한 **정신적인** 세계(하이데거는 '정신적인'이라는 단어를 강조한다)를 건립할 수 있다. '정신'(하이데거는 여기서 정신이라는 단어를 인용부호 안에서 사용하지만, 이것은 다른 사람들이 말하는 정신을 부정적인 정의를 통해 상기시키기 위해서다)은 공허한 예리함도 아니며 무분별하게 유희하는 기지(Spiel des Witzes)도 아니다(하이데거가 이렇게 정신과 기지를 서로 구별한다는 사실은 칸트를 상기시킨다. 칸트는 그의 『인간학』에서 프랑스 정신의 특징 중 하나가 기지와 정신을 가리키는 단어가 프랑스어에는 esprit라는 단어밖에 없다는 데서 나타난다고 주를 달았다). 아울러 정신은 지성의 한없는 분석 작업도 아니고 세계이성(아마 하이데거는 여기서 헤겔을 암시하고 있다)도 아니다. 정신이라는 존재의 본질을 향해서 근원적으로 기분지어지고 인식하는 결의성(ursprünglich gestimmte, wissende Entschlossenheit zum Wesen des Seins)이다. 어떤 민족의 정신적인 세계(하이데거는 '정신적인 세계'라는 단어를 강조한다)란 어떤 문화의 상부구조가 아니며 유용한 지식과 가치를 위한 창고도 아니다. 그것은 민족의 현존재를 그것의 가장 깊은 곳에서부터 분기奮起시키고 가장 멀리까지 뒤흔드는 위력으로서 자신의 대지와 피의 힘들을 가장 깊이 보존하는 위력이다.

> 정신적인 세계만이 민족에게 위대함을 보증한다. 왜냐하면 이러
> 한 세계는 위대함을 의지할 것인가 아니면 퇴락을 허용할 것인가
> 사이의 끊임없는 결단이 우리 민족이 그 미래의 역사를 향해 시
> 작한 진군에 리듬을 부여하도록 강제하기 때문이다.[32]

정신에 대한 이러한 찬미는 본래 그리고 문자 그대로 정신적인 것을 앙양시키는 것에 해당한다. 그것은 고양시키는 것이다. 거기에는 단순히 복음을 전파하는 톤ton과 선포와 선언의 톤만이 아니라 지고한 것이 자신을 천명하고 건립하는 앙양의 톤이 존재한다. 항상 그런 것처럼 가장 깊은 것과 가장 오만한 것이 지고한 것에서 결합한다. 즉 대학교의 정신적인 지도자들을 지도하는 것이라는 지고한 것과 대지와 피라는 깊은 힘들이 결합하는 것이다. 왜냐하면 정신적인 세계는 바로 이러한 힘들로부터만 성립하기 때문이다. 이러한 앙양과 관련하여 분명한 사실은 여기서 정신은 형이상학적인 기체성의 의미를 갖고 있지 않다는 것이다. 이 점에서는 『존재와 시간』과는 어떠한 모순도 존재하지 않는다. 정신은 기체성에 속하지 않으며 적어도 심리적이거나 자아론적인 형태의 기체성에는 속하지 않는다. 여기서 '적어도'라는 것은 이 「연설」의 강력한 주의주의가 이른바 기체성의 시대 안에 여전히 사로잡혀 있지 않다는 것이 확실하진 않기 때문이다.

또 하나의 명백한 사실은 역사성은 직접적으로 그리고 본질적으로 정신적인 것으로서 규정되고 있다는 것이다. 이 경우 이 말은 분명히 비非헤겔적인 의미로 이해되어야 한다. 그리고 역사성에 대해 타당한 사실은 세계에 대해서도 타당하다. 하이데거는 여러 번 붙임표로 형

용사 geistig[정신적]와 geschichtlich[역사적]를 연결한다. 현존재는 정신적-역사적이며,[33] 세계는 역사적-정신적이다.[34] 2년 후의 『형이상학 입문』에서도 그것들은 이렇게 계속해서 연결된 형태로 쓰인다. 그러나 아직 「연설」에서 그러한 연결, 정신과 역사 사이의 붙임표는 물음을 정신의 과제 자체로 보는 구절에서 매우 중요한 역할을 하고 있다. 나는 물음과 그것이 [하이데거 철학에서] 갖는 지배적인 위치의 저 흔적을 계속해서 추적하고 있기 때문에, 그러한 사실을 강조하고 싶다. 물음은 정신으로부터 비롯되는 것이며 그렇지 않을 경우에 물음은 존재하지 않는다.

> 이렇게 근원적인 학문 개념은 단순히 객관성(Sachlichkeit)뿐 아니라 무엇보다도 먼저 민족의 역사적-정신적 세계의 한가운데에서 묻는다는 것의 본질성과 단순성을 존중할 의무를 우리에게 부과한다. 아니 객관성도 이것으로부터 비로소 근거 지어질 수 있다. 즉 그것은 오직 그것으로부터만 자신의 수행 방식과 한계를 발견할 수 있다.(같은 곳)

독일대학의 자기주장이라는 제목의 단어 하나하나가 정신을 앙양시키는 이러한 찬미에 의해 규정되고 있다고 우리는 말했다. 우리는 정신의 각인력이 어떻게 자기주장을 특징지으며, 그것이 동시에 그 민족과 그의 세계의, 즉 인식에의 의지와 본질에의 의지로서 독일대학의 독일적인 존재에 자신의 표지를 새겨 넣는지를 우리는 보았다. 이제는 동일한 정신적인 각인이 아카데미의 조직 안에, 학부와 학과

의 학칙 안에, 교수와 학생의 공동체(Gemeinschaft) 안에 새겨지고 있다
는 사실을 확인해 보아야만 한다.

학부는 학문의 본질에 뿌리박은 정신적인 입법(geistige Gesetzge-
bung)의 능력으로 자신을 전개하여, 그것을 몰아대는 현존재의 힘
들(Mächte des Daseins)을 민족의 하나의 독특한 정신적인 세계(die
eine geistige Welt des Volkes)로 형성할 경우에만 학부다운 학부가 된
다.(같은 곳)

이 「연설」에서 정신으로부터 명령되고 권해지는 것과 관련해서, 이
「연설」에 대해서 적어도 세 개의 독해, 세 개의 가치평가, 아니 오히려
세 개의 해석이 가능하다.

1. 이 연설의 저자는 저자로서, 그가 정신의 사명을 자신의 사명으
로 하는 한, 어떠한 책임에서도 벗어날 수 없다.

그의 연설은 먼저 응답과 책임의 연설이다. 그러한 책임이란 여러
심급을 앞에 두고 본래적으로 인수된 책임이다. 그러한 심급들은 모
두 정신으로 통일되어 있는 한, 서로 연결된다. 그것들 사이에 정신은
붙임줄을 긋는다. 즉 정신은 세계, 역사, 민족, 본질에의 의지, 인식에
의 의지, 물음의 경험 안에서 현존재의 실존을 서로 연결한다.

2. 그럼에도 이러한 책임의 인수는 하나의 전략에 따라 행해진다.
그러한 전략은 뒤틀린 전략이며, 적어도 이중적인 전략이다. 그것은

그것을 제어할 수 있다고 믿는 사람들에게 항상 예기치 않은 놀라움을 안겨 준다.

한편으로 하이데거는 위에서 보았던 것처럼 그가 참여하는 이념 전체와 그것에 함께 참여하는 모든 사람에게, 즉 그가 최고의 높이에서 보증하고 축성하는 것 전체에 최고의 확실성과 최고의 정신적인 정당성을 부여한다. 사람들은 그가 나치즘을 정신화한다고 말할 수 있을 것이다. 그리고 사람들은 그것을 이유로 그를 비난할 수 있을 것이다. 이것은 하이데거가 나중에 니체가 복수의 정신을 '최고의 정신화된 복수정신(ein höchst vergeistigter Geist der Rache)'[35]으로 앙양시켰다고 비난했던 것과 유사하다.

그러나 다른 한편으로 나치즘을 정신화하는 위험을 감수하면서 나치즘에 이러한 주장(정신성, 학문, 물음 등)을 각인함으로써 그는 나치즘을 보상하고 구출하기를 원했을지도 모른다. 이것은 동시에 하이데거의 참여에서 나치즘의 색깔을 탈색시키고 나치즘과의 일정한 단절을 낳는다. 이러한 담론은 더 이상 '이데올로기' 진영에, 즉 사람들이 어두운 힘들, '대지와 피'에 대한 그야말로 비정신적인 해석에 따라서 정신적이지 않고 자연적이며 생물학적이고 인종적인 힘들에 호소하는 '이데올로기' 진영에 속하지 않는 것 같다.

3. 하이데거가 여기서 그리고 다시 「연설」의 결론 부분에서 서양의 운명에 대해서 말할 때 그가 호소하는 힘은 '정신적인 힘(geistige Kraft)'이다. 우리는 정신과 서양이라는 이 주제를 트라클에 관한 텍스트에서 변화된 맥락으로 다시 발견하게 될 것이다.

　이러한 전략의 대가는 어떠한 것인가? 왜 이 전략은 숙명적으로 바로 자신의 '주체'에 등을 돌리게 되는가? 우리는 이 경우에 '주체'라는 단어를 사용할 수 있으며 그것을 사용해야만 한다. 그것은 생물학주의, 자연주의, 그것의 유전학적인 형태인 인종주의와 선을 그을 수 있기 위해서는, 즉 이것들에 대립할 수 있기 위해서는, 정신을 대립적인 것으로서 규정할 수밖에 없으며, 이로부터 주의주의적인 형태에서일지라도 새롭게 '기체성'의 일면만을 중시할 수밖에 없기 때문이다. 이러한 프로그램이 가하는 제약은 매우 강하며 그것은 인종주의, 전체주의, 나치즘, 파시즘 등에 오늘날 그리고 앞으로 오랜 기간에도 대립하는 대부분의 담론을 지배하고 있다. 이러한 대립은 정신의 이름 아래, 즉 정신의 자유의 이름 아래,[36] 그리고 어떤 공리체계의 이름 아래 —예를 들면 민주주의 혹은 '인권'의 이름 아래— 행해지고 있다. 그리고 이러한 공리 체계는 직접적으로든 아니든 기체성의 형이상학으로 귀착된다. [인종주의, 생물학주의 등과] 선을 긋는 전략이 사용하는 모든 책략은 사람들이 그러한 프로그램에서 어떠한 위치를 점하든 간에 동일한 프로그램에 속한다. 사람들은 그러한 프로그램이 부과하는 끔찍한 오염 상태들 사이에서 선택하는 수밖에 없다. 모든 공범 관계가 비록 동등한 가치를 갖는 것은 아니지만 그것은 피할 수 없는 것이다. 이러한 공범 관계 중에서 그 정도가 가장 적은 것이 어떤 것이냐는 물음이 항상 제기되고 이러한 물음이 갖는 절박성과 중요성은 아무리 중시해도 부족하겠지만, 그렇다고 해서 이러한 사실[공범 관계]의 불가피성은 해소될 수 없다. 물론 이러한 '사실'은 단순히 하나의 사실이 아니다. 그것은 우선 그리고 적어도 아직 궁극적인 사실적 성격을 가지고 있지 않으며, 궁극적인 아무것도 일어나지 않았기 때문이다. 그러한 사실은 과거의 재앙들 이래 도래할 것에 대해서 그 어느 때보다도 지금까지 전혀 알려지지 않은 책임 있는 '사유'와 '행위'를 요구한다. 그것이야말로 우리가 명명하는 것까지는 아니더라도 지시하려고 하고 여기에서 분석을 시작하려고 시도해야만 하는 것이다.

「총장 취임 연설」에서 하이데거는 [정신화의 이중 전략이라는] 이러한 위험을 단지 무릅쓰는 것이 아니다. 그의 프로그램이 악마적으로 보인다면, 그것은 거기에 우연적인 것은 전혀 작용하지 않은 채로 이 프로그램이 악을, 즉 나치즘을 지지하면서 여전히 형이상학적인 제스처에 머무르고 있다는 두 개의 악을 동시에 범하기 때문이다. 이러한 애매함은 또한 인용부호의 간지奸智, 즉 사람들이 결코 적절한 양을 갖지 않는(항상 그것은 너무 많거나 너무 적다) 인용부호의 간지의 배후에서 정신이 항상 자신의 정신에 의해 쫓기고 있다는 사실에서도 유래한다. 하나의 정신이, 달리 말해 독일어와 마찬가지로 프랑스어에서도 하나의 유령이 항상 예기치 않게 기습적으로 되돌아와서 복화술사처럼 다른 것에게 자신의 목소리를 부여한다. 형이상학은 항상 다시 돌아온다. 나는 이것을 망령revenant이라는 의미에서 이해한다. 그리고 정신은 이러한 귀환의 가장 숙명적인 형태다. 그것은 단일한 것으로부터 결코 분리할 수 없는 분신이다.

하이데거가 궁극적으로 결코 피할(vermeiden) 수 없는 것, 불가피한 것 자체는 정신의 이러한 분신, 정신의 정신으로서의 정신, 항상 자신의 분신과 함께 오는 정신의 정신[망령]으로서의 정신[망령]은 아닌가? 정신은 자신의 분신이다.

이러한 가공할 애매성을 어떻게 해석하든 간에, 그것은 하이데거가 파악하는 것과 같은 정신 안에 내재해 있다. 그것은 정신으로부터 비롯되는 것이다. 트라클에 대한 텍스트에서 정신적인 악에 대해 말하며 하이데거는 그렇게 말할 것이다. 그러나 「총장 취임 연설」 2년 후인 『형이상학 입문』의 서두에서 그는 이미 다른 방식으로 그렇게 쓴다.

예기치 않은 급변에도 불구하고, 막이 오르고 인용부호가 제거됨에도 불구하고 「연설」이 『존재와 시간』의 본질적인 것을 다시 반복하고 확인하는 것과 마찬가지로, 『형이상학 입문』도 「연설」에서 시작된 정신에 대한 기원祈願을 반복한다. 그것은 그것을 똑같이 반복하고 설명하며 확장하고 정당화하며 정확하게 서술하고, 이제까지 알려지지 않았던 예방 조치들로 그것을 둘러싼다.

『형이상학 입문』의 수사 방식은 『존재와 시간』에서처럼 논문조는 아니며 「총장직취임연설」에서처럼 과장된 취임연설조도 아니다. 그것은 이 두 장르의 성격을 동시에 갖는 교육적인 언어다. 1933년과 마찬가지로 『형이상학 입문』도 『존재와 시간』에서 파괴된 정신 개념을 복권시키지 않는다. 그러나 여기에서도 정신의 이름으로, 물음으로의 결의와 인식에의 의지 그리고 본질에의 결의를 지도하는 정신의 이름으로, 다른 정신, 정신의 나쁜 분신, 기체성의 환영이 파괴의 길을 통해서 다시 환기된다는 것이 드러난다.

이러한 이중성은 『입문』의 서두에서 하이데거가 '정신의 본질적인 모든 형태'[37]가 유래하는 양의성Zweideutigkeit에 대해서 말할 때 상기시키는 모호성 혹은 양의성과 동일한 것인가? 정신의 어떤 형태가 유일무이의 것이면 것일수록 사람들은 비교와 혼동을 통해서 그것을 오해하기 쉽다. 그런데 철학은 정신의 본질적인 형태들 중의 하나다. 그것은 인간 현존재가 자신의 역사성 내에서 갖는 가능성과 필연성 중에서도 독립적이고 창조적이며 희귀한 형태다. 그것의 본질적인 희귀함과 비례해서 독특성은 항상 곡해를 불러일으킨다. 양의성이 오해 Missdeutung를 불러일으키는 것처럼. 일차적인 오해는 우선 철학이 현존재와 어떤 민족의 시대에 하나의 문화의 기초를 제공할 것을 요구하는 데에 존재하며, 다음에 철학이 그러한 관점에서 아무것에도 기여하지 못하고 문화에 아무런 도움이 되지 않을 경우에는 철학을 비난하는 것에 존재한다. 우리는 오늘날에도 여전히 이러한 프로그램을 잘 알고 있다. 두 번째 기대, 두 번째 오해는 정신의 이러한 형태, 즉 철학이 최소한 체계, 개관, 세계상(Weltbild), 세계지도(Weltkarte), 보편적인 방향 설정을 위한 일종의 지침을 제공해야만 한다고 보는 오해. [이러한 오해에 따르면] 철학이 문화를 기초 지을 수 없을 경우에는 적어도 문화 활동의 기술적技術的-실천적인 활동을 용이하게 하고 편리하게 해야 하며, 철학은 또한 과학으로부터 그것의 전제와 기초적인 개념과 원리들(Grundbegriffe, Grundsätze)에 대한 인식론적 반성이라는 부담을 덜어 주는 역할을 해야 한다. 사람들은 철학자에게 무엇을 기대하는가? 사람들은 철학자가 기초적인 것을 관리하는 자이기를 바란다. 그 어느 때보다도 오늘날에 이러한 오해는 더 뿌리 깊게 퍼져 있으며 그것은 철학 교수들에 의해 유지되고 있다고 하이데거는 쓴다 (누가 이러한 사실에 대해서 이의를 제기할 것인가?).

정신의 자기주장 혹은 자기표현—「총장 취임 연설」이 이렇게 고지하는 모든 것은 『형이상학 입문』에서 다시 환기된다. Einführung[입문]…이라는 제목과 이름에서부터 그렇다고 우리는 말할 수 있을 것이다. 거기에서는 물음이라는 과제가 소위 Führung[지도]이라는 과제와 직접적으로 결부된다. Einführung…은 물음에 대한 성찰을 통해, 보다 정확하게 말하자면 물음에의 입문을 통해 물음 내부로 입문시키고 유도하고 인도하는 것을 통해, 즉 Hineinführen in das Fragen der Grundfrage[근본물음을 묻도록 이끄는 것]를 통해 시작된다.[38]

물음은 물음의 **경험** 안에서만 존재한다. 물음은 나무와 돌, 신발과 옷 혹은 책과 같은 사물이 아니다. 물음 안으로 이끄는 것은 어떤 사물을 인도하는 것도 유도하는 것도 아니다. 그것은 물음의 경험, 물음의 각성 혹은 물음의 산출을 향해 인도한다. 그러나 아무것도 물음을 강제해서는 안 되며 물음은 자유롭게 제기되는 것으로서 아무것도 물음에 앞서서는 안 되기 때문에, Führen[이끄는 것] 자체가 이미 물음이다. 그것은 앞서가는 것, 물으면서 앞서가는 것(ein fragendes Vorangehen)이며 앞서-묻는 것(Vorfragen)이다. 이렇게 물음은 자유롭게 제기되는 것으로서 아무것도, 즉 물음으로 이끄는 것조차 이끎조차도 선행하지 않는다면, 「총장 취임 연설」도 『형이상학 입문』도 똑같이 말하고 있는 정신적 지도(geistige Führung)의 정신은 물음의 가능성으로서 해석될 수 있다. 정신은 이러한 가능성에 응답하며 상응한다correspondre. 단 그것은 이 가능성의 쪽이 이미 그것의 공동 책임성의 행사에서처럼 그러한 응답이 수반하는 구속과 의무, 즉 동맹 내에서 정신에게 응답하고 상응하는 것이 아닐 경우에 그렇다. 정신에 대한 담론은 또한 정신의 자유에 대한 담론이기도 하다.

아무것도 정신의 자유에 선행하지 않는 이상, 정신적인 지도 그 자체는 지도되지 않는 것이기 때문에, 이러한 지도는 근본적인 형식에서의 존재의 물음, 즉 '왜 존재자는 있고 무는 아닌가?'라는 물음을 위협해 왔던 공허한 반성의 원환과 단절한다. 이러한 물음은 그 책의 첫 번째 구절이었다. 반성의 메커니즘은 그러한 물음이 계속적인 물음 속에서, 즉 원인을 계속 파고들어 가는 물음 내에서 무한히 공전하게 하는 위험이 있었다. 이에 대해 하이데거는 물음의 도약(Sprung)에 대해서 말하고 있다. 도약이 분출하게 한다. 즉 그것은 근원(Ursprung)을 해방시켜서 분출하게 한다. 더구나 그것은 이미 물으면서 지도하는 것—그것은 정신 그 자체다—과는 다른 것으로부터 물음으로 안내할 필요가 없이 근원을 해방시키는 것이다. 정신은 각성시킨다. 아니 오히려 —보다 일찍— 정신은 Führung[지도]의 Vor-fragen[선행하는 물음]으로부터 자신을 각성시킨다. 정신의 자유와 그의 결의성을 고려할 때 정신의 이러한 각성의 능력에 선행하는 것은 아무것도 없다. 무엇보다도 이전에 그리고 모든 것 앞에 오는 것, 무엇보다도 앞서 오고 모든 것 이전에 물어 오는 것, 그것은 정신이며 정신의 자유다. Führer[지도자]로서 정신은 길에서, 앞에서, 앞질러서, 모든 정치, 모든 심리학, 모든 교육학 이전에 가거나 오는 것이다.

왜냐하면 우리는 정직하게 다음과 같은 사실을 분명히 해야만 하기 때문이다. 그러한 사실이란 Führung이라는 이 주제를 특정한 정치에 봉사하게 하는 위험을 무릅쓰는 순간에 하이데거는 그러한 봉사와 미리 단절한다는 것이다. 그것의 정신적인 본질을 고려할 때 이러한 자유로운 지도는 어떠한 추종주의도 허락해서는 안 된다. 그것에 대해서는 어떠한 추종도, 어떠한 추종자도, 어떠한 추종 세력도,

제자들이나 당원들의 집단도 인정해서는 안 된다. 하이데거가 그들을 배제하기 위해서 스콜라학, 기술학습技術學習, 혹은 직업훈련기관으로서의 '대학'에 대해서 말하는 것은 물론 당에까지 적용될 수 있다. 어떠한 종류의 추종도 복종도 청종도 없이 지시, 요구 혹은 명령하는 Führung이 무엇을 의미할 수 있는지를 이해하는 데 사람들은 분명히 난관에 봉착할 것이다. 사람들은 그것이 아무리 정신적인 것이라도 분명히 지도해야만 하는 것이라고 말할 것이다. 이에 대해서 하이데거는 이렇게 말할 것이다. 분명히 그렇지만[Führung은 정신적인 지도라도 지도하는 것이라는 사실은 분명하지만], 그것을 이해하기 어려운 사람은 지성의 논리에 사로잡혀 있는 사람이며 청종의 이러한 자유, 이러한 신뢰 혹은 추종 세력들의 추종주의와는 아무런 관계도 없는 추종의 방식을 이해하지 못하는 사람이라고. 아마 그럴지도 모른다. 다른 한편으로 이러한 물음이 논증적인 문장들 혹은 여러 의문문장들로 환원될 수 없다면, 이러한 물음은 전적으로, 즉 본질적으로 의지에, 인식에의 의지로서의 의지에 속하다는 사실에는 변함이 없다. "물음은 인식에의 의지다."[39]

이 모든 것과 함께 『형이상학 입문』은 「총장 취임 연설」과 그리고 다시 한번 결의성(Entschlossenheit)의 주제와 연관을 맺게 된다. 결의성은 결정적인 역할을, 실로 『존재와 시간』에서는 결단 자체의 역할을 행한다. 물음을 인식에의 의지로서 정의하는 구절은 또한 의지 그 자체가 결의되어 있음(Entschlossensein)이라는 사실을 상기시킨다.

『형이상학 입문』은 덜 과장적인 음조를 갖고 있는 것처럼 보이기 때문에 적어도 외견상으로는 「총장 취임 연설」에 비해 정치적인 후퇴를 보여 주기 시작한 것처럼 보여도 그것은 사실 일종의 지정학적인 진단을 제기한다. 그 진단이 입각하는 모든 자료와 전거는 이미 시험된 개념들과 함께 정신, 정신적인 역사성에 귀착된다. 퇴락 혹은 데카당스(Verfall)는 정신적이며, 힘도 또한 정신적인 것이다.

따라서 지정학, 즉 유럽, 러시아, 미국이 거기에서 거론된다. 이와 함께 하이데거가 단 하나의 유럽이 있다는 것을 말하고 싶어 한다는 것은 의심할 여지가 없다. 그러나 [담론의] 차원은 분명히 지정학적 것으로 머물고 있다. 세계에 대한 사유는 지구 혹은 [지구라는] 혹성에 대한 사유로서 규정되고 있다.

따라서 하이데거는 '정신적 퇴락(geistiger Verfall)'을 비난한다. 퇴락과 함께 사람들은 자신들의 최후의 '정신적 힘'을 상실해 가고 있다. 이러한 표현은 자주 나타난다. 정신의 Verfall[퇴락]은 존재의 운명에 대해 그것이 갖는 관계 내에서만 사유될 수 있다. 정신의 경험이 물음 안에서 '위험'에 비례하는 것처럼 보인다면, 독일 민족, '우리 민족', 무엇보다도 이 '형이상학적인 민족(das metaphysische Volk)'은 가장 정신적 민족이면서(하이데거는 나중에 언어에 대해 말하면 이에 대해 분명하게 언급할 것이다) 동시에 가장 위험에 내맡겨진 민족이다. 이는 이 민족이 집게 안에 사로잡혀 있고 유럽의 이웃인 러시아와 미국 사이의 중앙에 처해 있기 때문이다.[40] 이 민족이야말로 위대한 결단(die grosse Entscheidung), 즉 유럽의 운명을 '이 중앙으로부터 역사적 정신적인 새로운 힘(neuer geschichtlich geistiger Kräfte aus der Mitte)'의 전개를 결정할 결단을 내려야 하는 민족이다. 강조, emphasis―'정신적'이라는 단어가 다시 강조되고 있다는 사실은 존재와 관련해서 근본적인 결단이 문제가 된다는 것을 가리키기 위해서이며 정신으로부터 비롯되지 않는 정치를 경계하기 위해서다. 새로운 시작이 환기되고 있다. 그것은 'Wie steht es um das Sein', 존재는 어떠한 처지에 있는가라는 물음을 통해서 환기된다. 그리고 이러한 시작, 우선은 일종의 재시작인 이러한 시작은 우리의 역사적-정신적 현존재의 시원(Anfang unseres geschichtlich-geistigen Daseins)을 반복하는 것(wiederholen)이다. 이 '우리의'의 '우리'는 독일 민족을 가리킨다. 내가 하이데거의 담론이 인식의 담론도 아니고 임상학 혹은 치료의 담론도 아닐지라도 지정학적인 진단이라고 말한 것은 성급한 것이었다. 그러나 지정학은 우리를 다시 지구와 혹성으로부터 세계로, 정신의 세계로서의 세계로 재차 이끈다. 지정학은 다름 아닌 정신의 세계정치Weltpolitik다. 세계는 지구[대지]가 아니다. 지구[대지] 위에는 세계의 암흑화(Weltdüsterung), 즉 신들의 도피, 대지의 파괴, 사람들의 대중화, 평균적인 것의 우위가 일어나고 있다.[41]

VI

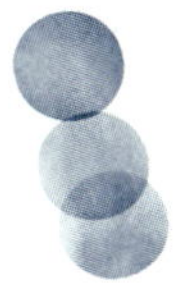

우리는 무엇을 세계라고 부르는가? 이처럼 암흑이 세계를 지배하게 된다면 세계란 무엇인가? 답변: '세계는 항상 **정신적** 세계다.'(같은 곳)

정신적이라는 단어는 다시 한번 강조된다. 조금 전까지 배제되었고 피해졌으며, 약간 나중에는 엄격하게 가까이에서 감시를 받으면서 인용부호 안에 속박되어 있었던 이 단어가 이제는 팽창하고 소리높이 외쳐지며 환호를 받고 찬양을 받으면서 강조되는 모든 단어의 선두에 서서 온다.

다음에 하이데거는 바로 다음 문장을 덧붙인다. "Das Tier hat keine Welt, auch keine Umwelt." 동물은 세계를 갖지 않으며 더 나아가 환경 세계조차도 갖지 않는다. 불가피한 귀결—동물은 정신을 갖지 않는다. 왜냐하면 우리가 방금 읽었던 것처럼 모든 세계는 정신적인 것이기 때문이다. 그리고 이러한 명제로부터 우리는 이성적 **동물**로서의 인간에 대한 규정과 관련해서 불가피하게 이끌어지는 모든 귀결을 끌어내야만 한다. 그러나 여기서 우리는 그것을 할 수는 없다. 아울러 우리는 동물성에 대한 이러한 해석이 요구하는 상세한 분석을 시도할 시간도 없다. 나는 가장 불가결한 도식에 논의를 제한할 것이다. 이러한 명제가 형식 면에서는 교의적인 성격을 가지고 있으며 내용 면에서는 전통적인 성격을 —사람들은 데카르트적인 성격을 갖고 있다고 말하고 싶어할지도 모른다. 물론 이것은 그릇된 주장이지만— 가질 수 있다는 사실을 도외시하더라도 우선 하나의 역설에 주목할 필요가 있다. 이 명제는 프라이부르크에서 1929~1930년 겨울 학기에 했던 강의에서 '세계란 무엇인가'라는 물음에 응답하면서 하이데거가 제시했던 세 개의 테제와 언뜻 보기에는 모순되는 것 같다. 이 테제들은 상세하게 논구되고 다루어지지만 반박되지는 않고 있다.

나는 이 세 개의 테제를 상기시키고자 한다. 1. 돌은 세계를 결여하고 있다(weltlos). 2. 동물은 세계라는 점에서 빈곤하다(weltarm). 3. 인간은 **weltbildend**라는 말을 이렇게 번역해도 된다면 세계의 형성자 formateur de monde다.

이 세 개의 테제는 '세계란 무엇인가'라는 물음을 [보다 상세하게] 전개하기 위한 답변만은 아니다. 그것들은 또한 생에 관한 일정한 물음, 즉 생의 본질은 어떻게 접근되고 규정될 수 있는가라는 물음에 대한 답변이기도 하다. 생물학과 동물학은 동물의 생의 본질에 대한 접근로를 전제하고 있을 뿐이며 그것을 열어 주지는 않는다. 적어도 이것이 하이데거가 고전적인 제스처를 취하면서 영역에 대한 [과학적인] 지식을 영역존재론에 종속시키고 영역존재론을 기초존재론에 종속시키며 그다음에는 악순환적인 모든 논리와 변증법적인 모든 논리를 이 주제에 대해서 부적합한 것으로 치부하면서 단언하는 것이다.[42] 이 테제들은 따라서 과학적인 테제로서가 아니라 '형이상학적인' 테제로서 제기된다. 당시 하이데거가 이해했던 긍정적인 의미에서의 **형이상학적인** 이 차원에 대한 접근로는 과학뿐 아니라 예를 들어 셸러의 철학적 인간학과 같은 철학적 인간학에도 닫혀 있다. 모든 과학과 인간학은 그 자체로서는 그것들이 자신들의 대상으로서 다루는 동물 세계 혹은 인간 세계를 전제해야 할 뿐이며 이것들을 드러내 줄 수는 없는 것이다.

'weltarm'이란 무엇인가? 세계라는 점에서 빈곤하다는 것은 무엇을 의미하는가? 우리는 여기에서 집요하고 수고스럽고 착종된 그리고 때로는 아포리아를 포함한 하이데거의 분석을 상세하게 분석할 수는 없다. 빈곤(Armut)이라는 단어는 단지 외관상으로만 볼 때는 두 개의 전제 내지 두 개의 가정을 포함할 수 있을 것 같다. 한편으로 그것은 결핍indigence을 부유함(Reichtum)으로부터 분리시키는 **정도**의 **차**이라는 전제 혹은 가정. 이 경우 세계라는 점에서 동물은 빈곤하고 인간은 풍부하며 세계는 정신적인 것이기 때문에 정신이라는 점에서 동물은 빈곤하고 인간은 풍부해질 것이다─동물에게는 보다 적은 정신, 인간에게는 보다 많은 정신. 다른 한편으로, 동물이 세계라는 점에서 빈곤하다고 해도 세계 없이 존재하는weltlos 돌과 달리 동물은 어떤 세계를 그리고 이와 함께 어떤 정신을 분명히 갖는 것처럼 보인다. 하이데거는 여기에서 '빈곤'이라는 기묘한 단어를 계속해서 사용하는 것이 수반하는 곤란에도 불구하고 첫 번째 가정을 단호하게 배격한다. 그가 말하는 빈곤과 부유함의 차이는 정도의 차이를 의미하지 않는다. [인간과 동물 사이에는] 본질적인·차이가 존재하기 때문에 동물의 세계는 ─그리고 동물이 세계라는 면에서, 즉 정신이라는 면에서 빈곤하다면 동물이 갖는 어떤 세계 따라서 동물이 갖는 어떤 정신에 대해서 우리는 분명히 말할 수 있다― 인간 세계의 어떤 종류, 혹은 어떤 정도는 아닌 것이다.[43] 이러한 빈곤은 세계의 결핍, 세계의 보다 적음이 아니다. 이러한 빈곤은 분명히 결여(Entbehrung)의 의미를 갖고 있다. 분명히 동물은 충분히 세계를 갖고 있지 않다. 그러나 이러한 결여는 세계에 존재하는 여러 존재자에 대한 양적인 관계로서 평가되어서는 안 된다. 동물은 존재자에 대해서 보다 적은 관계를, 보다 적은 접근로를 갖고 있는 것이 아니라 다른 관계를 가지고 있을 뿐이다. 우리는 곧 이러한 관계의 특성을 규정할 것이다. 그러나 이미 '논리적으로' 양립할 수 없는 두 개의 가치, 결여라는 가치와 다른 것이라는 가치 사이에 어려움이 나타난다. 동물에게서 볼 수 있는 세계의 결여는 순수한 무는 아니지만, 그렇다고 해서 우리는 동질적인 척도를 사용하면서 그것을 이질적인 차원, 예를 들면 인간의 차원에서 볼 수 있는 어떤 충만, 혹은 비-결여와 비교해서는 안 된다. 이렇게 동물 세계가 인간 세계의 일종이 아니라면 결여라는 개념은 어떻게 정당화될 수 있는가? 이렇게 말하는 이유는 동물이 세계를 결여하고 있다면,『형이상학 입문』의 거친 표현에 따를 경우 동물이 '세계를 가지고 있지 않다'면, 동물의 결여 존재, 동물이 세계를 갖지 않는다는 것은 한편으로는 돌이 세계를 전혀 갖지 않기 때문에 세계를 결여하지도 않는다는 것과도 전혀 다르며 다른 한편으로는 인간이 하나의 세계를 갖는다는 것과도 절대적으로 달라야 하기 때문이다.

이러한 분석은 분명히 정도의 차이와 단절하는 이점을 갖는다. 그것은 인간중심주의를 피하면서 구조의 차이를 존중한다. 그러나 그것은 인간이라는 척도를 피한다고 주장하는 그 길을 통해, 즉 결여라는 저 말을 통해 다시 인간이라는 척도를 재도입한다. 결여라는 말은 인간중심적인 함의를 가지고 있으며, 적어도 현존재라는 물을 수 있는 능력을 가진 우리를 기준으로 삼는다. [동물이] 세계를 결여하고 있다는 사태는 비동물의 세계로부터 그리고 우리의 관점으로부터만 결여로서 나타날 수 있으며 결여라는 단어도 의미를 가질 수 있다. 더 나아가 우리는 또한 전적으로 정당하게 다음과 같이 말할 수 있는 것 아닐까? 즉 세계를 갖는다는 것은 인간의 경우에도 세계의 섬뜩한 unheimlich 결여라는 의미를 가질 수 있으며 이러한 두 개의 가치[세계를 갖는 것과 세계를 결여하는 것]는 서로 대립되지 않는다고.

다시 논의를 시작해 보자. 동물은 세계를, 다시 말해 정신적 세계와 정신을 갖지 않는다면 동물이 세계를 갖지 않는다는 것(Nichthaben von Welt)은 돌이 세계를 갖지 않는다는 것과는 전적으로 다른 의미를 갖는다. 돌은 세계를 갖지 않으며(weltlos) 따라서 세계를 결여할 수도 없다. 동물도 세계를 결여하고 있기 때문에 세계를 갖지 않고 있다. 그러나 이러한 결여는 동물이 세계를 가지고 있지 않다는 것이 세계를 갖는 하나의 방식이며 그것 자체로 세계를 가지고 있다는 것에 대한 일정한 관계이기도 하다는 것을 의미한다. 동물과 돌에서 세계가 없다 sans-monde는 사태의 없다는 동일한 의미를 갖지 않으며 동일한 부정성을 가리키는 것이 아니다. 돌의 경우에 결여는 순수하고 단적인 부재이며 동물은 세계를 갖지 않는 방식으로 세계를 갖고 있는 것이다. 혹은 거꾸로 말하면 동물은 하나의 세계를 가질 수 있기 때문에 세계를 결여하고 있는 것이다. 하이데거는 가질 수 있음 내에서 가질 수 없음이라는 형식으로서의 '빈곤(또는 결여)'(Armut(Entbehren) als Nichthaben im Habenkönnen)에 대해서 말한다.[44] 의심할 것 없이 이러한 능력, 위력 혹은 잠재력은 아리스토텔레스의 dynamis[가능태]의 의미를 갖지 않는다. 그것은 텔로스telos를 통해서 방향지어지는 잠재성이 아닌 것이다. 그러나 이러한 도식이 다시 되돌아오는 것을 어떻게 피할 수 있는가?

동물은 세계를 가지고 있으며 가지고 있지 않다. 이 명제는 모순적인 것처럼 보이고 논리적으로 불가능한 명제처럼 보인다. 하이데거도 그러한 사실을 인정한다.[45] 그러나 그는 "형이상학과 본질적인 사태는 인간의 건전한 지성과는 다른 논리를 가지고 있다"고 덧붙인다. 우리가 언급한 근거들 때문에 그리고 실은 헤겔적인 이성에 대한 경계심 때문에 하이데거는 절대이성의 사변적이고 변증법적인 능력을 통해서 지성의 모순을 해소하려고 서두르지 않는다. (여기에서 그리고 바로 동물성의 문제를 둘러싸고서 헤겔에 대한 하이데거의 관계라는 문제를 다시 제기해야만 할 것이다. [양자 사이에 존재하는] 여러 차이가 파악되고 첨예화되면, 사람들을 당혹케 하는 [양자 사이의] 근친성이 새롭게 드러날 수 있을 것이다) 두 명제(동물은 세계를 갖고 있고 또한 갖지 않는다) 사이의 모순은 단지 우리가 세계 개념을 아직 충분히 밝혀내지 않았다는 것을 의미할지도 모른다. 세계 개념은 정신이라는 개념과는 다르지 않기 때문에 우리는 여기서 세계 개념을 실마리로 삼는다. 하이데거는 정신성이 없이는 세계가 존재하지 않는다고 주장한다. 따라서 우리는 두 명제, 즉 동물은 세계를 갖지 않는다는 명제와 세계를 갖는다는 명제를 연결시켜 주는 매듭을 사유하려고 노력해야만 한다.

우리는 앞에서 빈곤[동물에게서 보이는 세계의 빈곤]은 [인간에게서 보이는 세계를 가짐과] 질적이고 구조적인 차이이지 양적인 차이를 가리키는 것이 아니라고 말했다. 돌과 비교해 보면 그 차이는 분명하다. 돌은 존재자에 접근할 수 없다. 그것은 경험을 갖지 않는다. 동물은 존재자에 접근한다. 그러나 이것이야말로 인간과 동물을 구별하는 점인데 동물은 그 자체로서의 존재자에 접근하지 못한다. 이러한 결여(Entbehrung)는 하이데거가 『존재와 시간』에서 '로서'의, '어떤 것으로서의 어떤 것'의 구조(die Struktur des Etwas als Etwas)의 내부에 위치시키고 있는 결여(Privation)는 아니다. '세계이해(Weltverstehen)'의 이러한 구조는 선先-술어적이고 전前-언어적인 해석(Auslegung)을 가능하게 할 수 있으며 가능하게 해야만 한다. 그것은 진술의 '로서'와 혼동되어서는 안 된다. 이러한 맥락에서 하이데거가 묘사하는 '결여'의 경험은 '이해하는 봄'이라는 경험보다 근원적인 것은 아니고 전자는 후자를 전제하며 그것으로부터 파생되는 것이다. 여기에서 현존재에 타당한 것은 동물에게는 타당하지 않다. 그러나 저 두 '결여[Entbehrung과 Privation]' 사이에 존재하는 유사성은 우리를 당혹케 한다. 동물은 존재자에 접근할 수 있기 때문에 하나의 세계를 가질 수 있다. 그러나 그것은 그 자체로서의 존재자에 그리고 그것의 존재에서 존재자에 접근할 수 없기 때문에 세계를 결여하고 있다. 일벌은 꽃, 그것의 색깔과 향기를 알고 있지만 꽃의 수술을 수술로서 알지 못하며 뿌리와 수술의 수 등을 알지 못한다고 하이데거는 말한다. 하이데거는 햇볕을 쬐기 위해서 바위를 찾는 도마뱀에 대해 열심히 길게 서술하고 있는데(사람들은 이때 풍주를 열망하게 된다), 도마뱀은 그 자체로서의 바위와 태양에 관계하지 못한다. 즉 도마뱀은 사람들이 물을 수 있고 답을 제기할 수 있는 대상으로서의 바위와 태양 그 자체에 관계하지 못한다는 것이다. 그러나 우리가 도마뱀과 우리를 거의 동일시할 수 없다고 하더라도 우리는 도마뱀이 태양에 대해 어떤 관계를 갖는다는 것을 알고 있다. 또한 태양과 도마뱀에 대해 아무런 관계도 갖지 않는 돌에 대해서도 도마뱀은 관계를 갖는다.

　단순히 흥미로운 것 이상인 한 특징을 살펴보자. 나에게는 그것이 중요한 의미를 갖는 것으로 보이며 만약 시간이 허락된다면 우리는 그것을 상세하게 다루어야만 할 것이다. 약 25년 후 「존재 물음에 대해서」라는 그의 편지에서 주지하듯이 하이데거는 '존재'라는 단어를 십자형의 삭제기호(kreuzweise Durchstreichung) 아래 쓸 것을 제안한다. 이 십자는 부정적인 기호도 아니며 그 어떠한 기호도 아니다. 그것은 사역四域, Geviert을, 즉 그것[세계의 유희]의 장소(Ort)인 십자의 교차점에 모여진 '세계의 유희'인 사역을 상기시킨다. 하이데거에게 장소는 항상 모음(Versammlung)의 장소다. '존재'의 삭제에 의해서 이렇게 상기된 세계의 유희에서 「사물Das Ding」에 대한 강연(1950년)은 세계의 세계화(das Welten von Welt)를, 세계화하는 한에서 존재하는 세계(Die Welt ist, indem sie weltet)를 읽어 내고 있다. 우리는 이러한 표현 방식을 잘 알고 있으며 그것의 필연성도 잘 알고 있다. 이 경우 그것은 우리가 세계를 다른 것으로부터 이끌어 내거나 사유할 수 없다는 것을 의미한다. 그런데 25년 전에는 또 다른 종류의 삭제가 존재한다. 그것은 이미 세계와 존재자의 존재에 대한 일정한 관계에 관련되어 있다. 하이데거는 이렇게 쓴다.

도마뱀이 바위 위에 엎드려 있다고 말할 경우 우리는 '바위'라는 단어를 삭제해야만(durchstreichen) 한다. 이는 도마뱀이 엎드려 있는 바위는 도마뱀에게 분명히 **어떤 방식으로든**(irgendwie, 강조는 하이데거) 주어져 있지만 **바위로서**(als, 강조는 하이데거)는 인식되지(혹은 인지되지) 않기 때문이다. 이 경우 삭제는 단지 [바위와는] 다른 어떤 것이 이해되고 다른 어떤 것으로서 이해되고 있다는 것을 의미하지 않을 뿐 아니라 도대체 존재자로서 전혀 접근될 수 없다는 것(überhaupt nicht als Seiendes zugänglich)을 의미한다.[46]

따라서 이름의 삭제—여기에서는 바위 자체를 그 자체로서 그의 존재에서 접근 가능한 것으로서 명명하는 것을 가능케 하는 바위라는 이름의 삭제. 우리의 언어에서 그러한 삭제는 어떤 단어를 피하는 것을 통해, 동물에게는 명명하는 능력이 없다는 것을 표시하는 것이다. 그러나 이러한 무능력은 우선 '그 **자체로서**'의 사물에 자신을 여는 능력이 없다는 것을 의미한다. 도마뱀이 경험하는 것은 **그 자체로서의** 바위가 아니다. 바로 그것이 우리가 도마뱀이 그 위에 엎드려 있는 것을 가리키려고 할 때 바위라는 이름이 삭제되어야만 하는 이유다. 하이데거는 나중에 다른 곳에서, 즉 미셸 하르Michel Haar가 인용하는 텍스트에서[47] "살아 있는 동물로부터 말할 수 있는 인간으로의 도약은 생명이 없는 돌로부터 생물로의 비약만큼 크거나 더 크다"고 말한다. 명명하는 능력의 이러한 부재는 우선 혹은 단순히 언어적인 것이 아니다. 그것은 현상을 이름을 통해 불러낼 수 없다는 엄밀하게 **현상학적인** 불가능성에서 기인하는 것이다. 현상의 현상성 그 자체, 현상의 '그 자체로서’ 자체가 동물에게는 나타나지 않으며 존재자의 존재가 [동물에게는] 개시되지 않는다. 『존재와 시간』(31절)의 언어로 말하자면, 세계이해Weltverstehen의 결여가 문제 되며 세계이해 내에서의 결여가 문제 되는 것이 아니다. 여기에서 이름의 삭제는 그 자체로서의 존재자가 접근될 수 없다는 것을 의미한다. [삭제기호가] 쓰이든 쓰이지 않든(이렇게 말하는 것은 하이데거는 삭제하는 것에 의해 자신이 삭제하는 것을 읽힐 수 있도록 그대로 두면서도, 여기에서는 삭제‘해야만 할 것이다’라고 말하고 있기 때문이다. 그러나 그는 삭제해서는 안 된다. 흡사 삭제를 삭제하는 것처럼, 피하는 것을 피하고, 피하지 않고 피하는 것처럼), 그 자체로서의 존재자에 접근할 수 없는 동물에게는 그 자체로서의 존재자가, 존재자의 존재가 미리 그러나 절대적인 삭제, 결여의 삭제와 함께 삭제되고 있는 것처럼 보인다. 그리고 우리는 접근 가능해야만 하며 접근 가능한 것의 결여가 존재하기 때문에 삭제도 생각할 수 있다. 돌에 대해서는 결여에 대해서도 삭제에 대해서도 말할 수 없는 것이다. 그러나 나는 분석의 미묘함과 동시에 용어상의 이러한 애매함이 수반하는 곤란을 강조하기 위해 반복하지만, 동물에게서 보이는 결여(Entbehrung)를 현존재의 세계이해에서 보이는 결여(Privation)로부터 구별해야만 한다. 다른 한편으로 삭제를 삭제하는 수수께끼 같은 교차배열chiasme 때문에, 여기에서 문제가 되는 삭제Durchstreichung는 「존재 물음에 대해서」에서 ‘존재’라는 말을 지우는 삭제와는 전적으로 다른 의미를 가지고 있다. 이렇게 말해도 좋다면 동물적인 삭제la rature animale는 무엇을 가리키는가? 오히려 동물의 ‘세계’에 관해서 우리가 쓰고 있는 단어인 ‘삭제’, 세계와 관련 있는 어떤 것을 가리키는 모든 말에 필연적으로 영향을 미치는 단어인 삭제는 무엇을 가리키는가? 삭제는 동물의 '사로잡혀 있음(Benommenheit)'을 상기시킨다. 하이데거는 이것에 대해 상세한 묘사를 제시한다. 그러나 이러한 묘사는 나에게는 곤혹스러운 것으로 보인다. '사로잡혀 있음'은 존재자 그 자체에 대한 접근을 폐쇄한다. 사실은 폐쇄하는 것조차도 아니다. 폐쇄한다는 것은 어떤 개방성과 개시성을, 동물이 접근조차 할 수 없는 **개방성**Offenbarkeit을 전제하는 것이기 때문이다. 폐쇄라는 단어조차도 삭제해야만 한다. 동물이 존재자에 닫혀 있다고 말할 수 없다. 동물은 존재자의 개방성 자체에 닫혀 있는 것이다. 그것은 열려 있음과 닫혀 있음의 차이에 접근할 수 없다.

이러한 테제들이 우리에게 그리고 예를 들면 63절의 말미에서 그 자신도 인정하는 것처럼 하이데거에게도 아무리 문제가 많고 아포리아에 가득 차 있다고 할지라도, 그것들의 전략과 공리 체계는 현저한 지속성을 보여 준다. [이러한 테제들과 함께] 하이데거가 항상 목표하는 것은 생물과 인간 현존재 사이에 절대적인 경계선을 긋고 어떠한 생물학주의, 어떠한 생철학(따라서 다소간 직접적으로 그것으로부터 영감을 받은 어떠한 정치 이데올로기)에 대해서뿐 아니라 미셸 하르가 적절하게 상기시키고 있는 것처럼 열려 있음과 동물성을 연계시키는 릴케의 주제에 대해서도 거리를 취하는 것이다. 니체에 대해서 거리를 취하고 있다는 것은 말할 것까지도 없지만, 우리는 이에 대해서는 조금 후에 살펴볼 것이다.

'그 자체로서'라는 미세하지만 결정적인 현상적인 구조를 인정하는 것에 의해, 우리는 의인관擬人觀과 생물학주의 그리고 그것에 입각한 정치적 이데올로기들과 단절하는 이러한 분석들이 갖는 원리적인 힘과 필연성을 세부에 이르기까지 분명하게 인정해야만 한다. 그럼에도 나에게 그러한 분석들은 본질적인 난관에 봉착하는 것처럼 생각된다. 그러한 난관들 모두는 여전히 '정신'이라는 단어가 무엇을 의미하는지에, 이 단어의 사용법을 규제하는 의미론에 귀착된다는 사실을 우리는 보여 줄 수 있을 것이다. 『형이상학 입문』에서 하이데거가 끊임없이 반복하는 것처럼 세계가 항상 정신적인 세계라면, 또한 이러한 분석들의 말미에서도 하이데거가 인정하는 것처럼 세 개의 테제와 그중에서도 특히 중간 테제가 세계 개념이 해명되지 않는 한 문제적인 것으로 남는다면, 이는 세계의 정신적 성격이 그 자체로 애매한 채로 남아 있기 때문이다. 그런데 우리는 다음과 같은 사실을 잊어서는 안 된다. 정신이라는 단어가 ―이렇게 말해도 된다면― 인용부호에서 해방되고 데카르트-헤겔적인 주체성의 시대를 넘어서게 되는 것은 세계 분석과의 연관에서이며 세계의 본질적인 술어로 사용되는 것을 통해서다. 따라서 우리는 동물이 세계에 대해서 갖는 관계에 대해서 말할 수 있는 것을 정신에 대해서도 인정해야만 한다. 동물은 정신이라는 점에서 빈곤하며 정신을 가지면서도 정신을 갖지 않는다. 그리고 이 비-소유는 동물이 정신을 소유하는 한 방식이다. 그런데 [동물에게서 세계의] 결여적 빈곤이 한편으로는 무생물과 생물 사이의, 다른 한편으로는 동물과 인간 현존재 사이의 단절 혹은 이타성異他性을 특징짓는다고 할지라도, 결여에 대한 이 담론에서 그 잔재를 읽을 수 있는 부정성 자체는 어떤 일정한 인간중심주의적인 목적론, 즉 인간주의적인 목적론을 피할 수 없다. 이것이야말로 현존재로부터 인간의 인간성을 규정하는 것이 분명히 변양시키고 전치轉置시키고 이동시킬 수는 있지만 파괴할 수 없는 도식인 것이다.

목적론에 대해 말한다고 해서 내가 진화론식으로 이해된 진보 개념을, 즉 존재자들의 사다리에서 동물의 생명이 인간 세계를 향해서 나아가는 어떤 긴 행렬이라는 개념을 하이데거에게 귀속시키려고 하는 것은 아니다. 그러나 빈곤이나 결여와 같은 단어는 위계화와 가치평가를 —사람들이 그것을 피하기를 원하든 원하지 않든 간에— 함축한다. '세계라는 점에서 빈곤하다'는 표현이나 '무세계적'이라는 표현은 그러한 표현을 지탱하는 현상학과 마찬가지로 어떤 가치론을 포함한다. 그러한 가치론은 어떤 존재론뿐 아니라 존재-론 그 자체의 가능성, 존재론적 차이에, 존재자의 존재로의 접근에, 다음에는 삭제의 삭제, 즉 세계의 유희에 대한 개방성 그리고 무엇보다도 세계 **형성적인**weltbildend인 것으로서의 인간의 세계에 대한 개방성에 근거해 있다. 이러한 인간주의적인 목적론을 비판하는 것이 나의 목적이 아니다. 더욱 긴급한 것은 그러한 인간주의적인 목적론이 그것을 사람들이 아무리 부정하고 회피하려고 해도 오늘날까지도(하이데거의 시대부터 그리고 그가 처한 상황 안에서, 그러나 그것은 오늘날에도 근본적으로 변하지 않았다) 생물학주의, 인종주의, 자연주의 등을 윤리적-정치적으로 배격할 때 우리가 항상 지불해야만 하는 대가라는 사실을 상기하는 것이다. 내가 이러한 '논리'를, 아포리아들과 한계들을, 전제들 혹은 공리상의 결정들을, 무엇보다도 우리가 목격하고 있는 것처럼 이 논리가 사로잡히게 되는 전도顚倒와 오염들을 분석하는 것은, 오히려 이 프로그램이 지닌 가공할 메커니즘들을, 프로그램을 구조화하는 이중의 속박을 보여 주고 그다음에 그것을 정형화하기 위해서다. 이러한 프로그램은 숙명적인 것인가? 그것을 피하는 것은 가능한가? '하이데거주의자들'의 담론에도 '반反하이데거주의자들'의 담론에서도 그렇게 생각하게 하는 조짐은 존재하지 않는다. 그 프로그램을 변형시킬 수 있는가? 나는 그것에 대해서 알지 못한다. 아무튼 그것을 그것의 가장 복잡한 간지奸智와 가장 정교한 동력에 이르기까지 인정하지 않고 단번에 피하는 것은 불가능하다.

하이데거의 텍스트 안에서 지금 그러한 상황으로부터 우리가 읽을 수 있는 징후들은 무엇인가? 그가 제시하는 분석이 실로 인간 세계 안에서 동물은 '손 앞의 존재Vorhandenheit'의 방식으로 존재하지 않으며 동물에게 존재자는 일반적으로 '손 앞의 존재'의 방식으로 존재하는 것도 아니라는 사실을 분명히 드러낸다고 해도, 사람들은 그러면 어떤 존재방식이 동물에게 귀속되는지를 알지 못한다. 동물적인 현존재는 존재하지 않는다. 이는 현존재는 존재자 '그 자체로서'에의, 그리고 이것과 연관된 물음의 가능성으로의 접근을 통해 특징지어지기 때문이다. 분명히 동물은 먹이를 찾아 나설 수 있으며 계산하고 주저하며 추적하고 시험해 볼 수 있지만, 묻는 것은 그것에게는 본래 불가능하다. 마찬가지로 그것은 사물들을 이용할 수 있다. 즉 그것은 사물들을 도구로 삼을 수 있다. 그러나 그것은 tekhné[기술]에 도달할 수 없다. 말이 나온 김에 다음 사실을, 즉 이 매듭에는 내가 언급한 세 가지 실마리인 **물음, 동물, 기술**이 서로 결합되어 있다는 사실을 지적해 두고 싶다.[48]

그러나 다른 한편으로, 현존재가 아닌 동물은 우리에게 '손앞의 존재Vorhandensein'도 '도구적 존재Zuhandensein'도 아니기 때문에 그리고 동물과의 공존재共存在, Mitsein의 근원적 가능성이 진지하게 고려되는 것도 아니기 때문에,『존재와 시간』의 실존론적 분석론을 구조화하고 있는 개념쌍을 빌려서 말하자면, 실존주實存疇의 용어로도 범주의 용어로도 동물을 사유하거나 말하는 것은 불가능하다. 그렇다면『존재와 시간』에서 착수되는 것과 같은 존재론의 해체 그리고 실존론적 분석론에서 데카르트적-헤겔적인 정신Spiritus을 말하자면 기각시키는 것으로서의 존재론의 해체 전체가 여기에서, 동물이라는 애매한 명칭을 갖는 것을 통해 그것의 질서, 수행, 개념 장치에서 위협받고 있다고 말할 수 있지 않을까? 그것은 오히려 동물성에 대한 테제, 즉 동물 일반, 그것에 대해서는 어떠한 예도 타당할 동물 일반이라고 불리는 사물, 어떤 영역, 어떤 유형의 동질적인 존재자가 있다고 전제하는 ―이러한 전제는 동물성에 대한 테제가 함축하는 연역 불가능하고 내가 보기에는 독단적이라고 생각되는 가설이다― 동물성에 대한 테제에 의해서 위협받는다. 그 테제는 하이데거가 분명히 강조하고 있는 것처럼(돌과 인간 사이의 동물) 그것의 중간적인 성격에서 변증법적이라고는 말하지 못해도 강하게 목적론적이고 전통적인 것으로 남는다.

내가 논의하고 싶은 명제는 이러한 곤란들이 하이데거의 담론에서 결코 사라지지 않는다는 것이다. 그것들은 어떤 중대한 담보가 그것의 모든 귀결과 함께 하이데거의 사유 전체에 부담을 주는 상태를 초래한다. 이러한 담보는 하이데거가 정신이라고 부르는 것의 애매성 내에 가장 크게 집중적으로 존재한다.

VII

    그러나 여기에서 하이데거에게 영감을 불어넣고 있는 혹은 하이데거를 인도하는 것과 관련해서 정신이라는 개념 혹은 단어가 갖는 모호성과 정신 자체의 모호성을 구별할 수 있을까? 이와 관련해서 세계가 항상 '정신의 세계'라면 세계 개념의 모호성과 세계 자체의 모호성, 즉 세계의 암흑화(Weltverdüsterung)를 구별할 수 있을까? 여기에서는 모호하게 함obscurcissement보다는 암흑화assombrissement라고 말하는 쪽이 더 나을 것 같다. 프랑스어 번역을 위해 질베르 칸Gilbert Kahn이 선택한 앞의 용어는 너무 지적인 성격을 띠며, 데카르트나 발레리식의 스타일로 관념의 명석함을 흐릴 수 있는 것을 가리킬 우려가 있다. 문제가 되는 것은 세계의 암흑화(Weltverdüsterung)이며 관념도 이성도 아니기 때문에, 또한 정신적인 지도Führung에 대한 담론은 보다 낭만주의적인 깊은 파토스와 함께 근거들과 깊이(Tiefe)에 호소하고 있지만 정신 지도를 위한 규칙들(ad directionem ingenii)을 줄 수 없기 때문에, 아마 암흑화라는 단어가 이 담론에는 보다 적절하다고 할 수 있다.

이러한 물음을 바로 이러한 형태로 제기하는 것은 불가피한 것처럼 보인다. 세계 개념과 우리가 조금 전에 출발점으로 삼았던 『형이상학 입문』의 그 구절에서 하이데거는 무엇보다도 먼저 세계 자체의, 따라서 정신의 암흑화에 관해 사유했기 때문이다. 세계 개념과 아울러 그것과 불가분한 관계에 있는 정신 개념이 모호한 채로 있다면 그것은 세계와 정신 그 자체가 ―역사적으로― 암흑화하고 있기 때문 아닐까? 인간에게만 해당할 뿐 동물에게는 해당하지 않는 암흑화가 [진행되고 있기 때문 아닐까?] 정신의 무력화Entmachtung가 존재한다. 그것은 세계의 암흑화에 상응한다. 그것은 정신으로부터 그것의 권력 내지 힘(Macht)을, 그것의 왕위를 탈취하는 것에 의해 정신을 무력하게 만든다. 나는 앞으로 Entmachtung을 destitution이라고 번역할 것인데 이 경우 정신은 '자연적인' 것이 아닌 권력을 상실하기 때문이다. 그러한 상실은 동물의 '사로잡혀 있음'으로 되돌아간다는 것을 의미하지 않는다. 하이데거가 정신의 무력화를 해명하기 시작하는 바로 그 순간에 하이데거는 우리가 조금 전 인용한 구절에서 '동물은 세계를 갖지 않는다'고 선언한다.

우리가 세계의 암흑화에 대해서 말할 때 도대체 세계란 무엇인가? 세계란 항상 정신적 세계다. 동물은 세계를 갖지 못하며 또한 환경 세계도 갖지 못한다. 세계의 암흑화란 정신의 무력화, 그것의 해소, 소모, 축출, 오해를 포함한다. 여기서 정신의 이러한 무력화를 하나의 관점, 특히 정신에 관한 오해라는 관점에서 밝혀 보기로 한다. 유럽은 러시아와 미국의 막강한 세력들의 틈바구

니에 끼어 있으며 이 양자는 형이상학적으로 볼 때 그 세계 성격 (Weltcharakter)과 정신에 대한 관계(Verhältnis zum Geist) 면에서 동일 하다고 우리는 말했다. 정신의 무력화가 자기 자신으로부터 유래 되고 있으며, ―이전의 것에 의해 준비되었다고는 하지만― 결국 은 19세기 전반의 정신적 상황으로부터(aus seiner eigenen geistigen Lage) 규정되어 있다면 유럽의 상황은 더욱 불길하다. 독일에서는 그 당시 [사람들이] 서슴지 않고 간단하게 '독일관념론의 붕괴'라 고 말하는 사건이 일어났다. 이 상투어는 말하자면 방패와 같은 것으로 그 배후에는 이미 시작된 정신의 상실(die schon anbrechende Geistlosigkeit)이, 정신적 힘들의 해소(die Auflösung der geistigen Mächte) 가, 근거들(Gründen)을 근원적으로 묻는 것 일체(alles ursprünglichen Fragens)에 대한 거부가, 그리고 마지막으로 이것들 전체에 대한 우리의 고집이 숨어 있다. 이렇게 말하는 이유는 독일관념론이 붕괴되었기 때문이 아니라 19세기 전반이라는 시대가 이미, 독일 관념론이라는 그 정신적 세계의 크기와 폭과 근원성에 상응하는 성숙성을 갖는 데 충분할 만큼, 즉 그것을 진정으로 실현하는 데 충분할 만큼 강하지(stark) 못했기 때문이다. 그것들을 진정으로 실현한다는 것은 여러 명제나 통찰(Einsichten)을 응용하는 것과는 다르다. 이때 본질적인 것이 인간에게 도래하여 복귀하는 근원 인 깊이, 인간을 우월한 지위에 올려놓고 그 인간으로 하여금 격 이 다르게 행위 하게 하는 그 깊이, 그러한 깊이가 없어진 세계로 현존재는 미끄러져 떨어지기 시작했던 것이다. 모든 것은 하나의 동일한 평면으로 떨어지고 말았다. 연장延長과 수數라는 차원이 정신의 무력화에 대한 이러한 담론에 대해서는 몇 개의 원칙적인 주를 덧붙일 필요가 있다.

1. 그것은 위기에 대한 담론이 아니다. 분명히 하이데거는 krinein[단절한다]의 경험을 전제로 하면서 역사적 **결단**에 호소하고 있다. 하이데거에게 문제가 되는 것은 분명히 유럽과 철학으로 하여금, 물음이라는 과제와 근거들에 관한 근원적인 물음이라는 과제에 대한 자신들의 책임을 깨닫게 하는 것이다. 그가 무엇보다도 어떤 일정한 기술과학적인 객관성에 대해서 그것이 물음을 억누르거나 망각하고 있다는 혐의를 품고 있다는 것은 분명하다. 그리고 후설도 분명히 이렇게 자문하고 있다. "유럽의 정신적인 형태는 어떻게 특징지을 수 있는가?"[50] 그러나 정신의 무력화 그리고 유럽의 책임에 대한 하이데거의 담론은 [후설과의] 우연치 않은 유비와 동시성(1935)에도 불구하고『유럽학문의 위기와 초월론적 현상학』그리고『유럽적인 인간성의 위기와 철학』과는 전적으로 이질적이다. 사람들은 심지어 한 걸음 더 나아가 위기에 대한 후설의 이러한 담론 자체가 바로 [정신이] 무력하게 된 것을 보여주는 징후 중 하나라고 말할 수 있을 것이다. 왜냐하면 후설은 초월론적인 주관성에 호소하기 때문이다. 이러한 초월론적인 주관성은 후설이 때로는 데카르트에 반대하는 방식으로 그것을 일깨울 경우에조차도 데카르트적인 전통에 구속되어 있다. 그리고 우리가 조금 전에 언급했던 소위 '독일관념론의 붕괴'가 시대가 충분히 '강하지 않았다'

는 것을 통해 설명될 수 있다면, 이러한 약함은 부분적으로는 『존재와 시간』에서 해석된 것과 같은 데카르트적인 유산에서, 즉 주체성의 형이상학, 특히 헤겔에서 그러나 또한 후설에서와 같은 주체성의 형이상학이 전제하는 존재에 대한 저 물음의 결여에서 유래하는 것이 된다. 하이데거가 다른 담론 안에 존재하는 이러한 데카르트적인 유산에 대해서 비난했을 것이라는 사실은 의심할 여지가 없다. 이 다른 담론이란 발레리의 『정신의 위기』(1919)를 가리키는 것으로 두 번의 세계 대전 사이에 쓰인 이 담론에서 발레리는 [언급된 텍스트들의 스타일과는] 너무나 다른 스타일로 역사의 진행 과정 안에서 '천재' 혹은 '유럽의 혼'이 '퇴락하게 되었다'고 말할 수 있는지에 대해 묻는다. 거기에서 또한 1919년과 1939년 사이에 불안과 우려에 찬 담론들이 공통의 화로를 향해 모이고 돌진한다는 사실을 우리가 무시할 수 없다. 즉 그러한 담론들은 동일한 언어는 아니더라도 동일한 단어들(유럽, 정신) 주위에 모이고 그것들을 향해 돌진한다. 그러나 하이데거가 이러저러한 표현에 동의할 수 있었을 것이라는 구실 아래 사람들이 이러한 담론들에서 ─부분적으로는 의미심장할지라도 사람들을 당혹케 하는─ 유사성만을 본다면 그것은 관점을 왜곡시키고 가장 첨예한 차이를 간과하는 것이 될 것이다. 발레리는 이렇게 자문한다. "지구의 개발이라는 현상, 기술의 평준화라는 현상, 민주주의라는 현상, 이것들은 유럽의 deminutio capitis[공민권의 상실]를 예상하게 하는 것들인데, 이것은 운명에 의해 절대적으로 결정되어 있다고 파악되어야만 하는가? 아니면 우리는 사물들의 이러한 위협적인 모반에 저항할 수 있는 어떤 자유를 갖는가?"[51]

2. 무력화가 정신을 무력 내지 무능력에 바친다면, 그것이 정신에게서 힘과 그의 권위의 신경(질베르 칸 번역에서는 정신의 '쇠약'énervation de l'esprit이라고 되어 있다)을 박탈한다고 하면, 그것은 힘에 대해서는 무엇을 의미하는가? 그것은 정신은 힘이면서 힘이 아니고 권력을 가지면서 권력을 갖지 않는다는 것을 의미한다. 정신이 그 자체로 힘이라면, 그것이 힘 자체라면 그것은 힘을 잃지 않을 것이며 무력하게 되는 일도 없을 것이다. 그러나 정신이 이러한 힘 내지 권력이 아니라면, Entmachtung[무력화]은 정신에 본질적으로 영향을 미치지 못할 것이며 정신에서 유래하는 것도 아니게 될 것이다. 따라서 사람들은 전자도 후자도 주장할 수 없으며 양쪽 다라고 말해야만 한다. 이에 따라 세계, 힘, 정신과 같은 개념들 각각은 이중화된다. 이러한 개념들 각각의 구조는 그것의 분신에 대한 관계, 분신에 의한 빙의에 의해서 특징지어진다. 지각이 갖는 단순함으로 분석되고 분해되고 해소될 수도 없는 빙의. 더 나아가 무력화가 가능한 것은 분신이 있기 때문이다. 유령은 실재하지 않고 어떠한 지각에도 주어지지 않기 때문에 그것은 단지 가능한 것으로 그친다. 그러나 이러한 가능성은 정신의 무력화가 아 프리오리하게 정신에 대해서 숙명적인 것이 되기에 충분하다. 사람들이 정신에 대해서 혹은 정신적 세계에 대해서 그것이 힘을 가지고 있으면서 또한 힘을 가지고 있지 않다—빙의와 분신은 이것으로부터 비롯된다—고 말할 때, 그것들은 단지 모순적인 진술들에 지나지 않는 것인가? 세계, 정신, 물음을 가지면서도 갖지 않는 동물에 대해서 하이데거가 말했던 것처럼 그것은 사유가 사로잡혀서는 안 되는 지성의 모순에 지나지 않는가? 유령은 지성의, 즉 이성의 신기루로서

사유 앞에서 사라져 버리는 것인가?

　3. 하이데거는 무력화는 정신에 고유한 운동이며, 정신의 내부에서 비롯된다고 말하고 있다. 그러나 이 내부는 또한 유령적인 이중성을, 내재적인 외부 내지 내면에 존재하는 외재성, 즉 정신을 망령으로서 쫓아다니기 위해 정신의 독백 안으로 스며드는 일종의 악한 영^{malin} génie을 포함하지 않으면 안 된다. 이러한 악한 영은 복화술사처럼 정신에게 자신의 목소리를 부여하며 자신을 박해하는 일종의 탈동일화에 그것을 내맡긴다. 더 나아가 하이데거는 위에서 인용된 동일한 구절에서 조금 나중에 악마적인 것에 대해서 말한다. 물론 그것은 데카르트의 악한 영^{le Malin Génie}, 그러나 독일어로는 böse Geist[악한 정신]는 아니다. Malin Génie이라는 [데카르트의] 과장된 가정은 하이데거가 악으로서 지칭하는 것이 문제가 될 경우에는, 다시 말해서 정신이 무력화되는 모든 형태 내에서 정신을 쫓아다니는 것이 문제가 될 경우에는 오히려 유지될 수 없다. 이러한 악은 자신을 subjectum[기체]으로 정립하는 cogito[나는 생각한다]의 확실성, 따라서 근원적인 물음의 부재, 과학적인 방법론, 평준화, 양적인 것, 연장 그리고 수의 득세, 그리고 그것들의 유형에서 '데카르트적인' 모티브인 모든 모티브다. 기만과 파괴를 허용하는 이 모든 것은 악이며 낯선 자, 즉 정신의 내부에 존재하는 낯선 것이다. 하이데거가 악마적인 것을 지칭할 때,[52] 그는 짧은 괄호 안에서 그것의 의미를 분명히 한다. 즉 그는 그 말을 파괴적인 악한 것이라는 의미로(im Sinne des zerstörerisch Bösartigen) 사용한다. 악의 정신적 본질. 여기에서 하이데거의 어떤 표현들은 문자 그

대로 셸링적이다. 트라클에 대한 텍스트에서 우리는 그러한 표현들을 다시 발견하게 되겠지만, 이 텍스트는 그 중심부에 정신의 고뇌로서의 악에 대한 사유를 포함하고 있다. '정신적인 밤' 또는 '정신적인 석양(geistliche)'(트라클의 표현으로서 하이데거는 이러한 표현에 Geistigkeit[정신성]의 형이상학이나 Geistlichkeit[성령성]의 기독교적인 가치와 결부된 의미를 부여하기를 원하지 않는다. 이와 같이 그 단어는 그 자체가 이중화된다)은 그것보다 20년 전, 세계와 정신의 암흑화에 대해서 말해진 것과 깊이 연관되어 있다. 이와 마찬가지로 정신의 **무력화**는 인간의 부패와 혹은 오히려 —우리는 나중에 그것을 살펴보겠지만— 하이데거가 『언어에의 도상에서*Unterwegs zur Sprache*』에서 해석하려고 시도하는 트라클의 '부패하고 있는 종족le verwesende Geschlecht'과, 아아, 인간의 부패한 모습O des Menschen verweste Gestalt과 관련이 있다.

정신의 무력화는 이렇게 **자신**의 무력화이며 물러남이다. 그러나 정신의 타자, 그럼에도 정신 자기 자신이기도 한 정신의 타자는 정신에 영향을 주고 그것을 분열시킨다. 다만 하이데거는 이러한 사실을 적어도 이러한 형태로는 말하지 않는다. 그러나 그가 악마적인 것에 대해서 말할 때는 이러한 분신의 귀환을 동시에 사유하지 않으면 안 되는 것처럼 나에게는 여겨진다.

4. 정신의 후퇴는 Umdeutung[재해석]과 Missdeutung[오해]을 낳고 자신을 재해석과 오해로서 산출한다. 그것은 동시에 자신을 차이로서 또는 정신적 의미의, 정신 자신의 해석상의 변이와 오해로서 자신을 산출한다. 네 개의 커다란 유형의 Umdeutung[재해석]과 Missdeutungen[오

해]을 분석하는 페이지들을 여기에서는 상세하게 검토할 수 없다. 그러나 각 단어에 대해서 그러한 검토를 할 필요는 있다.

    1) 우선 지성(Intelligenz), 동조同調(Verständigkeit), 계산(Berechnung), 대중적 보급(massenhafte Verteilung), 문필가들과 심미가들의 지배, 고상한 취미와 '기지를 갖고 있다avoir-de-l'esprit'는 의미에서 '단지 기지가 풍부할 뿐인 것das Nur-Geistreiche'이 지배하는 상태로 정신이 후퇴하는 사태가 존재한다. 따라서 정신의 이러한 '지적인 문화'는 정신의 가상과 결여만을 표현할 뿐이다. 당연한 것이지만 방금 전에 내가 제시했던 명제들이 갖는 형식(역설, 논증상의 모순─따라서 빙의의 구조)은 하이데거의 눈에는 지성의 계산적 권위를 앞에 두고 일어나는 정신의 동일한 후퇴에 해당되는 것이 될 것이다. 이러한 진단에 내가 동의하지 않는다는 것을 말할 필요가 있을까? 그렇다고 해서 내가 다른 진단을 제시하려고 하는 것은 아니지만, 내가 여기에서 행하고 있는 혹은 행하려고 하는 그 모든 것은 이러한 진단이 전제하는 공리를, 이러한 진단이 여전히 상당히 헤겔적인 방식으로 지성에게 인정하는 지위를 물음의 명법, 즉 물음의 경건함에 이르기까지 사유하는 것이다. [이 경우] 나는 묻는다고는 말하지 않을 것이다. 우리는 나중에 다시 그것에 대해서 고찰할 것이다.

    2) 다음에 정신의 도구화가 존재한다. 베르그송과 마찬가지로 그리고 최소한 이 점에서(하이데거가 그의 텍스트에서 나타나는 것보다 훨씬 더 베르그송을 깊이 읽었다는 것은 오늘날 잘 알려져 있다) 하이데거는 이러한 맥락에서 지성(Intelligenz)을, 정신의 이러한 위조물을, 도구

(Werkzeug)에 그리고 도구화에 결부시킨다. 이 구절에서 마르크스주의는 두 번 언급된다. 마르크스주의에서 정신은 상부구조에 해당하는 무력한 지성으로 변형되며, 이와 대칭적으로, 이렇게 말해도 좋다면 사람들을 대중 내지 인종으로서 조직하는 과제가 그것에 귀속된다. 여기에서 이 강의의 음조를 이해하는 데 도움이 되는 몇 줄을 인용하고자 한다. 하이데거는 여기에서 러시아와 독일 양국에서 당시 진행되고 있던 신체에 대한 숭배를 겨냥한다. 그 구절은 기념할 만한 베를린 올림픽이 일어나기 일 년 전에 쓰였다. 그리스와 독일 추축樞軸, l'axe gréco-allemand과 경기장의 신들에의 고양을 의미했던 이 올림픽에서 Führer[총통, 히틀러]는 흑인 달리기 선수였던 제시 오웬Jesse Owen과 악수하는 것을 거부했다.

> … 신체의 모든 참된 힘과 참된 아름다움, 칼의 확고함과 대담함, 그러나 또한 지성의 모든 순수함과 정교함은 정신에 근거하며 그것들의 고양과 퇴락(Verfall)은 오직 정신이 갖는 그때그때마다의 힘과 무력함(Macht und Ohnmacht des Geistes)에 달려 있다.[53]

3) 정신적인 세계가 도구 앞에서 퇴락할 때 그것은 교양 내지 문화(Kultur)가 된다. 이러한 사실을 분명히 하기 위해 하이데거는 1929년의 교수 취임 강연(『형이상학이란 무엇인가?』)을 인용한다. 하이데거는 인용 구절에서 대학의 나쁜 통일, 즉 이름만의 통일에 불과할 뿐인 기술적 혹은 행정적인 통일과 **참으로** 정신적인 통일을 구별한다. 이 후자의 통일만이 참된 **통일**이다. 왜냐하면 정신의 고유

한 특성은 통일하는 데 있기 때문이다. 대학에서 결여된 것을 분명히 하면서 하이데거는 자신의 저작에서 부동의 지위를 차지하게 되는 정신에 대한 하나의 정의를 제시한다. 즉 정신은 '근원적으로 통일하고 의무를 부여하는 정신적인 힘(eine ursprügliche einigende, verpflichtende geistige Macht)'이다.

4) 정신이 후퇴하는 네 번째 형태는 정신에 의거하는 것이 문화적 선전의, 혹은 정치적 조작의 테마가 되는 것이다. 이는 특히 러시아 공산주의가 전술을 바꿔서 그것이 한때는 배척했던 정신을 다시 원용할 때 그렇다. 여기에서 하이데거의 논의는 가공할 정도로 양의적이다. 정신의 그러한 변화를 기준으로 할 때, 그 자신의 전술—이러한 전술은 정치적이기도 하다—이 변화해서 정신의 해체로부터 그것을 찬미하는 것으로 나아갈 때에 우리는 그것에 대해서 어떻게 생각해야만 하는가?

이러한 네 번째 오해를 비판한 후에 하이데거는 다시 한번 정신을 정의한다. 이번에는 「총장 취임 연설」을 인용하면서. 그러나 이러한 인용에서 무엇이 극적인 것으로서 눈에 띄는가? 그러나 그것은 사람들이 지금까지 한 번도 주목하지 않았을 정도로 충분히 조심스러운 형태로 눈에 띄는 것이다.[54] 그것은 인용부호의 무언의 유희다. 즉 우리는 이 유희에서 행해지는 것을 진지하게 받아들인다. 우리가 항상 관심을 갖는 것은 독서를 위한 기호들의 이러한 극작법dramaturgie—이것은 화용론pragmatique이기도 하다—이며, 이 인쇄상의 꼭두각시들이고, 이러한 능숙한 손놀림이며, 장인답고 민첩한 필체다. 그 손은 매우 빨리 계산한다. 침묵 속에서 그 손은 어떤 fort/da[사라짐/있음]의 순간적인 교체를, 즉 사람들이 그것들을 드러내는지 숨기는지에 따라 모든 것을 말하고 변화시키는 이러한 소리 없는 작은 형식[인용부호]의 갑작스러운 등장과 사라짐을 외관상으로는 고안하지 않는 것 같으면서도 [사실은] 고안하고 있다. 그리고 사람들이 이러한 작은 형식을 일단 보여 준 후 그것을 제껴 놓을 경우에 어떤 사람들은 억압과 제거에 대해서 말할 수 있으며, 다른 사람들은 부인에 대해서 말할 것이다. 이러한 과정을 우리는 통제mise au pas라고 부르자. 이 작전은 숙련된 손에 의해 지도되고 있다. 여기에서 나는 독일어로 인용부호guillement가 Anführungsstriche 혹은 Anführungszeichen이라고 불린다는 사실을 상기시키고자 한다. anführung이란 지도하고 선두에 서는 것을 의미하지만 또한 기만하고 누군가를 조롱하거나 누군가를 세뇌한다는 것을 의미하기도 한다.

여기에서 현저하게 눈에 띄는 극적인 것은 어디로부터 비롯되는 것인가? 분명히 다음과 같은 것으로부터 비롯된다. 즉 그것은 이러한 유일한 경우에 인용부호는 이미 출판된 텍스트를 인용하는 부분에서 ─검열되고 있다고까지는 말하지는 않겠지만─ 제거되고 있다는 데서 비롯된다. 저 출판된 유일한 판은 인용부호를 포함하고 있었지만, 동일한 저자가 그 텍스트를 인용할 때는 인용부호가 삭제되는 것이다. 「총장 취임 연설」이 제기하는 정신에 대한 정의에서 인용부호는 이미 전적으로 예외적인 잔재였지만 아직은 남아 있었다. 2년 후에 그것은 『형이상학 입문』에서 정신에 부여되는 정의에서는 사라진다.

이것은 [하이데거에 의한] 유일한 변경이다. 그리고 하이데거는 이러한 사실에 주목하게 하지 않는다. 그러나 하이데거는 자신이 인용한 「총장 취임 연설」의 쪽수까지 표기하고 있다. 따라서 이렇게 침묵 속에서 일어난 수정을 알아채기 위해서는 사람들은 상당히 호기심을 갖지 않으면 안 된다. 이러한 수정은 하나의 후회를 다른 후회를 통해 제거하는 것처럼 아마 부주의하게 보이는 명석함과 함께 행해지고 있다. 그것은 인용부호가 매번 행하는 것처럼 정중한 삭제의 운동을 이미 소묘하고 있는 것을 눈에 띄지 않게 삭제하는 것, 거의 알아채지 못하게 삭제하는 것이다. 따라서 [『형이상학 입문』에서] 정신에 대한 정의는 다음과 같이 나타난다(인용을 위해 인용부호를 열어 두라. 이렇게 '현실화된' 인용에서 정신 주위에 있는 인용부호를 제거하라).

> 정신(「총장 취임 연설」에서는 인용부호 안에 있었다―데리다)이란 공허한 예리함도, 무책임한 기지機智의 유희도, 지성의 한없는 분석 작업도 아니며, 심지어 세계이성도 아니다. 정신(여기에서는 「총장 취임 연설」에서부터 이미 인용부호가 파열되고 있다)은 존재의 현성現成을 향한 근원적으로 기분지어진 인식하는 결의성이다.[55]

정신을 어떻게 하면 일깨울 수 있는가? 우리는 어떻게 하면 정신을 물러난 상태에서 책임을 지는 상태로 이끌 수 있는가? 그것은 정신으로 하여금 존재 물음을 배려하도록 환기시키는 것을 통해, 동일한 운동 안에서 그렇게 배려하며 소명(Sendung), 하나의 **사명**mission, 즉 서양의 중앙으로서 우리 민족의 역사적 사명을 인수하도록 환기시키는 것을 통해서 가능하다.

정신은 전체에서 존재자 자체의 힘들에 주어진 충만한 힘(die Ermächtigung der Mächte des Seienden als solchen im Ganzen)이다. 정신이 지배하는(herrscht) 곳에서 그 자체로서의 존재자는 항상 그리고 그때그때 더 존재하는(seiender) 것이 된다. 따라서 전체에서 존재자 그 자체에 대한 물음인 존재 물음은 정신을 일깨우기(Erweckung des Geistes) 위한 본질적인 근본조건들 중 하나이며, 이와 함께 역사적 현존재의 근원적인 세계를 위한, 이와 함께 세계의 암흑화라는 위험을 제어하기 위한, 이와 함께 또한 서양의 중앙인 우리가 민족의 역사적 사명(geschichtlche Sendung)을 인수하기 위한 본질적인 근본조건들 중 하나다.[56]

따라서 정신을 일깨우고 그의 힘을 다시 소유하는 것은 다시 한번 '우리 민족'에 맡겨지고 부과되고 [우리 민족이 맡도록] 운명지어진 물음에 책임을 지는 것을 통해서 일어난다. 이 동일한 장이 그것의 결론부에서 존재에 대한 어떤 민족의 관계(Bezug)가 기초해 있는 언어의 운명(Schicksal der Sprache)에 대해서 문제 삼고 있다는 사실은 우리 민족의 책임, 존재 물음에 대한 책임, 우리의 언어에 대한 책임이 서로 연관되어 있다는 사실을 보여 준다. 그런데 '존재'라는 단어의 문법에 대한 장의 서두에서 하이데거가 주장하는 것처럼 독일어의 절대적인 특권은 다시 한번 [그것의] 정신적인 성질에서 비롯된다.

왜 어떤 언어는 이러한 비교할 수 없을 정도의 특권을 갖는가? 그리고 왜 이러한 특권은 정신과 관련해서 결정되는가? 이 경우 어떠한 논리가 문제 되는가? 만약 언어 일반langage과 주어진 언어langue의 근원성이 결정되는 영역에서 아직 논리에 대해 말할 수 있다면 말이다.

그러한 특권을 정당화하는 '논리'는 이상한 것이고 물론 독특한 것이지만 또한 반박될 수 없는 것이며 일종의 역설에 사로잡혀 있는 것인데, 이러한 역설의 형식적 구조는 깊게 탐구해 볼 만한 가치가 있다. 이러한 논리로부터는 기분에 따라서 어떤 때는 가장 심각한, 어떤 때는 가장 유쾌한 추론들이 나올 수 있다. (이것이 하이데거에서 내가 좋아하는 것이다. 내가 그를 생각할 때, 그의 책을 읽을 때, 나는 이 두 개의 감정을 동시에 느낀다. 그것은 항상 가공할 정도로 위험하면서 어리석을 정도로 우스우며, 극히 심각하면서도 약간은 코믹하다) 내가 곧 인용할 잘 알려진 구절에서 두 개의 특징을 강조할 것이다. 이러한 두 개의 특징에 대해서 사람들은 이제까지는 아마 필요한 만큼 충분히 주목하지 않았던 것 같다.

> 서양의 문법의 형성(Ausbildung)이 그리스어에 대한 그리스인들의 숙고(Besinnung)로부터 비롯되었다는 사실이 이러한 과정에 그것이 갖는 모든 의미를 부여한다. 왜냐하면 이러한 언어는 독일어와 함께(neben der deutschen) (사유의 가능성이라는 관점에서 볼 때) 가장 강력한(die mächtigste) 언어인 동시에 가장 정신적인(geistigste) 언어이기 때문이다.[57]

따라서 두 개의 특징을 강조해야만 하며, 강한 특이성을 갖는 두 개의 불균형을 강조해야만 한다.

1. 첫 번째 불균형은 한편에는 그리스어와 독일어 사이에, 다른 한

편에는 세계의 모든 언어들 사이에 존재하는 관계의 균형을 깨뜨린다. 하이데거가 환기시키려고 하는 것은 단지, 사람들은 항상 언어 내에서 사유하며 사람들은 이러한 주장 자체를 자신의 언어 내에서 할 수밖에 없으며 어떠한 중립적인 메타언어 안에 머무를 수도 없으며, 머물러서도 안 된다는 사실이 아니다. 분명히 사람들은 이러한 명제에 자신의 언어로 서명하지 않으면 안 된다. 그러한 서명은 결코 개인적인 것이 아니다. 그것은 언어를 통해 하나의 민족 혹은 하나의 공동체를 구속하기 때문이다. 아니다. 이러한 명제, 일종의 언어-문화적 그리고 인간학적인 상대주의—모든 공동체들은 자신의 언어 안에서 사유하고 똑같이 사유한다—에 부합할 수도 있는 이러한 명제는 하이데거의 사유에 부합하지 않는다. 하이데거는 이렇게 말할 것이다. 그러한 명제는 존재에 응답하는 사유에는 부합하지 않는다. 그리고 그것은, 존재를 명명하고 부를 수 있는 혹은 오히려 존재에 의해서 자신이 불리는 것을 들을 수 있는 언어의 독특한 사건에 따라서만 존재에 응답할 수 있는 한에서의 사유에는 부합되지 않는다.

독일어와 그리스에 고유한 특권은 사유, 존재 물음, 즉 정신에 대해서 절대적이라는 것, 이것이야말로 하이데거가 도처에서 의미하는 것이다. 그러나 슈피겔 인터뷰에서 그는 이에 대해 태연하게 거만하면서도 아마 약간은 순진하게 동시에 [논증으로] 무장된 것 같으면서도 어떠한 논증도 제시하지 않는 방식으로 말하고 있다. 그리고 '우리의' 언어[프랑스어]로 말하자면 하이데거는 별로 esprit 없이 말하고 있다고 할 수 있을 것이다. 그러한 문장들을 앞에 두고 사람들은 이 강연의 프랑스어 제목에 매우 라틴적인 감탄부호를 덧붙이고 싶은 생각이들 것이다—정신에 대하여, 제기랄!de l'esprit, que diable!(악마 그리고 정신의 심장부에 있는 분신이 곧 되돌아 것이다).

따라서 마이크에 대고서 혹은 〈슈피겔le Spiegel〉과의 인터뷰에서 하이데거는 이렇게 말한다.

> 내가 염두에 두고 있는 것은 독일어가 그리스어와 그것의 사유에 대해서 갖는 특별한 내적인 친족 관계다. 이러한 사실을 오늘날 프랑스인들이 거듭해서 확증하고 있다. 그들은 사유하기 시작하자마자 독일어로 말한다. 그들은 자신들의 언어로는 제대로 사유할 수 없다고 분명히 말한다.[58]

사람들은 [프랑스인들이] 이러한 믿음 혹은 이러한 확증을 [하이데거에게] 보여 주는 장면을 상상해 볼 수 있다. 이러한 장면은 하이데거가 지어낸 것이 아니다. '그들은'[하이데거를 추종하는 프랑스인들] 스승[하이데거]에게 자신들의 언어에 대해서 불평하러 간다. 그리고 이는 충분히 생각할 수 있는 일인데, '그들은' 스승의 언어로 불평한다. 이러한 선언은, 그 심연적인 근저에서 반드시 진리를 결여하고 있는 것은 아니다. 만약 Geist, Denken, Sein 그리고 다른 단어들의 의미가 번역될 수 없고 프랑스인에게조차 독일어로만 사유될 수 있다는 이러한 기본적인 공리를 받아들인다면 이러한 선언은 심지어 자명한 것이다. 그 외에 어떤 것을 독일어로 말하고 사유할 수 있는가? 그러나 문자 그대로 침략적인 선언이 갖는 무례한 어조를 통해 악화되고 있는 독단적인 확신—말하는 것에도 보여 주는 것에도—은 그것만으로도 이러한 확신의 타당성에 대해서 의심을 갖게 하기에 충분하다. 그러한 무례함은 일종의 도발적인 가치조차도 갖지 않으며 동어반복 속에서 반쯤 잠들어 있다. 피히테는 『독일 국민에게 고함』 안에서 이러한 동일한 논리의 이름 아래 [하이데거와] 유사한 방식으로 말했다—정신성을 그의 '자유'와 그의 '영원한 진보'에서 사유하고 원하는 자는 독일인이며 그가 어디에 태어났든 어떠한 언어로 말하든 우리들의 동족이다(ist unsres Geschlecht). 반대로 동일한 '정신성'을 사유하지 않고 원하지 않는 사람은 그가 독일인으로 태어났을 경우에도 독일어로 말하는 것처럼 보여도, 비록 독일어를 할 수 있는 언어적인 능력을 가지고 있다고 하더라도 그는 '독일인이 아니며 우리에게 타인이다(undeutsch und fremd für uns)'. 그러한 사람과는 완전히 절연하는 것이 바람직하다.

　2. 그러나 상대주의와의 이러한 단절은 유럽중심주의는 아니다. 이러한 사실을 입증하는 여러 방식이 존재할 수 있을 것이다. 그중 하나는 다음과 같은 점을 상기시키는 것일 것이다. 즉 그것은 유럽중심주의가 아니라 **중앙-유럽중심주의**라는 점이다. 이는 다른 불균형이 어느 날 Geist[정신]와 관련해서 그리스-독일추축을 분열시킬 것이기 때문이다. [『형이상학 입문』 강의] 20년 후 결국 하이데거는 그리스어에는 Geist를—Geist의 Geistigkeit는 아니어도 적어도 어떤 종류의 Geistlichkeit를 번역할 수 있는 단어는 존재하지 않는다고 시사하지 않으면 안 되게 된다. 그리스어는 또한 철학의 언어이기도 하며 복음서의 언어이기도 하다. 이는 셸링에 대한 독해에서 그리고 셸링의 관점으로부터 하이데거는 어떤 방식으로든 결코 spiritus[혼]가 아니었던

Geist는 적어도 pneuma[성령]와 동일한 것을 가리킨다는 사실을 인정하는 것처럼 보이지만, 트라클과의 Gespäch[대화]에서 그는 Geist와 geistlich는 트라클에게서는 우선 불꽃을 의미하며 숨결이나 성령의 불어넣음을 의미하지 않는다고 주장하기 때문이다. 이때 geistlich라는 형용사는 보통 그것을 세속적인 것과 형이상학적인 Geistigkeit에 대립시키는 기독교적인 정신성이라는 함의까지 잃어버리게 된다. 이러한 Geistlichkeit의 Geist는 우리의 언어[독일어]로만 사유될 수 있을 것이다.

따라서 최대의 정신적인 풍부함을 갖는 그리스와 독일어라는 남매 간의 언어 중에서 오직 한쪽만이 두 언어가 특별히 공유하고 있는 것인 정신을 명명할 수 있다. 그리고 명명한다는 것은 사유하도록 증여하는 것이다. 따라서 독일어는 [하이데거 사유 도정의] 궁극적으로 극대의 또는 최상의 탁월성(geistigst)을 명명할 수 있는 유일한 언어다. 요컨대 독일어는 이러한 탁월성을 어떤 **특정한 지점**까지만 그리스어와 공유한다. 최종적인 심급에서 독일어는 정신이 그 자신을 명명할 수 있게 되는 유일한 언어다. 최종적인 심급에서, 즉 마지막 장소에서라고 말하는 것은 Geist와 pneuma의 이러한 분열이 1953년에 와서야 분명하게 되며, 이 시점에서야 geistig와 geistlich와의 차이가, 다음에는 geistlich 내부에서 전통적인 기독교적인 의미와 보다 근원적인 어떤 의미와의 차이도 분명해지기 때문이다. 그러나 1935년 『형이상학 입문』에서 그리스어와 독일어가 공유하는 것은 아직 최대의 Geistigkeit 이며, 이것이 1953년에는 플라톤적인 유산으로서 정의되고 실은 비난 받는다.

이러한 불균형의 폭력은 여기에서도 놀랄 만한 것은 아니다. 이러한 폭력도 자명한 이치 혹은 동어반복에 접해 있는 것이다. 『형이상학 입문』에서의 하이데거처럼 그리스어와 독일어가 공유하는 특권이 정신의 특권이라는 말은 이미 공유를 단절하고 다시 한번 불균형을 강조하는 것이었다. 사람들은 그리스인에게 정신의 특권에 대한 동의를 요구할 수 없다. 그리스인이 그것에 동의했다면 그는 적어도 자신의 언어로 동의했을 것이다. 그는 이렇게 말할 것이다. 그렇다, 실로 pneuma다, 우리의 두 언어는 사유(noein?)의 가능성이라는 점에서 볼 때 가장 영적인pneumatique, pneumatologique 것이다. 그는 아마 다른 단어들을 사용할 것이지만, 분명히 그는 그것(pneuma)을 사유하고 말할 수 있는 유일한 언어로서의 그리스어의 특권을 요구했을 것이다. 이러한 기상천외의 자명한 논리에 충실할 경우에,[59] 우리는 그리스인이 한순간도 그리고 정당한 이유로 독일어가 이러한 요구를 할 수 있다고는 생각도 안 했을 것이라고 보다 분명하게 말할 수 있다. 한순간도, 그리고 1935년의 하이데거에서처럼 결코 잠정적으로라도 그리스인은 그렇게 생각하지 않을 것이다.

VIII

주지하듯이 동일한 그 여러 해 동안 [하이데거에게서] 해석의 전략은 니체에게도 관계하고 있다. 그것은 니체를 생물학주의적인, 동물학주의적인, 혹은 활력론적vitaliste인 모든 해석으로부터 탈취하는 것을 목표로 했다. 이러한 해석 전략은 하나의 정치이기도 하다. 이러한 시도는 하나의 사상을 잃으면서도 그것을 구원한다는 점에서 극단적인 양의성을 갖는다. 사람들은 거기에서 하나의 형이상학, 최후의 형이상학을 발견하며 니체의 텍스트들이 갖는 모든 의미를 그것으로 환원한다. 헤겔의 경우와 마찬가지로 다시 한번 절대적인 주체성의 형이상학이 문제가 된다. 그러나 무제약적인 주체성은 여기서는 더 이상 자기 자신을 인식하는 의지의, 즉 정신의 형이상학이 아니고 육체와 충동 그리고 정동의 절대적 주체성이다. ─힘에의 의지라는 무제약적인 주체성. 인간의 본질을 **이성적인 동물**로서 규정하는 근대형이상학의 역사는 이와 같이 분할된다. 무제약적인 주체성의 두 개의 대칭면─ 한편으로는 정신으로서의 합리성, 다른 한편으로는 육체로서의 동물성.

따라서 주체성의 무제약적인 본질은 필연적으로 bestialitas[야
수성]의 brutalitas[야만성]으로서 전개된다. … Homo est brutum
bestiale[인간은 야수처럼 야만적인 존재다].[60]

그러나 니체가 '금발의 야수la bête blonde'라고 부르는 것을 우리는
형이상학적으로 사유해야 하며, 성급하게 생철학, 활력론 혹은 생물
학주의에 의거하면서 존재자의 전체에 '생명적인' 혹은 '생물학적인'
의의를 부여해서는 안 된다. [오히려] 정반대의 것이 행해져야 한다. 전
적으로 다른 것이기도 한 이 정반대의 것이란 생명적인 것을 힘에의
의지로부터 재해석하는 것이다. 힘에의 의지는 "어떠한 '생명적인 것'
도 '정신적인 것'도 아니며 오히려 '생명적인 것('생명체')'과 '정신적인
것'이 존재자로서 힘에의 의지란 의미의 존재를 통해 규정된다."[61]

동일한 방식으로 인종 사상(Rassengedanke)은 형이상학적이고 비생물
학적인 방식으로 해석된다.[62] 이렇게 규정의 방향을 전도하면서 하이
데거는 이러한 '인종 사상'[의 부담]을 경감시키고 있는가 아니면 더 강
화하고 있는가? 인종의 형이상학은 인종의 자연주의 혹은 생물학주의
보다 더 심각한 것인가 아니면 덜 심각한 것인가? 이렇게 여전히 애매
한 전략에서 제기되는 물음에 대한 답을 미정인 채로 남겨 두자.

따라서 니체는 생의 철학, 혹은 합리성, 다시 말해 헤겔적인 의미에
서의 정신에 대한 다원적인 설명을, 이성적인 동물의 다른 한 부분을
제시한 것이 아니었다. 더 나아가 하이데거는 니체가 정신을 '혼의 적
대자', 즉 생명의 적대자('Geist als Widersacher der Seele', d.h. des Lebens)로
보았다고 생각하는 사람들을 비판한다. 오히려 니체는 정신을 비난

하지도, 부정하지도 않으며, 그것을 피하지도 않는다. 정신은 적대자(Widersacher)가 아니라 선도자(Schrittmacher)이며 그것은 혼을 이끌고, 그것을 지도하며(conduire) 그것이 가야 할 길을 개척한다. 정신이 혼에, 즉 생명에 대립할 때, 더 나아가 생명에 격하게 대립할 때, 그것은 생명에 해를 끼치기 위해서가 아니라 오히려 생명을 위해서 그렇게 하는 것이다.

Esprit/âme/vie, pneuma/psyché/zoè 혹은 bios, spiritus/anima/vita, Geist/Seele/Leben[정신/혼/생명], 이것이야말로 우리가 경솔하게도 그것들이 고정된 의미를 갖는다고 생각하면서 순진하게도 번역이라고 부르는 것의 심연의 둘레를 확정할 수 있는 것처럼 생각하는 삼각형과 정사각형이다. 나중에 우리는 이러한 각도들의 벌어짐이 무엇을 의미할 수 있는지에 대해서 물을 것이다. 그러나 우선은 정신과 psyché[혼] 사이에 어떤 사태가 일어나고 있는가에 대해서 묻고자 한다.

혼에 대한 정신의 관계는 『반신半神으로서의 시인의 본질』이라는 표제 아래 편집된 1942년 강의, 특히 「역사적으로 정초하는 정신Der geschichtlch gründende Geist」[63]에 바쳐진 장에서, 이렇게 말해도 좋다면 초점이 되고 있다. 여기에서 하이데거는 바이스너Frisdrich Beissner가 1933년에 간행한 횔덜린의 시들을 해명한다.

> nämlich zu Haus ist der Geist
>
> nicht im Anfang, nicht an der Quell. Ihn zehret die Heimath.
>
> Kolonie liebt, und tapfer Vergessen der Geist.

Unsere Blumen erfreun und die Schatten unserer Wälder

den Verschmachteten. Fast wäre der Beseeler verbrandt.
[즉 정신은 집에

처음에는 존재하지 않는다. 원천에는 존재하지 않는다. 정신을 고향

은 소진시킨다.

식민지와 용감한 망각을 정신은 사랑한다.

우리의 꽃들은 그리고 우리의 숲의 그늘은 치욕을 당한 자를 기쁘게

한다.

혼을 불어넣는 자는 거의 불에 타서 소멸할 것이다.]

나는 이 시구를 번역하는 위험을 무릅쓰지는 않을 것이다. 이는 무
엇보다도 'nicht'의 통사법과 위치와 억양이 상당히 오래전부터 논쟁
의 대상이 되고 있는 처음 두 행의 번역에 대해서 그렇다. 그리고 그
러한 논쟁에 참여하는 것이 여기에서는 아마 불가결하지는 않다.

"'정신'은 누구인가?"라고 하이데거는 묻는다.[64] "zu Haus…/ nicht
im Anfang, nicht an der Quell…[처음에는 집에 존재하지 않는, 원천에는
집에 존재하지 않는]" 정신이란 누구인가?

이 시대에는 '정신'이란 단어가 비록 아직 충분히 전개되지 않았을
지라도 일의적인 의미를 갖는다고 그는 우리에게 설명한다. 이러한
본질적인 의미를 횔덜린은 헤겔과 셸링의 사유에서 끌어내고 있다.
그러나 이러한 사실로부터, 횔덜린이 정신의 형이상학적인 개념을 그
의 시 여기저기에 수용하기 위해 [헤겔과 셸링에게서] 빌렸다고 사람들
은 생각해서는 안 된다. 우선 시인은 그리고 횔덜린 정도의 시인은 '개

넘'과 같은 것을 빌리지도 않으며 수용하지도 않는다. 다음에 형이상학적인 사유에 대한 그의 시적인 Auseinandersetzung[대결]을 통해 그는 형이상학적인 사유와 작별을 고하고, 형이상학적인 사유의 '극복'으로 나아가기 때문이다. 그가 말하는 Geist가 독일 형이상학에 의해서 규정되고 있다고 해도 그것은 독일 형이상학이 말하는 정신과 동일하지 않으며, 독일 형이상학이 주관적인 또는 객관적인 정신이라는 개념을 가지고[65] 체계적인 방식으로 사유하는 것으로 환원되지 않는다. 이러한 형이상학적인 체계들에 Geist는 모든 존재자를 규정하고 모으는rassemble 절대적인 무제약자다. 따라서 그것은 정신으로서 'gemeinsame Geist', 공동의 정신이라기보다는 모으는 정신이다. 그것의 형이상학적인 개념에서 정신은 그것이 모으는 한 무엇보다도 사유이며, 사유(Denken) 자체다. 정신은 그것이 본질적인 것을 사유하면서 모으는 것인 한에서 본래적이며(eigentlich) 진정한 정신으로 존재한다. 그것은 자기 자신을 사유하면서, 이렇게 자신에게서 자신 가까이에서 (zu Hauss) 자신을 재발견하면서 본질적인 것을 사유하면서 모은다. 그것의 사상들은 그것에게 단지 속하는 것일 뿐 아니라 공동성 안으로 모으는 정신의 사상들이다 … 이것이 횔덜린의 다음 시구가 말하는 것이다.

des gemeinsamen Geistes Gedanken sind.
[모으는 정신의 사상들이 존재한다.]

여기에서 사람들은 시 안에서 '길을 잃어버린' 형이상학적인 명제를 읽어서는 안 된다. 이 송가頌歌는 정신을 존재로서 시적으로 숙고하며, 그러한 존재는 모든 존재자에게 그것의 존재의 소명과 운명을 위탁한다. 이러한 위탁 혹은 사명은 Geschick[역사적 운명], Schickliche[적합한 것], Schicksal[운명], Geschichte[역사]의 연쇄 전체를 따라서 말해진다. 이러한 단어들이 번역 불가능하다는 사실은 이러한 연쇄가 전개되는 장을 이루는 언어 그 자체가 이렇게 위탁되는 사명의, 역사 자체의 이러한 소명의 고유의 장소이며, 다시 말해 교체될 수 없는 고유언어l'idiome라는 사실과 연관되어 있다. 그 자체로서의 존재자에 대해 특권적인 관계를 인간이 가지고 있기 때문에 인간에게 보내진 것—허여되고 운명지어진 것—에 인간이 열려 있을 수 있으며, 이러한 열려 있음이 본질적인 Geschichtlichkeit[역사성]를 인간에게 부여한다. 이러한 역사성이 인간이 하나의 역사로 존재하며 역사를 갖는 것을 가능하게 하는 것이다.

정신에 대한 이러한 해석, 즉 정신을 **모으는 것**, 혹은 모으는 것이 자신을 그 안에서 모으는 곳으로 보는 해석은 이 경우 시 안에서 **길을 잃어버린** 형이상학적인 명제가 아니라고 가정하자. 다시 우리는 적어도 두 개의 명백한 사태들을 진지하게 받아들일 필요가 있다. 한편으로 정신에 대한 하이데거의 표현은, 십년 후에 그가 영혼학pneumatologie이나 형이상학적 그리고 기독교적인 정신성으로부터 탈취하려고 하는 트라클의 작품에서의 정신에서든, 횔덜린에 대한 이러한 강의들이 행해지기 수년 전에 행해진 셸링에 대한 강의(「인간적 자유의 본질에 대한 1809년의 논문」에서든 동일한 것으로 머문다). 이 강의는 '근원적으로 통일하는 통일성(ursprünglich einigende Einheit)'인 정신의 '통일하는' 본질을 강

조한다.[66]

이러한 통일성에 대해서 하이데거는 당시에 이렇게 쓴다. "통일성으로서 정신은 πνευμα[숨결]다(Als solche Einheit ist der Geist πνευμα)."

그가 이때 das Wehen(숨결을 의미하는 단어이지만 그것은 고통* 혹은 탄식, 정신의 숨 가쁜 혹은 숨 가쁘게 하는 'spiration'[호흡, 성령의 강림—성령이 성부와 성자에게서 나오는 것과 연관이 있다)이라고 부르는 것은 가장 근원적인 방식으로 본래적으로 통일하는 것, 즉 사랑의 숨결(Hauch) 내지 열망aspiration 이외의 것이 아니다. 그러나 셸링에게 정신은 사랑보다도 더 높지 않고 사랑의 숨결에 지나지 않는다. 정신은 사랑의 숨결, 즉 숨 쉬고 있는 사랑을 표현한다. 그것은 사랑보다도 명명하는 것이 쉬우며 —게다가 정신은 '말[das Wort]'을 표출한다—, 사랑은 근거와 실존이 분리하기 이전에, 이렇게 말해도 좋다면, '현존했던 것이다(da war)'. 그렇다면 사랑을 어떻게 지칭하면 좋은가? 정신보다 높은 곳에 있고 정신을 움직이고 그것을 들이쉬고 내쉬는 지고의 존재를 어떻게 명명할 것인가? 어떻게 그것을 지칭할(bezeichnen) 것인가? 라고 셸링은 묻는다.

> 정신 자체조차 아직 지고의 것이 아니기 때문이다. 그것은 단지 정신일 뿐이거나 사랑의 숨결에 지나지 않는다. 그러나 사랑은 지고의 것이다. 그것은 근거와 실존이 (분리된 것들로서) 존재하기 이전에 현존했지만 사랑으로서는 아직 존재하지 않았던 것이다. 그러나—우리는 그것을 어떻게 지칭하면 좋은가?(405-406쪽)[67]

---

* 독일어에서 Weh는 고통을 의미한다.

"여기에서 말(das Wort)은 사상가조차도 떠난다"라고 하이데거는 그때 쓰고 있다. '여기에서'는 사랑이라는 지고의 것을, 언어 즉 숨결을 통일시키는 유일한 근원을 말하는 것이 문제가 되는 장소를 의미한다. 말이 사상가'조차도' 떠나는 것은 말(das Wort)은 어떤 점에서는 말을 결여하는 숨결 혹은 정신의 계기이기 때문이다. 이는 언어로서 숨결 혹은 정신이 그것에 앞서서 내지 그것보다 높이 그것을 운동시키는 것을, 즉 그것의 근원인 사랑을 명명하기 위해서 자신을 되돌리거나 고양시킬 수 없기 때문이다. 신에게서 무한한 욕망에 대해서, 분리에 대해서, 향수(Sehnsucht)에 대해서, 그리고 인간에게서(신에게서가 아니고) 정신의 분할 가능성에서 그 가능성이 비롯되는 악에 대해서 셸링이 여기에서 말하고 있는 것, 그리고 당시에 하이데거가 주해하고 있는 그 모든 것이 트라클에 대한 강의에 흔적을 남기고 있다. 그리고 우선 그 모든 것은 횔덜린에 대한 강의에 흔적을 남기고 있다. 우리는 곧 횔덜린에게로 되돌아갈 것이다.

정신이 역사를 근거 짓는다는 것, 소명이 인간에게는 장래, 장래의 도래함 혹은 도래함의 장래로 머문다는 것, 이것이야말로 시인으로서의 횔덜린이 사유하는 사상이다. 그리고 정신[Geist]에게 프랑스어의 이 단어[esprit]를 부과하면서 나는 망령revenant으로서의 정신에 대해서 많은 것을 말했기 때문에, 하이데거라면 여기에서는 다른 언어[독일어]로 망령의 회귀revenance를, 도래하는 것에 대한 사유로부터 그리고 항상 도래하려고 하는 사유로부터 사유해야만 한다고 말할 것이다. 회귀 자체는 도래하는 것venant에 대한, 도래하고 있는 중인 도래하는 것에 대한, 도래하고 있는 사유로부터 도래해야만 하는 것으로 머문다.

이것이야말로 횔덜린이 사유하고 있는 것이며 시인으로서 경험하고 보호하는 것이다. 시인으로 존재한다는 것(dichten)은 이런 의미에서 이러한 경험과 보호에 헌신하도록 맡겨져 있는 것이다. 정신이 역사적으로 근거 짓는 한에서 그것은 시인 안에, 시인의 혼(Seele) 안에 자신의 장소를 발견하며 우선 거기에 자신의 장소를 갖는다. 여기에서 혼은 'Mut[심의, 心意]' 또는 'Gemüt[심정, 心情]'에 대한 동의어이며 [그것들에 대한] '다른 말'이다. Gemüt은 정신은 아니지만 시인의 Gemüt은 정신을 영입하고 그것을 수용하며, 시인 안에서 정신을 환영한다─시인 안에서 도래하는 혹은 회귀하는 정신을.

> Das Kommende in seinem Kommen wird erfahren und bewahrt im Dichten. Der geschichtlich gründende Geist muss daher zuerst seine Stätte finden im 'Mut' des Dichters. Das andere Wort für das 'Gemüt' ist 'Seele'. (160쪽)
> [도래하는 것은 도래하는 것으로서 시작詩作을 통해서 경험되고 보존된다. 역사적으로 근거 짓는 정신은 따라서 우선 자신의 장소를 시인의 '심의'에서 발견해야만 한다. '심정'을 의미하는 다른 단어는 '혼'이다.]

주체성의 형이상학에는 Gemüt에 대한 올바른 해석이 결여되어 있다는 사실을 우리는 『존재와 시간』에서 읽었다. 하이데거가 여기에서 횔덜린에 귀를 기울이면서 [Gemüt에 대한] 올바른 해석을 발견했다고 믿고 있다는 것은 의심할 여지 없이 분명하다.[68] 혼은 동물과 식물의 생명의 원리가 아니다. 그것은 자신 안에 정신의 사유를 영입하는

Gemüt의 본질인 것이다.

정신의 생각은 시인의 혼 안에 거주한다. 그것은 시인의 혼을 집으로 삼고 거주한다heimisch. 시인은 생명을 주기보다는 혼을 준다. 시인은 혼을 주는 자Beseeler이지, 생기를 주는 자나 유희의 지도자가 아니며 혼에 숨결을 불어넣는 자다. 시인은 정신에 자신의 공간을 부여하며, 존재하는 것 안에 정신이 지배하게 한다. 존재하는 것을 [시를 통해서] 말하면서, 시인은 정신이 그의 Begeisterung[정신화, 감동] 안에서 나타나게 한다. 시인의 Begeisterung, 그의 열정, 그의 열광―나는 '영감inspiration'이라고는 감히 말하지 않겠다(그리고 'animateur[생기를 주는 자]'와 마찬가지로 inspiration[영감]은 라틴어이며, 라틴어는 항상 왜곡시키는 단어인 것 같다)―은 정신의 말을 개시한다. 'Dichten' ist das Sagen der Gedanken des Geistes: Dichten ist dichtender Geist['시를 짓는다는 것'은 정신의 생각을 말하는 것이다. 즉 시를 짓는다는 것은 시를 짓는 정신이다].

'강연'이라는 틀 내에서는 이 시구에 대해서 하이데거가 제시하는 해석을 분석하는 것은 불가능하다.

nicht im Anfang, nicht an der Quell. Ihn zehret die Heimath.
[즉 정신은 집에는

처음에는 존재하지 않는다. 원천에는 존재하지 않는다. 정신을 고향
은 소진시킨다.]

[하이데거의 해석을 제대로 분석하기 위해서는] 이러한 해석에 이의를
제기했던 아도르노와 베다 알레만Beda Allemann이 말하는 것에 귀를
기울여야 할 것이다. 또한 내가 지금 인용했던 시구에 존재하는, 예
를 들면 nicht의 음조상의 강세와 같은(『근거율Der Satz vom Grund』에서처럼)
Betonung[강세]에 대해서 또한 음조의 강세를 표시하는 다양한 가능
성들에 대해서 하이데거가 보여 주고 있는 섬세한 주의를 고려해야만
할 것이다.[69] 나는 나의 해석에서는, 어떤 길에 대한 재인식으로 우리
를 이끌 수 있을 것이라고 생각되는 단어들과 동기들을 강조하는 것
으로 만족하지 않으면 안 된다. 이러한 운동은 일종의 경계선을 따른
다. 이 경우 경계선의 두 측면은 서로 접하며 분할을 거의 불가능하게
한다. 그러한 경계선이란 한편으로는 헤겔, 셸링, ㅡ횔덜린의 말의 어
떤 차원에 대해서는ㅡ 횔덜린의 체계적인 철학적인 요소들이 속하는
정신의 형이상학적 사유와, 다른 한편으로 분할의 다른 부분인 동일
하면서 다른, 저 동일한 횔덜린 그리고 트라클과 같은 **시인들** 사이의
경계선이다.

　이러한 길에서 우리를 안내할 수 있는 말들과 동기들은 우선 분명
히 동기, 운동, 길을 말하는 것들이다. 항상 문제가 되는 것은 원환의 사
유가 아니라 귀환retour, 자기 집(Heimat, heimisch, 'nemlich zu Hauss')으로

의 Rückkehr[귀환]라는 선회의 사유다. 그 자신에게 존재할 경우에만 본래적으로(eigentlich) 존재한다는 것은 정신의 본질에 속한다. 그렇게 해서 비로소 정신은 자신을 모은다. 모음 혹은 재통합을 향한 이러한 욕망은 정신에게 향수를, 저 **동경**Sehnsucht을 일깨운다. 이 [Sehnsucht 라는] 말과 관련해서 하이데거는 셸링에 대한 강의에서 Sucht라는 단어가 어원적으로는 탐구의 suchen과는 아무런 연관이 없고 악[고통], siech, 병, 전염병과 연관을 갖는다는 사실을 우리에게 상기시킨다. 이 러한 악[고통]은 욕망 안에 각인되고 욕망 그 자체로서 자신 안에 동적인 성격, '반대방향으로의 **동성**(gegenwendige Bewegtheit)' —자기로부터 나와서 자기에게로 되돌아가는—을 가지고 있다.[70] 자신으로부터 나와서 자신으로 되돌아가려고 하는, 또는 자신으로부터 나오기 위해 자신에게 되돌아가려고 하는 이 Sehnsucht의 악이야말로 횔덜린이 시인으로서 말하고 있는 정신의 본질이다. "정신에는 자신의 고유한 본질에 대한 동경이 지배한다"고 하이데거는 말한다.[71]

따라서 이러한 박탈-재전유expropriation-réapropriation의 처음에는 이탈-전유화ex-apropriation 내에 있으면서 정신은 결코 집에 존재하지 않는다. 하이데거는 이러한 근원적인 탈-고유화dé-propriation로부터 다음 시구를 해석한다.

Kolonie liebt, und tapfer Vergessen der Geist.[72]
[식민지와 용감한 망각을 사랑한다, 정신은.]

우리는 또 다른 동기를 분석해야만 할 것이다. 나는 여기에서는 동일한 길에서 그것이 어떠한 위치를 차지하는지를 보여 줄 수밖에 없다. 그것은 불(feu)의 모티브다. 그것은 회귀의 모티브와 교차하고 있다. 하이데거는 그것을 독일인들의 경험을 통해서 해석하고 있는데, 그는 그러한 해석에서 하나의 시구와 편지를 대상으로 하고 있다. 하이데거는 불을 향해 '오라', '지금 오라!'고 말하는 『이스터 *Der Ister*』 찬가의 첫 번째 구절을 해석하고 있다. 이러한 부름은 오는 것 안에, 오는 것의 도래 혹은 미래 안에 불을 창설하면서, 그 자체가 오는 부름, 자신이 부르는 불로부터 오는 부름이다. 그리고 불은 진실로 어떤 전환으로부터 부름을 도발하며 항상 이미 도발했으며 시인으로 하여금 불처럼 말하게 하는 것이다.

Jetzt komme, Feuer!

[지금 오라, 불이여!]

그리고 이러한 연관에서 하이데거가 해석하고 있는 편지는 뵐렌도르프Casimir Böhlendorf에게 횔덜린이 쓴 편지(4 XII, 1801)다. 이 편지는 Darstellung[서술, 표현]의 명확함이 우리[독일인들]에게 자연스러웠던 것처럼 그리스인들에게도 근원적으로 자연스러웠던 '하늘의 불'에 대해서 말한다.

횔덜린은 빛의 신을 통해서 두들겨 맞은 사람이다. 하이데거는 이렇게 말한다. "그는 불을 향해서 떠났던 여행에서(von der Wanderung zum 'Feuer') 귀환하는 도중(auf der Rückkehr)에 존재한다."[73]

그리고 「빵과 포도주」의 마지막 절의 초안 중, 하이데거의 주의를

끌고 있는 다섯 시구의 마지막 시구에서는 Beseeler, 생기를 넣어 주
는 자, 혼을 담지하는 자, 달리 말하자면 정신의 증여를 담지하는 자의
소멸, 타 없어짐, 화재, 즉 화장火葬 또는 소각이 불리고 있다. 횔덜린,
Beseeler는 불 속에서 타 버리며 재가 된다.

> Unsere Blumen erfreun und die Schatten unserer Wälder
>
> den Verschmachteten. Fast wäre der Beseeler verbrandt.[74]
>
> [우리의 꽃은 기쁘게 한다. 그리고 우리의 숲의 그늘과 치욕을 당한 자
> 들을.
>
> 혼에 숨결을 불어넣는 자는 거의 불에 타 버렸을 것이다.]

　나는 왜 니체의, 셸링의 그리고 횔덜린에 대한 독해에서 이처럼 선
별하고 있는가? 왜 정신의 불에 이르는 통로만을 남겨 두었는가? 그것
은 하이데거에 따르면 pneuma와 spiritus라는 그리스적 혹은 기독교
적인 규정, 즉 존재-신학적인 규정과, [이러한 것과는] 다르고 보다 근
원적인 것 같은 Geist의 사유 사이를 달려야만 하는 경계로境界路 혹은
분할의 길을 거기에서 양의적인,[75] 혹은 미결정의 형태에서 간취할 수
있기 때문이다. 독일어의 고유언어에 의해서 파악될 경우, Geist는 오
히려plutôt, 보다 일찍plus tôt 불을 사유하게 한다.

IX

정신이란 무엇인가?

하이데거가 마침내 인용부호를 제거하면서 정신에 대해서[정신으로 부터, de l'esprit], 그리고 정신의 이름으로 말하기 시작하는 때인 1933년 부터 하이데거는 Geist의 존재에 대해서 끊임없이 물어 왔던 것처럼 보인다.

정신이란 무엇인가? 1953년에 [하이데거가 제시한] 궁극적인 답은 정신은 불, 화염, 불태움, 함께 불탐conflagration이라는 것이다.

이 답은 따라서 20년 후vingt années plus tard에 제시된 것이다. 얼마나 오랜 기간인가!

그러나 '연年(Jahr)'에 대해서 우리는 말할 것이다. 그것은 정확히 '보다 나중에'가 종종 의미하는 것에 접근하기 위해서다. 매우 늦게, 가장 늦게 오는 것은 어떤 근원에 다시 접근하고 오히려 근원 이전의 근원에, 시작보다도 더 일찍 근원으로 되돌아가는 것일 수도 있다.

트라클과의 Gespräch[대화],[76] Denker[사상가]와 Dichter[시인] 사이의

이러한 대화collocution가 답을 규정하고 있다. 사상가와 시인 사이의 Gespräch는 종종 번역되는 것처럼 대담entretien을 의미하지 않으며, 회화dialogue도, 의견 교환도, 논쟁discussion도, 무엇보다도 의사소통 communication도 의미하지 않는다. 말을 나누는 두 사람의 말parole, 그들 사이에 말하는 언어langue는 이러한 Gespräch의 언어 혹은 말에 의해, 그때 말해지고 있는 것 그 자체로부터만 이름을 부여받을 수 있는 어떤 법, 양식, 체제, 장르에 따라서 자신을 나누고 모은다. 언어는 말 안에서dans 말한다. 언어는 말 안에서 자신에 대해 말하며, 자신을 차연하면서 자신과 관계한다. 여기서 우리는 하이데거와 트라클 사이의 Gespräch를 정신을 주제로 한 Gespräch로 읽지 않을 것이다. Gespräch 는 정신에 대해서, 함께 불탐conflagration 안에서 자신을 나누고 모으는 정신의 본질에 대해서 말해지는 것으로부터만 특정한 말의 양식으로 서 정의될 것이다.

정신이란 무엇인가?

이에 대한 답변은 만일 존재론이 여전히 이러한 텍스트들의 지배적 인 체제라면 사람들이 존재론적이라고 말할 형식 아래 트라클의 어떤 시적 언표들을 번역하는 문장들 안에서 제시되고 있다.

실제로 하이데거는 "Doch was ist der Geist?[그러나 정신이란 무엇 인가?]"라고 묻고 있다. 정신이란 무엇인가? 답—"Der Geist ist das Flammende …[정신은 불타오르는 것이다]"(59쪽). 그러고 나서는 "Der Geist ist Flamme[정신은 화염이다]"(62쪽).

[이 문장들을] 어떻게 번역해야 하는가? 정신은 불타오르는 것인가? 그것보다는 차라리 불을 지르고, 자기 자신에 불을 지르면서 자신을 불

태우는 것인가? 정신은 화염이다. 불타오르는 혹은 자신을 불태우는 화염—동시에 양자, 한쪽과 다른 쪽, 그 어느 쪽도. 함께 불탐 내에서 양자가 함께 불탐.

이러한 불타오름을 언표하려고 해 보자. 정신의 불타오름, 이러한 이중의 소유격에서 정신은 촉발하며, 불에 의해 촉발되고 있는 자신을 발견한다. 정신은 불을 붙잡으며 불을 준다. 우리는 이를 동사이기도 하고 명사이기도 한 하나의 단어 혹은 두 단어로 l'esprit en flamme[정신은 불타오른다. 화염에 싸인 정신]이라고 말한다. 자신을 취하면서 동시에 자신을 주는 것, 그것은 불이다. 정신의 불. 위에서 말해졌던 것 그리고 우리가 다시 읽게 될 것을 잊지 말자—정신은 혼(psyché)을 주는 것이며 죽을 때 혼을 반환하는 것만이 아니다.

l'esprit en flamme, 이 말을 [우리는] 어떤 식으로 들어야entendre, 이해 해야 하는가? 이러한 물음은 무엇을 의미하느냐라는 물음이 아니라 그것이 어떻게 울리고 반향하는가라는 물음이다. 어떤 시인과의 이러한 Gespräch[대화] 내에서 화음은, 노래는, 송가는, 찬가는 어떻게 되고 있는가? 그리고 이러한 물음을 개진하기 위해서는 하이데거가 "그들의 노래는 시작詩作이다(Ihr Singen ist das Dichten)"라고 말할 때 하이데거가 염두에 두고 있는 사람들을 사유해야만 한다. 하이데거는 이 말에 '어떻게, 어느 정도로'라는 물음[그들의 노래는 어떻게 해서 그리고 어느 정도로 시작인가라는 물음]을 덧붙인다. 시적인 말함이란 무엇을 의미하는가? 사람들은 무엇을 시적인 말함이라고 부르는가? 이렇게 자신을 [시적인 말함이라고] 부르는 것은 무엇인가? "Inwiefern? Was heisst Dichten?[어떠한 한에서인가? 시작이란 무엇인가/무엇이 시작을 부르는가=

이러한 Gespräch[대화]에서 사람들은 사상가[하이데거]가 자신의 이름으로 말하는지 혹은 트라클과 교감하면서 말하는지를 결정할 수 없다. 그러한 언표들을 읽을 경우 사람들은 눈에 보이는 혹은 눈에 보이지 않는 인용부호가, 즉 더욱 섬세한 표지가 어떤 단일한 책임을 [하이데거나 트라클에게] 귀속시키는 것을 저지하는지 아닌지를 결정할 수 없다. 이에 대해 결정하기 위해서는, 하이데거가 처음에 이중의 말 그리고 이중으로 건네어지는 말, 즉 사상가와 시인 사이의 Gespräch와 Zwiespräch[두 사람 간의 대화]에 대해서 말하고 있는 것에 관한 긴 성찰이 선행해야만 한다. 더 나아가 어떤 Gedicht[시]의 Erörterung(상황, 장소Ort의 구명)과 Erläuterung(해명하는 독해, '설명') 사이의 차이를, 그뿐 아니라 양자의 상호 관계(Wechselbezug)를, Gedicht와 Dichtungen[시작] 사이의 차이 등을 성찰해야만 할 것이다. 우리는 이 단어들을 자세하게 설명하지 않고서는 번역할 수 없을 것이다. 아울러 시간도 부족하기 때문에 나는 내가 거의 이론의 여지가 없다고 생각하는 개략적인 단정을 제시하는 것에 그친다. 내가 지금 인용하면서 esprit enflamme라고 번역했던 것과 같은 말은 분명히 하이데거의 말이다. 그것은 그의 것, 즉 마르틴 하이데거라는 주체의 산물이 아니라 하이데거가 조금도 주저하지 않고 인정하는 말이다. 한편으로 그는 그러한 말을 자신이 지금 배격하고 있는 것, 충분히 결정적인 맥락을 형성하는 모든 것에 대립시킨다. 다른 한편으로 그는 그러한 말을 그가 어떠한 의심도 갖지 않는 다른 담론을 통해서 뒷받침한다. 따라서 존재론이란 형식을 가진 말을 '주석'으로 환원하는 것에는 어떠한 타당성도 존재하지 않을 것이다. 통상적인 의미의 주석만큼 하이데거에게 소원한 것은 없다. 이 말이 그것과는 다른 의미를 갖고 그 개념이 어느 정도의 엄밀성을 요구할 수 있다고 전제할 경우에 말이다. 분명히 하이데거의 말은 여기에서는, 하이데거 자신이 선행하고 혹은 끌어당기고 혹은 안내하는 것처럼 보이는 트라클의 시구에 의해 이끌리고 지도되며 깨우침을 받고 있다. 심지어 [하이데거의 말은 트라클의 시구에 영향을 미치는 것처럼 보이면서도 그 자신이 그것에 의해] 영향을 받고 있다. 그러나 Gespräch가 분명히 말하는 것은 이러한 이중의 운동(ducere/agere)[이끌다/작용하다]에 따르는 가고 옴에 대해서이며, 이러한 이중의 방향 설정에 대해서다. 연, 정신, 불이란 그러한 것 자체, 즉 가고 옴의 회귀다. 그럼에도 우리는 어떤 지점까지는 그리고 잠정적으로 하이데거에게 귀속되는 것을 식별하려고 시도할 것이다. 불에 대해서, 정신에 대해서 그가 말하는 것은 분명히 트라클의 시구에 의해 깨우침을 받고 있다. [그러나] 이러한 시구들은 하이데거가 신중하지만 능동적인 방식으로 취사선택하고 있는 시구들이다. 예를 들면, 'Die heisse Flamme des Geistes', '정신의 뜨거운 화염'에 대해서 말하는 마지막 시 그로덱 Grodek에서 혹은 시 An Luzifer[루시퍼에게]의 서두―'Dem Geist leih deine Flamme, glühende Schwermut', '정신에게 너의 화염을, 작열하는 우울을 빌려주라'―에서 정신과 불이 결합된다.

따라서 중요한 것은 [트라클과 하이데거 중] 누가 '화염 속의 정신'이라고 말하는지를 아는 것이 아니라 ―그들은 그들 나름의 방식대로 그렇게 말한다― 하이데거가 정신이라는 말에 장소를 배정하고situer 그것을 설명하고 그것의 장소로 다시 이끌기 위해 정신에 대해서 말하는 것을 인식하는 것이다. 정신이라는 말이 하나의 장소를 갖고 그것에게 절대적으로 고유한 장소를 갖는다면 말이다.

Geist, 이번은 트라클이 시인으로서 말하는 정신과 관련해서, 하이데거는 그 의미를 해체하거나 형이상학, 즉 기독교적인 신학에 귀속시키려고 하지 않는다. 오히려 그는 트라클의 Gedicht[시에서 말해진 것](그의 개개의 시들이 아니라 그의 시적인 업적)가 존재-신학의 한계들을 넘어섰다는 것을 보여 주려고 하고 있으며, 해방이기도 한 넘어섬을 우리로 하여금 사유하게 하고 있다. 방금 보았던 것처럼 횔덜린에게서는 아직 애매한[양의적인] 것이었던 이 해방은 트라클에서는 일의적(univoque)인 것이 되었다. 다른 곳에서 하이데거는 내가 인용하는 것으로 만족할 수밖에 없는 아래 텍스트의 구절에서처럼 시적인 일의성을 구원하려고 한 적이 없었다. "트라클의 본질적으로 다의적인 언어가 갖는 유일무이한 엄밀함은 보다 높은 의미에서 너무나 일의적이어서(eindeutig) 그것은 한갓 과학적이고 일의적인 개념이 갖는 모든 기술적인 정확함에 대해서조차 무한한 우월성을 갖는다."[78]

트라클의 Gedicht[시에서 말해진 것]에 대한 이러한 Erörterung[장소 구명]은 하이데거의 가장 풍부한 텍스트 중 하나라고 나에게는 여겨진다. 그것은 섬세하며 중층결정되어 있고 그 어느 텍스트보다도 번역 불가능한 것이다. 그리고 물론 그것은 가장 문제적이다. 내가 은폐할 수도 책임질 수도 없는 폭력과 함께 나는 이 텍스트로부터 정신의 명칭들과 속성들(Geist, geistig, geistlich)에 응답하는 유령을 추출해야만 할 것이다. 다른 한편으로 나는 이 텍스트를 그것이 요구하는 인내를 갖고 계속 연구할 것이기 때문에 어느 날에는 오늘 이 강연에서 허용되는 것을 넘어서, 이 텍스트의 몸짓과 그것의 양식 혹은 그것의 지위 (그것이 하나의 지위를 가지고 있다면) 그리고 철학적인 담론이나 해석학 혹은 시학에 대해서 그것이 갖는 관계를 분석하는 동시에 그 텍스트가 Geschlecht와 Geschlecht라는 단어에 대해 그리고 동물성과 장소(Ort)에 대해 말하는 것을 분석하는 것에 의해 이 텍스트에 대해서 보다 정당하게 평가할 수 있기를 희망한다. 지금은 단지 정신의 행로만을 따라갈 것이다.

하이데거는 우선 그가 Verklärter Herbst(빛나는 가을Automne transfiguré)에서 마주치는 geistlich라는 단어를 신뢰하는 것처럼 보인다. 우연하지 않은 이러한 마주침의 순간에 그리고 처음 몇 페이지에서부터 중대한 결정들이 내려진다. 하이데거는 그러한 결정들을 정당화하기 위해서 고지高地 독일어의 고유언어를 원용한다. 이 Gespräch[대화]에서는 모든 것이 Frühling der Seele(영혼의 봄)에 나오는 시행 하나에 대한 해석을 통해서 열리고 인도되는 것처럼 보인다.

Es ist die Seele ein Fremdes auf Erden.
[혼은 지상에서 이방인이다.]

하이데거는 곧 [이 시행에 대한] 모든 '플라톤적인' 이해를 부적합한 것으로 간주한다고 천명한다. 혼이 이방인이라는 것은 혼을 지상의 현세에 유폐되고 추방되고 추락한 것으로, 또한 존재를 결여하고 있고 실제로는 존재하지 않는 것으로서 부패(Verwesen)할 운명에 처해 있는 육체에 떨어진 것으로 간주해야만 한다는 것을 의미하지 않는다. 이렇게 하이데거는 해석에서 의미[방향]의 변화를 우리에게 제안한다. 이러한 의미변화는 플라톤주의에 반反하며 바로 의미[방향] 그 자체, 혼의 운동에서 방향 혹은 방향 설정을 전도하는 것으로 귀착된다. 의미의 ―그리고 의미의 방향의― 전도는 우선 언어의 청취를 통해서 일어난다. 독일어로부터, 하이데거는 우선 fremd[이방의, 낯선]라는 단어를 그것의 'althochdeutsch[옛날 고지 독일어]' 어원인 fram으로 소급시키는 것에 의해서 조국으로 송환시킨다. 그에 따르면, fram이라는 말이 본래 의미하는 것(bedeutet eigentlich)은 방황이 아니라 목적지(Bestimmung)라는 의미와 함께 어딘가 다른 곳을 향해서 나아가고(anderswohin vorwärts) 도상에 있다는 것(unterwegs nach)이다. 이러한 사실로부터 하이데거는 혼은 추락한 이방인처럼 지상으로 추방된 존재이기는커녕, 지상에의 도상에 있다고 결론을 내린다. Die Seele sucht die Erde erst, flieht sie nicht, 혼은 먼저 지상을 찾으며 그것에서 도피하지 않는다.[79] 혼은 아직 지상에 거주하지 않기 때문에 이방인인 것이다. 그것은 fremd라는 단어의 의미가 아직 거주하지 못하기 때문에, 즉 'althochdeutsch'에서 그에게 고유한 장소에 거주하지 못하기 때문에 이방인과 약간 유사하다.

그리고 나서 이러한 편력에서 모든 기적을 만들어 내는 환유들 중 하나에 의해 하이데거는 혼(또 다른 시, 「꿈속의 제바스티안Sebastian im Traum」의 ein Fremdes[이방인])에게 티티새가 불러들이는 몰락을 배정한다. 다음에 그는 이러한 몰락(Untergang)을 모든 파국으로부터도 또는 Verfall[퇴락]으로의 모든 소멸로부터도 구별한다. 그런데 '정신적(geistlich)'이라는 단어는 "혼은 지상에서 이방인이다"와 동일한 절 안에 있다.

> ··· Geistlich dämmert
>
> Bläue über dem verhauenen Wald ···
>
> [··· 정신적으로 노을이 진다
>
> 황폐한 숲 위 푸른 하늘에 ···]

즉 푸른 하늘에 노을이 진다는 것은 geistlich[정신적인] 사태다. geistlich라는 단어는 트라클의 작품에서 자주 등장한다. 따라서 하이데거는 이 단어를 우리가 숙고해야만 한다고 말한다. 그리고 실제로 그것은 우리가 다룰 실타래에서 가장 눈에 띄는 것은 아닐지라도 가장 주요한 실마리들 중 하나다. 푸른 하늘에 '정신적으로', geistlich, 노을이 진다. 그런데 이렇게 노을이 지는 것, 이러한 Dämmerung은 어떤 몰락(Untergang)도 서구화occidentalisation도 의미하지 않으며 본질적인 성질의 것(wesentlichen Wesens)이다.[80] 하이데거에 의거할 때, 그것을 증명할 수 있는 것은 무엇인가? 그렇다. 그것은 정확히 Geistliche Dämmerung[정신의 황혼]이라는 제목이 붙여진 다른 시다. 그것의 마지막 시구는 정신적인 밤(die geistliche Nacht)에 대해서 말한다. 이러한 정신적인 황혼과 밤에서 출발하면서 또 하나의 다른 시 「도상에서 Unterwegs」가 말하는 연(année)의 정신성(das Geistliche der Jahre)이 규정된다. 연이란 무엇인가? 연, das Jahr는 인도유럽어를 기원으로 갖는 단어다. 그것은, 태양의 진행 혹은 주행을 표현하는 것으로서의 운행 (ier, ienai, gehen)을 상기시킨다. 트라클이 여기에서 das Geistliche라는 말로 규정하는 것은 따라서 이러한 Gehen[운행], 아침이든 저녁이든, 해가 뜨든 지든, 하루의 혹은 연年의 이러한 운행(Gehen, Aufgang[상승], Untergang[하강])이다. geistlich한 것으로서의 황혼과 밤은 몰락의 부정성이 아니라 연을 감싸고 태양의 운행을 은닉하는 것이다.[81] 연의 운행이, 운행하는(geht) 것 자체의 회전하는 오고-감이 정신적이다.

이러한 정신적 편력을 통해서 「죽음의 일곱 개의 노래Siebengesang des Todes」("오오, 인간의 부패한 모습이여O des Menschen verweste Gestalt)"가 말하는 인간의 모습의 분해 혹은 부패(Verwesen)를 해석하는 것이 가능하게 될 것이다. 그러나 이러한 편력은 또한 정확히 동일한 이유를 통해서 Geschlecht를, 즉 인간 종족과 성적인 차이를 동시에 의미하는 것으로서의 Geschlecht를 각인하는 두 번째 타격도 인도한다. 이러한 두 번째 타격은 차이의 단순한 이중성(Zwiefache)을, 거기에 상극의 분열(Zwietracht)을 각인하는 것에 의해서 변용한다. 여기에서 문제가 되고 있는 것은 헤겔적인 혹은 신헤겔파적인 의미에서의 정신의 역사가 아니라 연의 정신성이다. 즉 운행하는(geht, gehen, ienai, Jahr) 것, 그러나 오히려 아침을 향해서, 가장 이른 때le plus tôt를 향해서 되돌아오는 것의 정신성이 문제가 된다. 도를 넘어선 방식으로 성급하게 [하이데거의 논점을] 어느 정도 형식화해 볼 경우, 우리는 하이데거의 논점은 결국 위와 같이 이해된 바와 같은 트라클의 Gedicht에서의 이러한 정신성의 아침과 밤이 지배적인 해석, 즉 형이상학적-기독교적 해석 내에서 통용되는 태양의 상승과 하강, 동양과 서양, 기원과 쇠퇴보다도 더 근원적인 것이라는 사실을 보여 주는 것으로 귀착될 것이다. 이러한 아침과 저녁은 어떠한 존재-신학적인 역사보다도, 플라톤적 혹은 기독교적-형이상학의 세계에서 파악된 어떠한 역사와 어떠한 정신성보다도 더 근원적인 것일 것이다.

그러면 이러한 근원성의 보충대리supplément는 무엇을 의미하는가? 그것은 규정 가능한 최소한의 내용을 갖고 있는가? 그것은 우리가 향하는 물음의 한 형식일 수 있을 것이다. 그러나 또한 그것은 물음 자체에 선행하는 혹은 그것을 넘어서는 것을 지시하는 첫 번째 신호일 수 있다.

Geschlecht[종족, 성]는 퇴락했다(verfallen). 이러한 퇴락은 플라톤적인 것도 기독교적인 것도 아닐 것이다. 그것은 자신의 올바른 타격(den rechten Schlag)을 상실했기 때문에 퇴락한 것이다. 이와 같이 그것은 저 단순한 차이의 올바른 타격으로 향하는 길의 도상에, 이중성(Zwiefache)을 상극(Zwietracht)으로부터 해방시키기 위한 단순한 이중성의 부드러움(die Sanftmut einer einfältigen Zwiefalt)으로 향하는 길의 도상에 존재한다. 도상에서, 이러한 올바른 타격을 향하는 귀환의 길에서 영혼은 낯선 것(ein Fremdes), 이방인(Fremdling)의 뒤를 쫓는다.

이러한 이방인은 누구인가? 그것의 족적을 하이데거는 트라클의 시 안에서 쫓는다. 이방인, 타인l'autre('고대어'로는 ener[82]), 그 사람(Jener), 그 쪽에 있는 자, 다른 강변에 있는 자. 그는 정신적인 황혼 안으로 진입하는 자다. 이를 위해 그는 떠나고 자신을 분리시키며 안녕을 고하고 물러나고 서-거逝-去한다(dé-cèder). 그는 **세상을 등진 자**der Abgeschiedene 다. 이 말은 통상적으로는 고독한 자와 죽은 자(le défunt, le décède)를 의미한다. 여기에서 그는 죽음을 벗어나지 못하면서도, 무엇보다도 다른 일출(Aufgang)을 향해 멀어져 가는 자의 이별을 통해 특징지어진다.

물론 그는 죽었다. 그러나 그는 광기에 사로잡힌 자이기도 한에서 떠나가는 사자死者다. Der Wahnsinnige[광기에 사로잡힌 자], 이것은 하이데거가 여기에서도 또한 통상적인 의미의 근저로부터 일깨우기를 원하는 단어다. 실제로 하이데거는 wana가 ohne, '… 없이'를 '말하려고 하는' 것이며, Sinnan이 '근원적으로 의미하는(bedeutet ursprünglich)' 것은 여행하다, 어떤 장소를 향해서 나아가다, 어떤 방향을 취하다라는 사실을 상기시킨다. 의미, 방향le sens은 항상 어떤 길의 방향이다(인도유럽어에서는 sent와 set[길])—이방인, 서-거한 자는 단순히 죽은 것도 미친 것도 아니고 다른 곳을 향한 도상에 있는 자다. 이것이야말로 트라클이 이렇게 쓸 때 [우리가] 귀를 기울여야만 하는 것이다— Der Wahnsinnige ist gestorben(광기에 사로잡힌 자는 죽었다) 혹은 Man begräbt den Fremden(사람들은 이방인을 매장한다).

통상적인 번역에서는 이렇게 말해질 것이다. 이 이방인은 죽었고, 미쳤으며, 매장되었다고. 그의 발걸음은 망령처럼 밤 속으로, 아직 탄생하지 않은 것의 보다 이른 새벽으로, 태어나지 않은 것(das Ungeborene)으로 그를 이끈다. 아르토Artaud라면 l'in-né[나면서부터의 것/태어나지 않는 것]라고 말할지도 모른다.

'망령revenant'은 하이데거의 용어는 아니다. 의심할 여지 없이 그는 부정적, 형이상학적 혹은 심령학적인 함의 때문에 그 용어가 자신에게 강요되는 것을 좋아하지 않을 것이다. 그는 그러한 함의들을 비난해 마지않을 것이다. 그러나 나는 이 용어를 삭제하지 않을 것이다. 그것은 정신 때문이며 우리를 아직 기다리고 있는 정신의 모든 이중화 때문에, 그리고 무엇보다도 트라클의 텍스트 안에서 적어도 내가 이 용어를 읽고 싶은 방식으로 사람들이 그 용어를 읽을 경우에는 그 용어가 요청되는 것처럼 나에게는 여겨지는 것 때문이다. 그러나 [그 용어를 삭제하지 않는] 보다 큰 이유는 하이데거의 텍스트 자체에서 이 죽은 자의 왕래를 밤으로부터 새벽으로의 귀환re-venir으로서, 그리고 마지막으로 어떤 정신의 귀환으로서 이해하고 있는 것에 대해 충실하고 싶기 때문이다. 보다 새로운 아침으로 향하는 이러한 망령의 귀-환re-venance을 이해하기 위해서는, 'verwesenden Geschlechtes', 부패하는 종족의 종말이 시작始作에 선행한다는 것을 이해하고 죽음이 탄생보다 이전에 오고 '보다 뒤늦게'가 '보다 일찍'에 선행한다는 것을 이해하기 위해서는, 무엇보다도 시간의 '보다 근원적인' 본질에 접근해야만 한다. 적어도 아리스토텔레스 이래, 우리의 표상을 지배하고 있는 저 시간 해석 '이전으로' 귀환해야만 한다. verwesenden Geschlechtes[부패하는 종족]의 종말로서 종말은 태어나지 않은 종족의 (des ungeborenen Geschlechtes) 시작(Anbeginn)에 선행하는 것처럼 보인다. 그러나 이러한 시작, 이러한 보다 이른 아침(die frühere Frühe)은 이미 종말을 지양했으며 초월했고 사실은 능가했다(überholt). 그리고 시간의 근원적인 본질(das ursprüngliche Wesen der Zeit)은 이러한 근원적인 기원에 보존되어 있었을 것이다. 사람들이 어떻게 해서 종말이 시작에 선행할 수 있는지를 이해하지 못한다면, 그것은 이러한 근원적인 본질이 베일에 싸여 있기 때문이다. 우리는 아직 시간에 대한 아리스토텔레스적인 표상에 갇혀 있는 수인囚人들이다. 시간에 대한 아리스토텔레스적인 표상은 시간을 연속, 즉 지속의 양적 혹은 질적인 계산을 위한 차원으로 본다. 이러한 차원은 기계론적인 방식으로든 혹은 역학

적인 방식으로든 혹은 원자 붕괴와 관련해서든 표상될 수 있다.[83]

길고 긴 편력 후에 다시 한번 사람들은 시간에 대한 보다 근원적인 사유로부터 시작하는 것을 통해 사람들은 정신에 대해서 보다 적합하게 사유하게 될 것이다. 이렇게 말하는 것은, 그 경우에는, 우리가 방금 인정했고 전치轉置시켰던 모든 의미들을 하이데거가 고려할 경우 그리고 이방인의 l'Abgeschiedenheit[서거, 은둔]를 규정하는 모든 의미들을 고려할 경우 하이데거에게는 하나의 물음이 제기될 수밖에 없기 때문이다. 시인이 황혼에 대해서, 밤에 대해서, 이방인의 해[年]에 대해서, 그의 도정, 그의 출발, 요컨대 그의 서-거(Abgeschiedenheit)에 대해서, 그것들이 정신적이라고 말할 경우 이때 이 용어, geistlich는 무엇을 의미하는가?

피상적으로 이해할 경우에는 트라클은 이 용어의 통상적인 의미에, 기독교적인 의미에, 그리고 심지어 어떤 종류의 교회적인 신성함의 의미에 만족하는 것처럼 보인다고 하이데거는 쓴다. 트라클의 어떤 시구들은 이러한 해석을 뒷받침하는 것처럼 보인다. 그러나 하이데거에 따르면 다른 시구들은 교회적인 의미가 지배하지 않고 있다는 사실을 분명히 보여 준다. 지배적인 의미는 오히려plutôt 오래전에 죽은 자의 '보다 이른 때plu tôt'에 향하고 있다. 아침보다 더 이른 Frühe로, 봄보다 더 이른 시원, 심지어 봄(Frühling)의 최초의 때에 선행하고, primum tempus[제1의 때]의 시원보다도 이전에, 그 전전날l'avant-veille보다도 앞서 오는 것으로 향하는 운동. 이러한 Frühe는 말하자면 봄의 시원적인 것을 보호하며 「영혼의 봄Frühling der Seele」이라는 시가 이미 약속하는 것이다.

약속을 강조해야만 한다. versprechen(약속하다promettre)이라는 용어가 말하는 것은 영혼의 봄이라는 제목의 시가 약속하는(verspricht) 저 특이한 Frühe다. 그러나 20쪽 정도 뒤, 결론 부분에서 하이데거가 서양에 대해서 말할 때도 우리는 이 용어(versprechen)에 다시 마주친다(서양Abendland과 서양의 노래Abendländisches Lied는 다른 두 시의 제목이다). 가을의 영혼Herbstseele이라는 제목의 시를 원용하면서 하이데거는 트라클이 [우리로 하여금] 사유하게 하려는 서양과 플라톤적-기독교적인 유럽의 서양을 구별한다. 하이데거가 트라클이 말하는 서양에 대해서 쓰는 것은 원原—혹은 전前—동양적인 Frühe에 대해서도 타당하며 그는 다시 약속을 강조한다. "이러한 서양은 플라톤적-기독교적인 서양보다도 그리고 유럽적으로 표상된 것보다도 오래되었다. 즉 그것은 früher[더 이르며], 그 때문에 더 강하게 약속하는 것(versprechender)이다."[84]

Versprechender—더 강하게 약속하는 것, 그러나 이것은 이 서양이 보다 유망하기 때문도 아니며, 보다 많이, 보다 많은 것을 약속하기 때문도 아니다. 그것은 더 강하게 약속하고 약속에 보다 상응하고, 진정한 약속의 본질에 보다 가깝기 때문이다.

이러한 약속은 아무것도 정립하지 않는다. 그것은 앞에 두지pro-met 않으며 앞에 놓지 않는다. 그것은 말한다. Cette Sprache verspricht[이 언어는 약속한다]라고도 사람들은 말할 수 있을 것이다. 그리고 나라면 이렇게 말할 것이다(하이데거는 이렇게 말하지 않는다). Dichter[시인]의 언어와 Denker[사상가]의 언어가 그들의 Gespräch[대화] 내지 Zwiesprache에서 교차한다면 그것은 이 Sprache가 열려 있기 때문이다. 당연히 이 Versprechen의 약속은 부패하고 은폐될 수 있으며 혹은 미혹에 빠질 수 있다. 하이데거가 여기에서 플라톤적-기독교적 유럽의 서양과 인류의 혹은 보다 정확히 말하면 Geschlecht의 Verwesen[부패]에 대해서 말할 때 그가 숙고하고 있는 것은 바로 약속의 이러한 악이다. 이러한 부패는 또한 Versprechen의 부패이기도 하며, Sprache를 우연히 엄습하는 것이 아닌 숙명적인 부패다.

다른 맥락에서,[85] 하이데거의 유명한 표현(Die Sprache spricht[언어가 말한다])과 함께 실은 유희하지 않으면서도 유희하는 척하면서 폴 드 만 Paul de Man은 이렇게 쓴다 — Die Sprache verspricht(언어는 약속한다). 그가 유희하고 있는 것은 아니다. 유희는 언어 그 자체 내에서 행해지고 있는 것이다. 그는 어느 날 이 표현을 Die Sprache verspricht sich[언어는 자신에게 약속한다]라고 정확하게 다듬었다— 언어langue 내지 말parole은 약속하고, 자신에게 약속하지만, 그러나 또한 전적으로 동일하게 그리고 전적으로 본질적으로 자신을 번복하며 자신을 파기하고 혹은 자신을 위반하며 상궤를 벗어나거나 미치며, 자신을 악화시키고, 자신을 부패시킨다. 언어는 말하자마자 약속하지 않을 수 없다. 그것은 약속이다. 그러나 그것은 약속을 위반하지 않을 수 없다. 이와 같은 것은 약속의 구조에서 유래하며, 그럼에도 약속이 건립하는 사건에서 유래한다. Verwesen[부패]은 Versprechen[약속]이다. 이렇게 말하는 것을 통해서 나는 아마도 분명히(그러나 어떻게 그것을 확신할 수 있는가?) 주석의 차원을 떠난 것일지도 모른다. 주석과 같은 것이 존재한다면 말이다. 하이데거는 이러한 Versprechen을 Sprache의 한 양태 혹은 한 변양과는 다른 것으로 보는 해석에 동의할 것인가? 그라면 거기에서 오히려plutôt, 보다 일찍plus tôt, 약속 안에서, 최선의 경우든 최악의 경우든 주어진 말의 사건 자체를 볼 것이다. 그러면 남는 것은 이러한 Versprechen이 모든 언어를 여는 것을 통해서 물음 자체를 가능하게 하는 약속, 따라서 물음에 선행하고 물음에 속하지 않는 약속인지 아닌지를 아는 것이다—'예oui'와 '아니다non'의 모든 대립 이전에 긍정, '예'의 비대칭. 존재의 부름, 이러한 부름에 어떠한 물음도 이미 응답하고 있으며, 언어 활동langage이 행해지는 도처에서 이미 약속이 일어나고 있다. 언어 활동은 항상 어떠한 물음 이전에도[86] 그리고 물음 그 자체 내에서 약속으로 귀착된다. 그것은 또한 정신의 약속일 것이다.

더 강하게 약속하며 최선의 약속에서 가장 본질적으로 약속인 것에 일치하는 것에 의해 versprechender한 것[더 강하게 약속하는 것은 따라서 그저께를 약속한다. 이러한 그저께란 우리가 우리의 유럽에서 기원 혹은 봄의 최초의 때라고 부르는 것 이전에 어떤 의미에서 이미 일어났던 것을 고지한다. 어떤 약속이 이전l'auparavant에 앞서서 일어났던 것을 고지하고 환영한다는 것이야말로 기독교적 혹은 플라톤적인 표상 아래 은폐되어 있는 정신적인 것으로, Geistliche로 접근하기 위해서 사유해야만 하는 시간성과 역사성의 스타일이며, Ereignis[사건] 혹은 Geschehen[생기]인 것이다. 위의 '사유해야만 한다'의 '해야만 한다'는 실로 그것의 양태를 약속의 양태에 일치시킨다. 사유란 이러한 약속에 대한 충성이다. 이것이 의미하는 것은 사유란 그것이 경청할 경우에만—그것이 듣고 이해하면서 동시에 복종할 경우에만 본래의 사유라는 것이다.

geistlich라는 단어의 이러한 용법이 왜 기독교적인 의미로 이해되어서는 안 되는지, 그리고 왜 많은 외관에도 불구하고 트라클, 적어도 트라클의 Gedicht[시]가 그것의 본질에서 기독교적으로 이해되어서는 안 되는지를 우리는 앞에서 보았다. 하이데거는 여기에서 동일한 단어의 용법에 보이지 않는 인용부호를 기입한다. 이렇게 이 단어는 어떤 내부적인 차이에 의해서 분할되어 있다. geistig라는 형용사의 경우에는 그러나 우리가 보았던 것처럼 1933년 이래 하이데거는 끊임없이 인용부호 없이 광범위하게 사용하면서 그것을 자신의 것으로 삼았지만, 여기에서 그는 어떠한 소송 절차 없이 잔인하게 이 단어를 해고한다. 이는 누가 보아도 분명히 비일관적인 것처럼 보이지만 하이데거는 20년 동안 자신이 Geist의 Geistigkeit를 찬양하지 않았던 것처럼 태도를 취한다. 이 단어, 그것의 이름으로, 그리고 [Geistigkeit라는] 높은 곳으로부터 그는 '정신의 무력화'의 모든 형태를 고발했지만 지금 그는 형이상학적-플라톤적 전통이라는 단순하고 조야하게 유형화된 형태 안에 이 단어를 소속시키고 있는 것이다. Geschlecht[인간 종족]의 이러한 Verwesen[부패]—인간 종족의 성차가 낳는 인간 종족의 부패—에 책임이 있거나 그것의 징후가 되는 형식 안에 말이다. 그는 이제 이 단어 안에 플라톤주의 전체가 깃들어 있다고 생각한다. 여기에서 Vermeiden, 즉 [이 강연을] 시작하면서 언급했던 '피한다'는 몸짓이 다시 나타나고 있는 구절을 인용하는 것이 좋을 것이다. 이 단어[geistig]는 사반기 전에 『존재와 시간』에서 사용되었던 동일한 단어의 뒤늦은 반향처럼 들린다. 그러나 그 이후로 어떤 심연이 이 반향을 증폭시키고 있다. 하이데거는 geistlich는 기독교적인 의미를 갖지 않는다고 쓰게 되었다. 그리고 나서 하이데거는 왜 트라클이 geistige Dämmerung과 geistige Nacht라고 말하지 않고 geistliche[Dämmerung, Nacht]라고 말했는지를 자문하는 것처럼 태도를 취한다. 그는 이렇게 쓴다.

> 그는 왜 'geistig'라는 단어를 피하는가? 이는 'Geistige(정신적인 것)'는 물질적인 것(Stofflichen)에 대한 대립물을 지칭하기 때문이다. 이러한 대립은 두 영역 사이의 차이를 표상하며(stellt…vor), 플라톤적-서양적인 표현 방식으로 말하자면 초감각적인 것(noeton)과 감각적인 것(aistheton) 사이의 분열(Kluft)을 지칭한다.
> 이렇게 이해된 정신적인 것(Das so verstandene Geistige)은 그동안에 합리적인 것, 지적인 것, 이데올로기적인 것이 되었지만 그것은 그것의 대립물들과 함께 'verwesenden Geschlecht[부패하는 종족]', 부패하는 Geschlecht의 세계관(Weltansicht)에 속한다.[87]

정신적인 것이 '합리적인 것', '지적인 것', '이데올로기적인 것'으로 전락하는 것이야말로 하이데거가 1935년에 비난했던 것이다. 이러한 관점으로부터 볼 때 논점의 연속성은 이론의 여지가 없는 것처럼 보인다. 그러나 1935년에 그는 Geistigkeit라는 이름 아래 말하고 있었던 것이며 Geistlichkeit의, 특히 (비기독교적인) 이러한 Geistlichkeit의 이름 아래 말했던 것이 아니다. 그는 위 인용문에서 정신에 대한 오해와 정신의 타락의 플라톤적인 기원이라고 규정했던 것의 이름 아래 말했던 것이다. 그는 끊임없이 'geistig'라는 단어를 사용해 왔기 때문에 그것에 대해서 적어도 문자 그대로 말했다. 그러나 문자와 그것과는 다른 것(예를 들면 정신)의 구별은 분명히 플라톤적인-기독교적인 맥락에만 속한다.

따라서 그것들이야말로 정신의 본질에 대한 **부정적인** 접근들이다. 시인과 사상가가 그것에 접근하는 것을 허용하는 것과 같은 그것의 가장 고유한 본질에서 Geist는 기독교적인 기독교적인 Geistlichkeit도 플라톤적-형이상학적인 Geistigkeit도 아니다.

그러면 그것은 무엇인가? Geist란 무엇인가? 이러한 물음에 긍정적인 방식으로 응답하면서 그리고 항상 트라클에 귀를 기울이면서 하이데거는 화염을 내세운다.

화염에 싸인 정신, 이것을 어떻게 이해해야 하는가?

그것은 수사적인 표현도 아니며 은유도 아니다. 그 어떠한 경우에도 하이데거는 수사학적으로 독해하는 모든 방식에 대해서 이의를 제기할 것이다.[88] 여기에 수사학의 개념들을 적용하려는 모든 시도는, 이런저런 특정한 언어 안에서, 이런저런 텍스트 안에서, 이런저런 구절 안에서 이러한 단어들, 정신, 화염의 한쪽 혹은 다른 쪽에게 본래 어떠한 의미가 귀속되는지를 확인한 후에만 가능할 것이다. 우리는 아직은 그것을 확인해 볼 수 있는 상태에 있지 않다. 그리고 모든 것은 이러한 곤란에 귀착한다.

여기에서 하이데거를 한 걸음씩 쫓는 것은 불가능하기 때문에 나는 내가 제안하고 싶은 독해를 몇 개의 특징선trait으로 보여 주는 것에 그친다. 무엇 때문에 나는 특징선에 대해서 말하는가? 특징선의 모티브가 화염의 내부를, 이렇게 말해도 좋다면, 도려내기inciser 때문이다. 그리고 그것은 우리가 프랑스어로 기지에 찬 언어trait d'esprit라고 부르는 것과는 전적으로 다른 것일 것이다.

1. 첫 번째 특징선. 하이데거는 내가 방금 인용했던 구절에서 정신을 spiritus와 pneuma로 규정하는 것을 단적으로 기각하는 것은 아니다. 그는 오히려 그러한 규정을 파생적인 것으로 본다. 그는 숨결이, 바람이, 호흡이, 들이쉼inspiration[영감]이, 내쉼expiration이, 탄식이, 화염에 대해 종속 관계를 가지고 있다고 주장한다. pneuma와 spiritus가 존재하는 것은 Geist가 화염이기 때문이다. 그러나 정신은 우선, 근원적으로 pneuma나 spiritus가 아니다.

2. 두 번째 특징선. 이러한 운동에서 독일어로의 귀환은 불가피한 것 같다. Geist의 의미는 독일어의 고유언어 gheis의 근원적인 의미(ursprüngliche Bedeutung)에 의존한다.

3. 세 번째 특징선. 정신에 대한 긍정적 규정 —화염에 싸인 정신— 안에는 이미 최악의 것의 내적인 가능성이 내재하고 있다. 악은 정신 자체 내에 기원을 갖는다. 그것은 정신으로부터 태어나지만, 정확하게 말하면, 형이상학적-플라톤적 Geistigkeit가 아닌 정신으로부터 태어난다. 악은 사람들이 일반적으로 정신에 대립시키는 물질과 물질적-감각적인 것에 존재하지 않는다. 악은 정신적인 것이다. 그것은 또한 Geist다. 여기로부터 하나의 정신을 다른 것의 사악한 망령으로 만드는 다른 내적인 이중성이 비롯된다. 이러한 이중성은 다음 인용문에서 보듯이 재의 이러한 백색을 포함해서 재의 사유에 이르기까지

영향을 미친다. 재는 타 버린, 소진시키는 운명에, 스스로 타오르는 화염의 불타오름에 속한다. 재, 그것은 화염의 선인가 혹은 악인가? 나는 우선 다른 특징선들을 추출하기 전에 몇 줄을 번역한다.

그러나 정신이란 무엇인가? 트라클은 그의 마지막 시 「그로덱 Grodek」에서 '정신의 뜨거운 화염(heissen Flamme des Geistes)'에 대해서 말한다(201). 정신이란 불타오르는 것(das Flammende: l'esprit en flamme)이며 그러한 것으로서 비로소 불어오는 것(그것은 숨결이다, ein Wehendes)이다. 트라클은 정신을 우선 pneuma라고 이해하고 있는 것은 아니며 영성적靈性的인 것으로 이해하고 있는 것도 아니다(nicht spirituell—하이데거는 이 단어를 극히 드물게 사용한다). 그는 정신을 불타오르게 하는 화염으로 이해하고 있다(또는 정신은 자신을 불타오르게 한다—entflammt. 정신의 고유한 본성은 자기-촉발적인 이러한 자발성이다. 그것은 불을 취하거나 주기 위해서 그리고 자기 밖에 탈자적으로 이행하기 위해서 어떠한 외부도 필요로 하지 않는다. 아래에서 볼 것처럼 그것은 자신에게 탈자적인 존재를 부여하는 것이다. 즉 불타오르는 정신은 최선의 경우든 최악의 경우든 전적으로 홀로 불을 주거나 취한다. 그것은 정신이 자신을 악으로서 촉발할 때조차 자기 밖으로의 이행이기 때문이다—데리다) 정신은 일소一掃하며(또는 쫓아가 사로잡으려고 한다, aufjagt—데리다), 옮겨 놓는다(또는 퇴위시킨다, 또는 경악하게 한다, 운반한다, 혹은 이동시킨다, 추방한다—entsetzt라는 이 단어는 이 텍스트에서 중요한 역할을 하며 'Geist'의 어원학적인 연역 내에서 곧 다시 나타나는 의미를 갖는다—데리다). 정신은 평정을 잃게 한다(ausser Fassung bringt). 화염이 불타오르는 것은 작열하는 빛남이다. 불타오르는 것은 탈자적으로 존재하는 것(das Ausser-sich)이며, 이것은 밝게 하고 눈부실 정도로 빛나게 하는 것이지만 또한(indessen auch) 계속해서 자신을 먹어 치우며 모든 것을 재의 백색에까지 소진시킬 수도 있는 것이다(in das Weisse der Asche verzehren kann).

"화염은 가장 창백한 것의 형제다"라고 「악의 변용Verwandlung des Bösen」(129)이라는 시에서는 말하고 있다. 트라클은 '정신'을, Geist라는 단어의 근원적인 의미에서(in der ursprünglichen Bedeutung) 명명되고 있는 저 본질로부터 본다. 이는 gheis란 던져지고(aufgebracht), 운반되고(또는 옮겨지고, 추방된다—다시 entsetzt—그리고 나는 이것이야말로 가장 결정적인 술어라고 믿는다—데리다) 탈자적으로(ausser sich) 있다는 것을 의미하기 때문이다.[89]

X

이 강의에서 나는 어원학 전쟁을 일으키거나, 나를 자주 유혹하는 것이지만 아르토가 말하는 것처럼 '이 연금술 극장'의 무대 뒤에서 북적거리고 있는 모든 유령을 불러낼 생각은 없다. 그럴 장소도 때도 아니다. 너무 늦다. 그리고 이러한 연금술의 철학자들 중에서 가장 집요하게 달라붙는 환영들 중 하나는 다시 헤겔일 것이다. 내가 다른 곳에서 보여 주려고 했던 것처럼,[90] 그는 자연철학으로부터 정신철학에의 이행을 그의 이러한 연소燃燒 내에 위치 지으려고 했다. 이러한 연소에서 출발해서, 발효에서 비롯되는 숭고한 냄새처럼 Geist—가스—가 부패하고 있는 죽은 자들 위로 올라오거나 혹은 다시 올라와서 Aufhebung[지양止揚] 안으로 자신을 내화內化한다.

따라서 어원학과 유령들은 내버려두고 —그러나 이 경우 동일한 것이 문제가 되는 것은 아닌가?— 잠정적으로 이[하이데거의] 담론의 내적 논리에 집중해 보자. 보다 정확히 말하자면 정신의 사유가 가장 강하게 고유한 언어의 성격을 갖는 곳에서, 즉 Geist의 화염이 선과 악을 야기하면서 단 하나의 언어의 초점에서만 불타는 때에, 이러한 내면화가, 아니 이러한 가족적인 내면화가, 이러한 길들임이 행해지는 방식에 집중해 보자. 그것에 대해서 나는 이미 그리스어-독일어 쌍을 규정하는 이중적인 비대칭을 특징지으면서 약간 언급했다. 이 점과 관련해서 이제 명확하게 된 것은 무엇인가? 우리는 외견상으로는 언어의 삼각형, 그리스어(pneuma), 라틴어(spiritus), 독일어(Geist)를 가지고 있다. 하이데거는 숨결, 호흡, 들숨l'inspiration이라는 그리스어와 라틴어에 각인된 거대한 의미가 갖는 가치를 부정하는 것은 아니다. 그는 단지 그것들이 덜 근원적이라고 말할 뿐이다.[91] 그러나 그가 독일어에 부과하는 근원성의 보충대리가 의미를 갖고 말해질 수 있는 것은 언어적-역사적 삼각형의, 혹은 트리아데[세 개가 한 짝을 이루고 있는 것]의 내부에서뿐이며, 또한 통상적인 표상에서 서유럽의 저쪽 혹은 이쪽에 위와 같이 해석된 Geist를 통해 이끌면서 동시에 유럽적인 pneuma-spiritus-Geist라는 '사태'의 의미의 역사를 인정할 경우뿐이다.

그 외의 언어를 고려하지 않는다고 하이데거를 비난하는 사람에 대해서 하이데거라면 무엇이라고 말할 것인가? 하이데거는 아마 우선 이렇게 답할 것이다. 아마 자신이 자신의 언어 안에서 사유하는 —그리고 사람들은 하나의 언어 밖에서는 사유하지 않는다— 것은 이렇게 서로 번역이 가능한 삼각형 안에 위치하고 있다. Geist는 pneuma와 spiritus보다도 근원적인 의미를 갖지만, 이것[Geist]은 역사적으로 독일의 사상가가 이 공간에 거주하는 한에서의 하나의 번역 관계 내에, 오직 이 삼각형 안에 위치하고 있다. 이 장소 밖에서 사람들은 분명히 적어도 이것과 동등한 존엄성을 갖고, 매혹적인 유비를 부추기는 모든 종류의 의미들을 만날 수 있다. 그러나 그것들을 pneuma, spiritus 혹은 Geist에 의해서 번역하는 것은 이렇게 서로 동화된 언어들에는 부당하며, 궁극적으로는 폭력적인 경솔함의 소치가 될 것이다.

만약 역사적인 삼각형을 폐쇄하는 것[다른 것들과는 달리 서로가 내밀한 연관을 갖는 것으로 보는 것]이 정당하다면 나는 이러한 극히 강력한 '논리'에 대해서 이의를 제기하지 않을 것이다. 그런데 이러한 삼각형은 폭력적인 배제forclusion에 의해서만 폐쇄할 수 있는 것으로 여겨진다. 여기에서 '배제'는 (사법적인, 혹은 정신분석적인) 여러 코드 안에 수용된 단어이지만, 그 단어는 우리가 여기에서 신중하게 사유하려고 하고 있는 회피에 대해서, 너무나도 성급하게 그리고 너무나도 단호하게 무엇인가를 말하는 것이 된다. 이러한 '배제'는 따라서 그 자체로 그 내용이 상당히 의미심장한 것처럼 보이지만, 여기에서 내가 그것에 관심을 갖는 것은 말하자면 오직 그것의 징후적인 가치 때문이며 어떤 권리상의 물음을 제기하기 위해서다. 권리상의 물음—무엇이 이 삼각형의 폐쇄를 '역사적으로' 정당화하는가? 이 삼각형은 기원으로부터 그리고 그것의 구조 자체에서 '성서'의 그리스어가 그리고 다음에 라틴어가 pneuma와 spiritus로 번역하지 않으면 안 되었던 것, 즉 히브리어인 ruah[숨]에도 열려 있는 것은 아닌가?

먼저 이 물음의 궁극적인 차원들에 대해서 분명히 하자. 이 물음은 지금 내가 성급하게 암시한 것처럼 어떤 역사적인 회피에 관련되어 있기보다는 그러한 회피가 결정하게 되는 여러 경계로부터 구성되는 역사성 일반의 규정 자체에 관련되어 있다. 하이데거가 Geschichte[역새라고 명명하는 것은 그가 그것과 결부시키는 모든 의미와 함께 이러한 삼각형의 생기 내에 그리고 이러한 삼각형의 건립 그 자체로서 전개될 것이다.

여기에서는 예언서들과 그것들의 번역으로 이루어져 있는 거대한 자료군을 다루는 것은 가능하지 않으며 유대 사상 전체를 불에 대한 무궁무진한 사유로서 읽는 것을 가능하게 하는 것을 상기시키는 것 이상의 것은 가능하지 않기 때문에,[92] 그리고 '복음서'에서 ruah와의 부정할 수 없는 번역 관계 내에 존재하는 영혼학pneumatologie의 지표들을 인용할 수 없기 때문에 나는 「고린도인에게 보내는 첫 번째 편지」(2장 14절)에서 바울이 짓고 있는 pneuma와 psyché의 구별을 참조하는 것으로 그친다. ruah[숨]와 néphéch[혼]의 구별에 대응해서 이러한 구별은 하이데거도 그 안에서 Geist[정신]과 Seele[혼]의 여러 관계를 해석하는 신학적-철학적 전통을 여는 것은 아닐지라도 그것에 속한다.[93]

이러한 거대한 문제에 일단 주목하게 되면, 하이데거가 그 안에서 동양으로부터 서양으로 나아가는 유럽적인 진행을 반복하고 그것을 초월하고 있다고 자부하는 언어의 역사적인 배제가 갖는 정당성에 대해서 의문을 품는 것이 가능하지 않을까? 특히 다른 특징선, 예를 들면, 때때로 그것을 '성스러운 영(ruah haqqodech, ruah qodech)'으로 만드는 여러 특징선들 내에서 ruah도 Geist와 똑같이 자신 안에 악을 포함하고 있는 것이다. 그것은 ruah raa로 사악한 영으로 될 수 있다. 하이데거는 자신이 1933년에서 1935년 사이에 했던 것처럼 진정한 Geistigkeit으로부터 Geistigkeit에 대한 이러저러한 오해를 구별할 뿐 아니라, 트라클적인 의미의 le Geistliche를 사유하지 않고 geistig라는 단어에 만족하는 유럽적이고 기독교적-형이상학적 담론 전체를 구별하고 있다. geistig라는 단어의 아직 제한된 용법에 의해서 구제되고 있는 1935년의 그 자신의 전략이야말로 지금은 이러한 새로운 구별에 의해서 동시에 겨누어지고 포섭되며 위태로워지고 있다. 즉 해체되고 있는 것이다.

그런데 이 순간에야말로 하이데거는 '유럽적인 것'을 고유언어 안에 패쇄하거나 폭력적으로 폐쇄한다. 그러나 이러한 고유언어들은 적어도 하나의 언어의 번역을, 그리고 여기에서는 지칭되지도 사유되지도 않은 하나의 역사성을 또한 아마 실은 더 이상 역사의 시대성과 존재의 역사에는 복속되지 않을 역사성의 번역을 몸 안에 내화시킨incorporé 고유언어다. 그러면 우리가 여기에서 지적하고 있는 여러 물음들에 가장 적합한 장소는 어떠한 것인가? 그것은 하이데거 자신이 존재의 역사와 시대성의 피안에 위치시키고 있는 그 장소, 즉 Ereignis[존재의 사건]에 대한 어떤 일정한 사유일 것이다.

ruah raa, 즉 악령에 대한 시사와 함께 우리는 내가 강조해야만 하는 특징선들의 중에서 다른 하나에 이끌려진다. 정신 —화염에 싸인— 은 부드러운 것(des Sanften)과 파괴적인 것의(des Zerstörerischen) 가능성에 따라서 자신의 본질을 전개한다고 하이데거는 말한다. 재의 백색은 여기에서 근본악에 따른 이러한 파괴를 형상화한다고 말할 수 있을 것이다. 악과 악의는 정신적인(geistlich) 것이며 단순히 감각적인 것이나 물질적인 것이 아니다. 즉 그것은 geistig한 것에 대한 단순한 형이상학적인 대립물이 아니다. 하이데거는 때때로 셸링을 연상시키고

있는 표현들을 사용하는 것을 통해서 이 점을 강조한다. 이 경우 그는
『인간적인 자유의 본질에 대한 1809년의 논고』와 그가 1936년에 그것
에 바친 강의의 항로 내에서 움직이고 있는 것이다. 왜 이러한 연속성
은 자연스러운 것으로도, 사람들을 당혹케 하는 것으로도 보이는가?
이는 트라클에 대한 이러한 해석을 뒷받침하는 '셸링적인' 정식이 하
이데거 자신의 『강의』에 따르면 당시는 수용되기보다 한계가 있는 것
으로 인정되었던 악과 의지의 형이상학에 속하는 것 같기 때문이다.
더 나아가 1936년에 하이데거는 악에 대한 셸링의 이러한 사유를 그
것이 여전히 형이상학적인 것일지라도 그것은 위대한 형이상학의 본
래성을 갖고 있었기 때문에 순전히 기독교적인 공간으로부터 벗어나
게 하려고 시도했다.[94] 그러나 그러한 구별은 이러한 여러 전치轉置로
헝클어진 토폴로지topologie[위상학] 내에서는 결코 그렇게 단순한 구별
일 수는 없다. 트라클에 대한 글의 표현들 몇 개는 이렇게 말해도 좋
다면, 기독교의 피안으로 가기 위한 바로 이러한 몸짓에서 셸링에 대
한 『강의』를 상기시킨다. 그러나 동일한 표현들은 어떤 악의 형이상
학을, 어떤 의지의 형이상학을, 즉 또한 같은 연대의 강의(『형이상학 입
문』 1935년)에서 우리가 보았던, 그리고 나에게는 하이데거가 결코 취소
하지 않았던 것으로 여겨지는 humanitas[인간성]와 animalitas[동물성]
에 대한 저 형이상학을 추인하고 있다.[95] 있을 수 있는 예 중에서 근접
성proximité[트라클에 대한 하이데거의 해석과 셸링에 대한 해석 사이의 근접
성]을 이유로 하나만 선택할 것이다. 악의 변용과 관련해서 하이데거
는 Geist라는 단어의 근원적인 의미를 환기시킨 후에 이렇게 쓴다.

이렇게 이해된 정신은 부드러운 것과 파괴적인 것의 가능성 안에서 자신의 본질을 전개한다(west). 부드러운 것은 불타오르는 것의(des Entflammenden)의 저 탈자적인 존재를 전혀 억압하지 않고 (schlägt keineswegs nieder) 그것을 평정한 우정[Ruhe des Freundlichen] 안에 모은다(versammelt). 파괴적인 것은 그것에 고유한 소요 안에서 자신을 소진하고(verzehrt) 이를 통해서 악의적인 것을 추구하는 방종(das Böseartige betreibt)에서 비롯된다. 악은 항상 어떤 정신의 악이다. 악과 그것의 악의는 감성적인 것, 물질적이 것이 아니다. 그것은 또한 단순히 '정신적인' 성질('geistiger' Natur)의 것도 아니다. 악은 정신적인(geistlich) 것이다….[96]

그런데 하이데거는 셸링에 대한 강의에서 이렇게 쓴다.

… 동물은 결코 '악할' 수 없다. 비록 우리가 자주 그러한 표현을 사용하더라도 말이다. 악의惡意에는 정신이 속하기 때문이다 (Denn zur Bosheit gehört Geist). 동물은 자신의 특정한 자연단계의 통일로부터 벗어날 수 없다. 비록 어떤 동물이 '영리할' 경우에조차 이러한 영리함은 전적으로 한정된 환경 내에서 전적으로 한정된 길에 제한되어 있으며 그것은 필연적으로 그 안에서 행동한다. 그런데 인간이란 자신의 고유한 본질 요소들을 전도시키고, 자신의 Dasein[현존재]의 존재의 조화(die Seynsfuge)를 부조화(ins Ungefüge)로 전도시킬 수 있는 존재다. … 따라서 인간에게는 동물 이하로까지 떨어질 수 있는 괴이한 특권이 존재하며 이에 대해서

원칙들을 이렇게 전도시키는 것(Verkehrung)은 동물에게는 가능하지 않다. … 악의 근거는 따라서 제1의 근거가 분명하게 드러나게 된 원의지(Urwillen)에 존재한다.[97]

마지막으로 최후의 특징선, 균열선 자체, Riss[균열선]. 이 단어는 차이의 선을 긋기도 한다. 그것은 은퇴retrait를 언표하기 위해서 자주 되돌아온다. 이 은퇴에 의해 정신은 자기 자신과 관계하며 이러한 종류의 내적인 대항 관계, 즉 악을 화염에 각인하면서 악을 가능하게 하는 내적인 대항 관계로 자신을 분할한다. 사람들은 불에 대한 글écriture이라고 말할 수 있을 것이다. 이는 우연이 아니다. 그것은 사후적으로 그리고 부가적으로 빛의 화염을 엄습하는 것도 아니다. 화염은 쓴다. 화염은 자기 자신을 쓴다. 바로 화염 속에서. 불타오름의 특징선, 화염에 싸인 정신은—길의 선을 긋고 길을 개척한다.

정신의 본질이 화염 안에(in Entflammen) 기초하고 있는 한, 정신은 길을 개척하고(bricht er Bahn), 길을 밝히고 도상으로 이끈다. 화염으로서 정신은 '하늘을 습격하고(den Himmel stürmt)' '신을 쫓아가 사로잡으려고 하는(Gott erjagt)' 폭풍(Sturm)이다. 정신은 혼을 도상으로 내쫓는다 …"(『언어에의 도상에서』, 60쪽).

이러한 균열선(흔적trace, 이끔attraction, 수축contraction)의 개통은 이와 같이 그리고 우선은 정신을 혼에 관계시킨다. 정신은 도상으로, 정신의 불에 의해서 열려진 길 안으로 영혼을 내던지고 쫓는다. 그것은 종말을 시작 앞에 나타나게 하는 시간성에 따라서 이주移住의, 그러나 또한 앞서가는 것의, 서둘러 앞서가는 것의, 또는 선취하는 것(wo sich ein Vorauswandern begibt[거기에서는 앞서가는 것이 일어난다])의 도상에 있음 (Unterwegs)이다. 이와 같이 정신은 이방의 것으로 이동시키고 옮겨 놓고 추방한다(versetzt in das Fremde). 그것은 혼을 운반한다. 이렇게 해서 다시 "혼은 지상에서는 이방인이다". 이러한 추방은 증여다. 정신은 혼을 증여하는 것이다(Geist ist es, der mit Seele beschenkt). 이것이 다시 횔덜린의 표현을 빌리면 'Beseeler[혼을 부여하는 자]'이기도 한 이유다. 그 역으로 혼은 정신을 수호하고(hütet) '기른다'. 그리고 너무 본질적인 방식으로 그렇기 때문에 추정컨대 혼이 없으면 정신도 없다고 하이데거는 덧붙인다. 여기에서 지킨다는 것과 기르는 것에서는 다시 일정한 전통적인 의미에서 영혼의 여성성이 강조된다. 성性의 문법을 우리가 내세우지 않을 것이지만 혼은 여기에서 어떤 남성적 정신, 도상으로 끌어내고 쫓고 추적하고 도상에 내놓고 자신의 특징선을 ―이외에 화염의 특징선을― 표시하는 남성적인 정신과 불가분하게 쌍을 이룬다.[98]

고독하게 여행하면서 혼은 자신의 운명(Geschick)의 무게를 인수해야만 한다. 혼은 일자l'Un 안으로 자신을 모아야만 한다. 자신에게 맡겨진 본질로, 즉 이주 ―그러나 방황은 아니다―로 나아가고 자신을 날라야만 한다. 그것은 정신 앞으로 자신을 날라야 하며 정신을 응접해야만 한다(dem Geist entgegen). Gemüt[심정]의 열熱, 화염 혹은 열렬한 우수憂愁로서 혼은, 정신에 공감하고 그것에 자신을 내맡겨야 한다.

Dem Geist leih deine Flamme, glühende Schwermut

혼은 이러한 화염과 자신의 고통의 정도에 따라서 위대하다.

O Schmerz, du flammendes Anschauen

Der grossen Seele!(Das Gewitter(183))

[오 오 고통이여, 위대한 영혼의 불타오르는 직관이여!]

그런데 고통의 내부에는 균열선, 분열 혹은 대항 관계 그 자체가 존재한다. 이는 고통이 그 자체로 대항적인 본질을 가지고 있기(Dem Schmerz eignet ein in sich gegenwendiges Wesen) 때문이다. 화염의 균열선(Riss) 안에서 고통은 혼을 빼앗아 가고 잡아 뜯고 잡아챈다.

"'Flammend' reisst der Schmerz fort['불타오르면서' 고통은 빼앗아 간다]"고 하이데거는 Das Gewitter(뇌우)에 주석하며 말한다. Sein Fortriss zeichnet die wandernde Seele in die Fuge des Stürmens und Jagens ein ⋯[그의 빼앗음은 방랑하는 혼을 습격과 쫓아가 사로잡으려고 하는 것의 조화Fuge 안으로 각인한다]. 이 문장을 [프랑스어로] 번역하는 것은 어렵다. 내가 자주 그러는 것처럼 나는 오히려 풀어 쓸 것이다. 그리고 다른 것보다 더 강하게 저항해 오는 것은 Fuge라는 단어다. 혼을 빼앗아 가는 균열선은 하늘을 습격하면서(den Himmel stürmend) 신을 쫓아가 사로잡으려고 하는(Gott erjagen möchte) 습격과 추적의 올바른 조정과 일치 안으로, 방랑하는 혼을 각인한다. 균열선 혹은 은퇴의 그 모든 변양(Riss[균열선], Fortriss[빼앗아 감], Rückriss[은퇴]), 그러나 또한

Zug[특징], Bezug[관계], Grundzug[근본 특성], ziehen[끌음]을 통해서 균열선 혹은 균열선을 갖는 것의 은퇴는 악을 각인한다. 특징선은 고통을 자신에 대한 정신의 관계의 본질 안에 고통을 새겨 넣으며 정신은 이렇게 자신을 모으고 자신을 나눈다. 정신이 혼을 부여하는 것은 고통 안에서다. 그리고 정신은 혼에 의해서 담지된다. 따라서 혼 안에는 고통의 근본적인 특징선(Grundzug)이 군림한다. 그것은 혼의 본질이다. 그리고 '선'의 본질이다. 동일한 근본 특징선에 따라서 '선'은 고통 안에서만 '선'인 것이다. 고통은 빼앗아 간다(fortreisst). 그것은 그것의 잡아채 가는 균열선으로서(als zurückreissender Riss)의 은퇴 안으로 본래적으로(eigentlich) 빼앗아 간다.

　이중으로 주목할 만한 균열선. 이중으로 되고 그 자신이 이중의 표지이며, 정신 그 자체에서 그러한 균열선은 그것이 그 안에 자신을 각인하고 자신의 흔적을 남기고 은퇴하거나 자신을 철회하는 정신이다. 그것은 자신이 분할하는 화염에 속한다. 그리고 그것은 충격, 때림, 타격(Schlag)과 본질적인 유사성을 갖는다. 이러한 것들로부터 출발하면서 하이데거는 그의 언어로 Geschlecht[종족, 생식, 성 등]를 그 올바른 때림과 관련하여, 다음에는 그것을 verwesendes Geschlecht[부패하는 종족]로 이동시키거나 그것을 타락하게 하는 나쁜 타격과 관련하여 해석한다. 후자[부패하는 종족]의 이원성은 상극적인 분열(Zwietracht)에 바쳐진다. 인간 종족을 때리는 타격, 올바른 타격도 그러나 또한 나쁜 타격도, 즉 제2의 것, 재앙, 저주(이것들은 하이데거가 사용한 용어들이다), 이것은 정신의 타격이다. 이러한 어휘들은 다시 자주 셸링적이다.[99] 하나만 인용하려고 한다. "그러나 이 강렬한 고통을 그것이 정신의 작열하는 화염을 기르도록 하기 위해 지키고 있는 것은 누구일까? 이러한 정신의 타격을 담당하고 있는 것(Was vom Schlag dieses Geistes ist)은 도상으로 보내는 것에 속한다. 이 정신의 타격을 담당하는 것이 geistlich라고 불린다."(66쪽)

다른 한편으로 균열선에 의해서, 즉 타격을 통해서 각인된 차이 혹은 이원성[das Zwiefache]을 하이데거는 분리division라고는 생각하지 않는다. 그것은 집수로서 정신 자체가 자신에 대해서 갖는 관계다. 균열선은 모은다. Versammlung이라는 단어는 이러한 성찰 전체를 관통하고 지배하며 중층결정한다. 이 단어는 모음(Versammlung)인 모든 것을 모은다. 그 모든 것들이란 장소(Ort), 세상을 등짐(Abgeschiedenheit), 또한 고독이 '유일한 것(l'unique)'으로 나르고 하나인 것(in das Eine[100])으로 모으는 혼, Gemüt[심정] 그리고 마지막으로 Ein Geschlecht[하나의 성]의 하나 자체(Ein)다. Ein Geschlecht[하나의 종족]의 하나 자체(Ein)는 트라클의 저작 안에서 강조되는 유일한 단어다. 이 하나는 성적인 동일성과 무차별성과 획일성이 아니고 이방인의 발걸음이 그를 향하게 했던 가장 이른 아침이다. 그런데 Versammlung, 하나로의 이러한 모음을 하이데거는 Geist라고도 부른다. 그리고 그는 그것을 셸링을 연상시키는 표현을 사용하면서 그렇게 부른다.[101] 세상을 등짐을 향해 출발하는 자의 이별이란 그것의 불타오름 자체에서 정신 이외의 것이 아니다. "Der Geist und als dieser das Versammelnde"—정신 그리고 이러한 정신으로서 모으는 것 이외의 것이 아닌 것이다.

너무 늦었다. 그리고 나는 여러분들을 아침까지 붙잡아 두지는 않을 것이다.

극단으로까지 도식화하자면 여기에서 우리는 사유의 두 길을 아마 구별할 수 있을 것이다. 그것들은 하이데거가 걷고 있는 곳에서 교차한다. 그리고 비판하지도 않고 또한 결론을 짓는 것처럼 하기 위해 물음을 제기하지도 않은 채 나는 이 두 길에 대해 극히 담담하게 묘사하면서, 우리의 길들의 어떤 종류의 교차에 대해서와 마찬가지로 우리의 걸음에 대해서 무엇인가를 아직 말해 줄 수 있는 것을 드러낼 것이다. 나는 적어도 우리의 걸음에 대해서 무엇인가를 말할 수 있는 것이 있다고 상상한다. 아마 주어지지 않은 어떤 우리에 대해서.

그러한 길들 중의 하나. 트라클에 대한 독해에서 그 흔적을 따라갈 수 있는 것이지만 이 길은 어떤 약속의 정신성으로 우리를 이끌 것이다. 그러한 약속은 그것에 대립되지는 않아도 기독교에는 소원하고 기독교의 기원(우리가 몇 개의 명칭을 부여할 수 있는 것)에게조차도 소원하며 더 나아가 플라톤적인 형이상학과 그것의 귀결 전체에 보다 철저하게 소원하고 동-서양의 진행에 대한 어떤 일정한 유럽적인 규정에도 소원한 것이다. Frühe[이른 것]의 가장 이른 것은 그 최선의 약속에서 실은 또 하나 다른 탄생, 또 하나 다른 본질이란 성격을 갖는 것이며 모든 성서의, 모든 약속의, 모든 사건의 기원 그리고 우리의 기억 자체를 형성하는 모든 법들과 과제의 기원과는 이질적인hétérogène à l'origine 것일 것이다. 기원 면에서 이질적이라는 것—이것은 동시에 세 개의 의미로 이해될 수 있다. 1. 기원에서부터 이질적이다, 근원적으로 이질적이다. 2. 기원이라고 불리는 것에 대해서 이질적이며, 기원과는 다른 것, 기원에는 환원될 수 없는 것이다. 3. 이질적이면서 기원에 있다, 혹은 기원에 있는 한에서 이질적이다, 즉 기원 면에서 이질적이지만(1과 2), 그것은 기원의 기원에 있기 때문이다. 그것이 기원에 있기 때문에 이질적이면서 기원에 있음에도 불구하고 이질적인 것이다. 동시에 '이기 때문에'와 '에도 불구하고'라는 것이야말로 이러한 사유 전체를 진동하게 하는 긴장의 논리적인 형식이다. 죽음, 몰락, 서양을 통과하면서 가장 근원적인 것에게로, 하이데거와 트라클 사이의 Gespräch가 우리를 부르는 것을 향해서 귀환하게 하는 원환은 성서라고 불리는 것에서 헤겔과 마르크스, 그 외 다른 근대인들에 이르기까지 우리가 그 사유를 계승했던 여러 유사한 원환과 순환révolution[혁명]과는 전적으로 다른 것일 것이다. 따라서 이러한 단어들, '원환', '죽음', '몰락', '서양'은 고어古語, paléonyme들이 될 것이다. 그것들에는 필연적으로 인용부호들이 필요하다. 인용부호들은 그러한 단어들의 통상적인 의미를 넘어서 우리를 이끄는 글쓰기와 글 읽기에서 그것들의 통상적인 의미를 지양한다. 이러한 길에 대해서 나는 한편으로는 그것이 전혀 다른 것에 호소하기 때문에 그것은 보다 한층 또는 더 강하게 약속하거나 영접하며 또는 구원하는 것 같다고 생각한다. 보다 도발적이며 충격적이고 돌발적인 고지다. 그러나 다른 한편으로는 적어도 트라클에 대한 독해에서 이러한 길을 검증에 부치는 것에 대해서 말하자면 이러한 길은 거의 통행할 수 없는 것으로, 심지어 통행 불가능한 것으로 보인다. 내가 텍스트 해설이라고 부르고 싶은 것, 아무튼 해명(Erläuterung, 하이데거는 이것을 Erörterung[장소구명]과 구별한다)의 세부에 이르기까지 트라클을 Geist[정신]에 대한 기독교적인 사유로부터 떼어놓으려고 시도들은 나에게는 힘겹고 폭력적이며 때로는 한갓 희극적이며, 그리고 전체적으로 거의 설득력을 갖고 있지 않은 것으로 보인다. 하이데거가 트라클의 Gedicht를 탈기독교화한다고 주장할 수 있는 것은 이때 그가 생각하는 기독교는 매우 통념적이고 독단적이기 때문이다. 따라서 기원에서 이질적인 것은 기독교의 기원, 즉 기독교의 정신 또는 기독교의 본질과 다른 것이 아닐 것이다―그러나 그것이 아무것도 아닌 것은 아니다.

따라서 하이데거와 가장 까다롭고 인내심이 가장 강하고 인내심이 가장 약한 신학자들 사이에 전개되는 한 장면을 상상할 수 있다. 게다가 그러한 장면의 프로그램과 그것의 유형에서 만남은 일어났었지만 아무튼 그것의 '논리'는 미리 정해져 있는 것처럼 보인다. [이 경우] 실로 독특한 교환이 문제가 된다. 이 교환이라는 단어로 나는 사람들을 당혹케 하는 방식으로 입장들이 자주 교환될 수 있다는 것을 의미하고자 한다. 우리가 이 강연을 시작하면서부터 통상적으로 '역사'와 '정치'의 모든 '사건'(이렇게 모호한 단어들에 나는 인용부호를 친다)이라고 불리는 것으로 이러한 사유들과 이러한 담론들을 '번역하는 것'에 대해서 밖에 말하고 있지 않기 때문에, 그러한 입장 교환을 그것의 가장 철저한 가능성에서 함축할 수 있는 것을 또한 '번역하지' 않으면 안 된다. 그러나 이러한 소위 '번역'은 불가결하면서도 지금은 불가능한 것처럼 보인다. 이러한 '번역'은 따라서 전혀 다른 수순을 필요로 하며 그러한 수순을 목표하면서 나는 이러한 독해를 제기했다. 내가 목표하고 있는 것은 추상적인 것이 분명히 아니다. 과거의, 현재의, 그리고 일어날 '사건들', 서로 무자비한 전쟁을(예를 들면 1933년부터 오늘날까지) 하고 있는 것처럼 보이는 힘들과 담론들의 구성 방식이 문제가 된다. 그 힘이 근저를 헤아릴 수 없는 것인 프로그램과 조합이 문제가 되는 것이다. 엄밀하게 말해서 우리는 이렇게 자신의 힘을 교환할 수 있는 담론들의 어느 것도 무구한 것으로 천명할 수 없다. 나치즘은 사막에서 태어난 것이 아니다. 이러한 사실은 잘 알려져 있지만 항상 상기되지 않으면 안 된다. 그리고 비록 나치즘이 모든 사막에서 멀리 떨어진 장소에서 유럽의 한 숲의 침묵 안에서 버섯처럼 자라났다고 할지라도, 그것은 커다란 나무들의 그늘에서 그것들의 침묵 혹은 그것들의 무관심에 의해 보호받으며 동일한 땅에서 자라났다. 유럽의 거대한 흑림黑林[슈바르츠발트]에서 번식하고 있는 이러한 커다란 나무들의 목록을 나는 만들지 않을 것이며 그것들의 종류를 세지도 않을 것이다. 본질적인 이유들 때문에 이러한 종류들은 도표로 제시될 수 없는 것이다. 그것들의 빼곡히 들어찬 분류표 안에는 종교, 철학, 정치 체제, 종교적 혹은 학문적인 제도의 이름들이 포함될 것이다. 요컨대 막연히 문화 혹은 정신세계라고 불리는 것의 이름들이.

따라서 첫 번째 사람들, 즉 내가 신학자들이라고 부르는 사람들과 그들이 대표할 수 있는 모든 사람이 하이데거에게 말할 것이다. ―"그러나 당신이 원-근원적인 정신이라고 부르고 기독교에 낯선 것이라고 주장하는 것, 그것이야말로 기독교의 가장 본질적인 것이다. 그것은 우리가 당신과 마찬가지로 여러 신학적인 요소들과 철학적 요소들 그리고 일반적으로 유포되고 있는 표상의 근저에서 일깨우려고 하는 것이다. 우리는 당신이 말하는 것에 감사하며 당신이 우리에게 이해시키려고 하고 사유하게 하려는 것 ―그리고 우리도 실제로 다시 인식하는 것―에 대한 우리의 모든 감사를 받을 권리가 당신에게는 존재한다. 그것은 분명히 우리가 항상 찾아온 것이다. 그리고 당신이 약속에 대해서, 저 Versprechen에 대해서 말할 때, 역사의 시작과 종말의 저쪽에 있는 그리고 서양과 마찬가지로 동양의 이쪽과 저쪽에 있는 아침보다 더 이른 새벽에 대해서 말할 때 어느 정도로 당신이 우리와 가까운지를 그대는 아는가? 당신이 퇴락(Verfall)과 저주(Fluch)에 대해서 말할 때, 근본악에 대해서 말할 때에는 [당신은 더욱 우리와 가깝다]. 그리고 트라클의 시구

> Gott sprach eine sanfte Flamme zu seinem Herzen:
> O — Mensch !
> [신은 부드러운 화염을 그의 가슴에 말했다.
> 오, 인간이여!]

의 흔적 안에서 당신이 신의 저 말, 신의 Sprechen[말] —그것을 우리는 앞에서 언급되었던 versprechen[약속]과 결부시키고 싶었다—을 가리킬 때, 그리고 우리를 Entsprechung[응답]으로 부르는 Zusprechen[말걸음] 혹은 Zuspruch(지시, 위로, 격려)[102]에 신의 Sprechen을 일치시키려고 할 때 [당신은 우리와 더욱 가깝다]. 그리고 당신이 Menschenschlag[인간형]의, 이른 아침으로부터 도래할 부활(in ein kommendes Auferstehen des Menschenschlag aus der Frühe[103])과 구원과 구원하는(rettet) 충격에 대해서 말할 때, 그리고 당신이 이 무엇보다도 타격의 사명 혹은 그것의 역운(das Geschick des Schlages)이 Menschengeschlecht[인간 종족]을 차이로부터 타격한다(분리하는 것에 의해서 특화한다: verschlägt)는 사실, 즉 구제한다는 사실을[104] 분명히 하면서 당신이 이 '즉'이라는

앞으로 도래할 원-근원적인 사건에서 타격과 구제의 이러한 접합은 시인이 노래하는 찬가—송가라고 말하자—이며 역사가들이 이야기하는 역사는 아니라고 말할 때 [당신은 우리와 더욱 가깝다]. 이 모든 것을 당신이 말할 때 진정한 기독교인들이기를 원하는 우리는 당신이야말로 우리의 신앙 안에서 우리가 사유하고 일깨우고 회복하려고 하는 것의 본질을 향해 나아가고 있다고 생각한다. 그리고 우리는 당신이 어떻게 해서든 기독교(다른 한편으로 당신이 너무 잘 알고 있는)와 혼동하려고 하는 통상적인 표상들에 반反해서 또한 어떤 신학적인 요소들과 존재-신학적인 철학적인 요소들에 반해서 그러한 작업을 해야 한다고 할지라도 당신은 우리가 우리의 신앙 안에서 사유하고 일깨우고 회복하려고 하는 것의 본질을 향해 나아가고 있다고 생각한다. 당신은 오늘날 사람들이 기독교인일 경우에 말할 수 있는 것을 가장 철저하게 말하고 있다. 이 점에서는 그리고 무엇보다도 당신이 신과 은퇴 그리고 약속과 관련하여 화염과 불의 글쓰기에 대해서 말할 때, 전前-원-근원성의 나라에의 회귀에 대한 약속과 일치해서 말할 때는 당신은 우리의 친구들이자 동일한 계통의 종교인들인 메시아적인 유대교도들로부터 유사한 반응과 반향을 받지 않을까 생각된다. 이슬람교도와 약간의 다른 사람들이 합창과 찬가에 참여하지 않을까 생각된다. 적어도 그들의 종교들과 철학들에서 ruah, pneuma, spiritus에 대해 말했던 모든 사람이 참여할 것 같다. 그리고 Geist에 대해서 말하는 사람들이 참여하지 못할 이유가 어디 있는가?"

나는 여기서 질문자와 응답자의 역할을 다 하고 있기 때문에 하이데거의 반론을 상상해 보고자 한다. 우리는 그의 반론을, 그가 우리에게 남겨 주었던 전형적인 전략들의 프로그램으로부터 재구성할 수 있다. —"그러나 트라클의 Gedicht—그리고 그와 함께 내가 말하는 그 모든 것—이 형이상학적인 것도 기독교적인 것도 아니라고 단언할 경우에 나는 그 어느 것에도 대립하고 있는 것은 아니다. 나는 무엇보다도 기독교에 대립하지 않는다. 그리고 퇴락, 저주, 약속, 구제, 부활에 대한 모든 담론에도 또한 pneuma와 spiritus에 대한 담론들에 대해서도, 내가 잊어버리고 있었던 ruah에 대한 담론들에 대해서조차도 나는 대립하지 않는다. 나는 단지 이 모든 것이 가능하게 되었던 출발점을 겸허하고 신중하게 사유해 보려고 시도할 뿐이다. 그것(그 모든 것들을 가능하게 한 기원)은 옛날부터 은폐되었기 때문에 그것이 가능하게 하는 것은 아직 오지 않았다. 그 모든 것들이 가능하게 된 출발점, 근원적인 것 이상의 저 Frühe는 아직 사유될 수 없고 도래할 것으로 남아 있다. 어떤 원환이 이 Frühe를 전-전날로부터, 아직 도래하고 있지 않는 이 아침에 이르기까지 이끌고 있다. 이러한 원환은 유럽 형이상학의 원환이나 종말론적이거나 메시아적인 원환은 —아직 혹은 더 이상— 아니다. 나는 화염이 pneuma나 spiritus 혹은 ruah와 다른 것이라고 말하지 않았다. 내가 말한 것은 pneuma와 spiritus가 혹은 당신이 역설하고 있는 ruah 등이 화염으로부터 출발하는 것을 통해서 사유될 수 있다고 말한 것에 지나지 않는다."

우리는 하이데거의 텍스트 내에서 하이데거의 이러한 후퇴에 대한 정기적인 전형적인 그리고 반복되는 징표들을 보지만 이러한 후퇴는 서로 교차하는 두 가지 길 중 하나다. 나는 앞에서 이러한 십자로에 대해서 말했지만 이 경우 십자로는 어떠한 중립적인 용어가 아니다. 그것은 아마도 존재와 신을 그 밑에서 고통받게 하는 십자형의 삭제기호를 상기시킨다.[105] 하이데거의 후퇴는 이러한 십자로에서 두 개의 길들 중 하나, 아니 오히려 '보다 이른 것plus tôt'을 향한 발걸음이다. 이러한 후퇴는 이 강력한 사유하는 반복을 가장 근원적인 것에로, 전-원-근원적인 것에로 향하는 후퇴 내지 전진으로 만든다. 그러나 후퇴 혹은 전진이 더 깊게 —따라서 보다 잘— 사유하는 것이라고 해도, 그것은 형이상학과 여러 전통들의 —우리는 종교라고 말한다— 유산 내에, 보다 넓게는 하이데거가 1935년에 그것은 항상 정신의 세계라고 말했던 저 세계 내에 비록 미래의 약속으로서라도 존재하는 것 이상의 것은 아무것도 사유하지 않는 경우에만 그렇다. 사람들은 하이데거에게 그러한 반복은 아무것도 더해 주지 못하며 아무것도 창안하지 못하며 아무것도 발견하지 않으며, 그러한 반복은 요컨대 기억으로서의 진리와 약속으로서의 기억의 경험인 하나의 경험을 통해서 이미 일어난 하나의 약속이라는 사건을 공허하게 이중화한다고 반대하거나 비난할지도 모른다. 이러한 반대와 비난에 대해서 하이데거는 이렇게 대답할 것이라고 나는 상상해 본다.

— 당신이 아무것도 더해 주지 못하는 반복의 길이라고 부르는 것에서(그러나 왜 당신은 무엇인가를 더하기를 바라는가? 우리가 기억 안에, 기억의 심연 안에 가지고 있는 것으로 충분하다고 생각하지 않는가?) 이러한 도래할 Frühe에 대한 사유는 당신이 인정한다고 믿고 있는 것의 가능성으로 이렇게 전진하면서도 당신이 인정한다고 믿고 있는 것과는 전혀 다른 것을 향해서 간다. 실로 그것은 어떤 새로운 내용을 갖는 것은 아니다. 그러나 사유에의 접근, 형이상학이나 영성적-정신주의적인 종교들의

가능성에 사유하면서 접근하는 것은 그러한 가능성이 가능하게 하는 것과는 전혀 다른 것에로 개방한다. 그것은 여전히 [기원에서] 이질적으로 남아 있는 것으로 개방한다. 당신이 존재론적이고 초월적인 단순한 복제로서 표상하는 것은 전혀 다른 것이다. 바로 그 때문에 나는 그것의 가장 이른 가능성을 사유하려고 시도하는 것에 반대하지 않고 전혀 다른 것의 길과 교차하는 하나의 반복의 길을 따른다. 이 전혀 다른 것은 가장 엄밀한 반복 안에서 자신을 고지한다. 이러한 반복은 가장 현기증을 일으키는 것이며 가장 심연적인 것이기도 하다.

　— '분명히 그렇다'고 그의 대화 상대는 반론할 것이다. 그러한 사실이야말로 우리가 길들의 동일한 교차로에서 말하고 있는 것이다. 그리고 그러한 길들도 똑같이 그러나 다른 형태로 원환을 이루는 것일 것이다. 우리는 하나의 약속의 기억 안에서 또는 기억의 약속 안에서 이 전혀 다른 것에 호소하고 있다. 그것은 우리가 항상 말해 왔던 것이며, 말해지는 것을 들어 왔던 것이고, 듣게 하려고 노력해 온 것의 진리다. 오해는 당신이 믿고 있는 것보다도 혹은 당신이 믿고 있는 척하는 것보다도 더 잘 우리를 이해하고 있다는 것을 통해서 생긴다. 아무튼 우리는 당신을 오해하지 않는다. 우리는 앞으로 시인과 당신 사이에, 즉 당신과 우리 사이에 이러한 Zwiesprache[대화]가 중단되지 않고 계속되기만을 바랄 뿐이다. 비록 이미 너무 늦었다고 할지라도 토론을 중단하지 않는 것으로 충분하다. 깨어서 지켜보는 정신이 되돌아오면서 항상 나머지를 마무리할 것이다. 화염 혹은 재를 통해서. 그러나 전적으로 다른 것으로서. 불가피하게.

옮긴이 해설

　데리다의 『정신에 대하여』는 하이데거 사상 연구에서 하나의 기념비적인 작품이라고 할 수 있다. 일찍이 하이데거 사상에 대한 무수한 논문과 저서가 쏟아져 나왔지만 이 책처럼 하이데거의 정신 개념에 대해서 치밀하게 파헤친 책은 없었다. 그러나 데리다의 이 책은 단순히 그동안의 하이데거 연구사에서 한 번도 본격적으로 다루어진 적이 없던 주제를 다루었다는 점에서뿐 아니라 하이데거의 사상을 연구하는 방식에서도 기념비적이다.

　그동안의 하이데거 연구는 일종의 내재적 연구나 외재적인 연구로 대별할 수 있었다. 내재적 연구란 하이데거 사상을 기본적으로 수용하면서 일반 독자들이 가닥을 잡기 쉽지 않은 하이데거의 사상을 해설하는 식의 연구를 말한다. 이러한 연구의 예로 우리는 무엇보다도 푀겔러Otto Pöggeler나 폰 헤르만F. W. von Hermann식의 연구를 들 수 있다. 이에 대해서 외재적 연구란 논리실증주의의 카르납Rudolf Carnap이나 비판이론의 하버마스에게서 보는 것처럼 하이데거와는 근본적으로 다른 전제에서 하이데거에게 비판적으로 접근하는 연구를 의미한다. 이에 대해서 데리다의 하이데거 연구는 이러한 내재적인 연구나 외재적인 연구 어디에도 포함시킬 수 없다. 이 점에서 데리다의 연구는 그 연구 방식에서도 기념비적인 것이다.

데리다는 하이데거 사상을 단순히 해설하는 것도 아니며 그렇다고 하이데거와는 전혀 다른 사상적인 전제에서 하이데거 사상을 비판하는 것도 아니다. 데리다는 자신의 해체적인 독해에 따라서 하이데거가 자신의 사상이 전통형이상학과 기독교에 의해 오염되는 것을 철저하게 경계하지만, 결국은 그것들에 의한 오염에서 피할 수 없다는 사실을 드러내는 데 집중한다. 그리고 데리다는 이러한 사실을 가장 분명하게 드러낼 수 있는 실마리를 정신이라는 용어에서 찾고 있다. 이는 정신이라는 용어가 하이데거 자신이 전통형이상학의 완성이라고 부르는 헤겔의 철학에서 전형적으로 나타나듯이 전통형이상학에서 가장 중심적인 역할을 차지하기 때문이다.

데리다는 하이데거가 1927년의 『존재와 시간』에서는 몇몇 예외를 제외하고는 정신이라는 용어를 전통형이상학에 속하는 것으로 보면서 피해야 할 용어로 간주하면서도 시간이 갈수록 그것을 중심적인 용어로 전면에 등장시키고 있다는 사실에 주목한다. 데리다는 정신이라는 용어와 정신적geistig, geistlich이라는 용어가 하이데거의 사유 도정의 각 단계에서 어떠한 방식으로 피해지거나 사용되는지를 면밀하게 탐사한다. 독자들은 흡사 현미경으로 들여다보듯이 하이데거의 텍스트를 섬세하면서도 치밀하게 탐사하는 데리다의 연구 자세에는 탄복을 금할 수 없을 것이다.

아울러 데리다는 단순히 하이데거의 사유 도정에서 정신이라는 용어가 어떻게 사용되는지를 탐구하는 데 그치지 않고, 독자적인 문제의식을 품고 하이데거에게서 정신과 정신적이라는 개념이 결국은 중심적인 역할을 차지하게 된다는 사실이 갖는 함의와 문제점들을 고찰한다. 데리다의 이 책과 함께 그간의 하이데거 연구가들이 하이데거 사상에서 그다지 주목하지 않았던 용어인 정신이라는 용어는 오히려 하이데거 사상의 함의와 문제점을 밝힐 수 있는 중심적인 용어로 격상되었다고 할 수 있다.

데리다가 이 연구에서 보여 주는 이러한 치밀하고 섬세한 연구 자세와 독자적이면서 심원한 문제의식으로 인해 이 책은 그동안 하이데거 연구에서 커다란 비중을 차지하게 되었다. 이러한 사실은 하이데거 연구에서 데리다의 이 책보다 더 중요한 책이 우리 시대에 과연 나올 수 있을지 의문이라는 크렐David Farrell Krell의 말에서 엿볼 수 있거니와 이 책을 주제로 한 많은 논문이 그동안 나타났다는 데서도 간취할 수 있다.

그러나 이 책은 데리다의 여느 글과 마찬가지로 읽어 나가기가 쉽지 않다. 이 책에서도 데리다는 자신의 논지를 전제가 무엇이고 결론이 무엇인지를 확연하게 가늠할 수 있을 정도로 친절하게 전개하기보다는 함축적이고 암시적으로 자신의 생각을 드러내고 있을 뿐이다. 특히 이 책은 데리다 못지않게 난해한 사상가인 하이데거의 사상을 쉽게 소개하는 책이 아니라 그것이 갖는 함의와 문제점을 철저하게 파고드는 심도 있는 책이기 때문에 데리다의 어떠한 글보다 더 난해한 책이 되고 있다. 하이데거의 사상을 어느 정도 숙지한 사람이 아니라면 경우에 따라서는 어느 부분이 하이데거의 사상에 관한 부분이고 어느 부분이 하이데거의 사상에 대한 자신의 생각을 말하고 있는지에 대해서 혼동할 수 있다.

따라서 여기서 나는 독자들의 이해를 돕기 위해 데리다의 논지를 가능한 한 간략하면서도 분명하게 정리해 보고자 한다. 물론 나는 나의 이러한 정리가 데리다의 논지를 곡해하는 것일 수 있다고 생각한다. 이 점에서 독자들의 서슴없는 질정을 바란다.

하이데거 사상이 갖는 문제성과 정신 개념

데리다는 우선 하이데거는 한 번도 "정신이란 무엇인가?"라는 물음을 제기한 적이 없었다는 사실을 지적한다. 오히려 하이데거는 자신의 주저인 『존재와 시간』(1927)에서 정신Geist이라는 용어를 피해야 할 용어로 규정한다. 그러나 하이데거는 1933년의 총장 취임 연설인 「독일대학의 자기주장」에서 '정신'과 '정신적인 것geistig'에 대해서 말할 뿐 아니라 정신의 이름으로 말한다. 아울러 하이데거는 1953년, 즉 『존재와 시간』이 출간된 지 25년 후인 트라클에 대한 글에서 geistig를 물질적인 것과 대립되는 것으로 간주하면서 그 용어를 전통형이상학에 속하는 용어로 배격하는 반면 geistlich라는 용어는 적극적으로 사용한다. 데리다는 이렇게 하이데거가 『존재와 시간』에서는 정신이라는 용어를 피해야 할 용어로 규정하면서도 그것을 나중에 다시 끌어들인다는 것은 하이데거의 단순한 불찰에서 비롯된 것이 아니고 사태가 보다 복잡한 방식으로 얽혀 있다는 사실을 시사하는 것으로 본다.

데리다는 자신이 하이데거의 정신 개념에 주목하게 된 이유로 하이데거 사상에 존재하는 네 가지 문제점을 든다. 그리고 그는 이 문제점들을 해명하는 데 정신 개념이 중요한 실마리를 제공할 수 있다고 보았다고 말한다.

이 네 가지 문제점 중 '첫 번째'는 바로 하이데거 철학에서 물음Fragen이 가지고 있는 분명히 절대적이고 오랫동안 의문시되지 않은 특권에 대한 것이다. 하이데거는 물음을 사유의 경건함Frömmigkeit des Denkens이라고 부르고 있거니와 그의 사유 도정 전체에 걸쳐서 물음을 사유의 저 '경건함'과 계속해서 동일시했다. 이러한 '경건함'이란 무엇인가? 그리고 왜 하이데거는 물음을 사유의 경건함과 계속해서 동일시했는가? 물음이 갖는 이러한 특권은 하이데거의 사상에서 어느 정도로 보호되고 있는가? 데리다는 Geist야말로 물음이 갖는 이러한 특권을 보호하는 것일 수 있다고 본다.

두 번째 문제점은 특히 기술에 대한 하이데거의 물음에서 '기술의 본질은 기술이 아니다'라는 하이데거 특유의 진술과 관련된다. 이러한 진술에서 알 수 있는 것처럼 하이데거는 항상 본질에 대한 철학적 사유를 기술에 의한 어떠한 오염으로부터도 보호하려고 한다. 그러나 데리다에게는 이러한 오염을 경계하려는 하이데거의 바람이 하나의 문제로 나타난다. 오히려 데리다는 사유 혹은 언어는 기술에 의해서 오염될 수밖에 없다고 본다. 그런데 이는 악의 문제와 연관되어 있으며 악은 하이데거에서 감성적인 것에서 비롯되는 것이 아니라 정신의 무력화와 퇴락에서 비롯되는 것이라는 점에서 정신의 문제와 긴밀한 연관을 갖게 된다. Geist는 하이데거가 모든 무력화Entmachtung로부터 구원하려고 하는 것이면서도 구원하는rettet 것 자체다. 그런데 구원하는 것은 이러한 오염으로부터 구원될 수 없다는 것이 데리다의 생각이다.

세 번째 문제점은 동물에 대한 하이데거의 담론과 관련된다. 하이데거는 손을 주제로 다루는 『사유란 무엇인가?』의 구절에서 원숭이는 무엇인가를 잡을 수 있는 기관을 갖고는 있지만 오직 인간만이 손을 '가지고 있다'고 말하면서 인간과 동물 사이에 존재하는 본질적인 차이를 인정한다. 이러한 생각은 『형이상학의 근본개념들』에서 하이데거가 제시하는 테제들, 즉 돌은 무세계적이며(weltlos), 동물은 세계와 관련하여 빈곤하며(weltarm), 인간은 세계 형성적(weltbildend)이라는 하이데거의 테제들에서 가장 극명하게 나타난다.

데리다는 손과 동물이 문제 될 때마다 하이데거의 담론은 그것이 어떤 당혹감을 숨겨야 하는 만큼 더욱더 위압적이면서도 권위적인 성격을 띠게 된다고 말한다. 데리다가 보기에 무엇보다도 동물에 대한 하이데거의 사상은 하이데거 사상이 여전히 형이상학적인 휴머니즘에 구속되어 있다는 사실을 분명하게 보여 준다. 동물에 대한 하이데거의 담론은 동물에게는 묻는 것이 불가능한 반면 인간에게는 가능하다는 사실에서 출발하기 때문에 물음이 갖는 문제성과 연관된다. 그리고 인간만이 물을 수 있는 가능성은 인간만이 정신을 가지고 있다는 사실에서 비롯되는 한, 동물에 대한 하이데거의 담론은 궁극적으로는 정신 개념이 갖는 문제성과도 연관된다.

마지막으로 네 번째 문제점은 역사에 대한 하이데거의 사상에 일종의 목적론이 숨어 있다는 사실과 연관된다. 데리다는 하이데거가 말하는 스피노자의 사유처럼 근대철학에 속하지만 주체성의 철학은 아닌 몇몇 사유들이 의도적으로 배제되고 있다는 사실을 지적한다. 데리다는 이와 관련하여 존재의 역사에 대한 하이데거의 사유가 정신적인 것geistig에 대한 플라톤적-기독교적 규정, 즉 전통형이상학적인 규정과 트라클과의 Gespräch(대화)에서 보는 바와 같이 정신적인 것geistlich에 대해서 전통형이상학과는 전적으로 달리 생각하는 사유 사이의 차이를 중심으로 행해지고 있다는 사실을 주목한다.

데리다는 하이데거에서 보이는 이러한 네 개의 불확실성에 관련해서 정신이라는 개념이 주도적인 역할을 하고 있다고 본다. 데리다는 이것이 자신이 하이데거의 정신 개념에 대해서 관심을 갖게 된 이유라고 말한다. 데리다는 하이데거의 정신 개념을 해명하는 작업이 이 네 가지 불확실성을 이해하는 데 도움이 될 수 있다고 보는 것이다.

『존재와 시간』에서의 정신 개념

데리다는 정신 개념이 하이데거 사유 도정의 각 단계에서 어떠한 위치와 의미를 갖는지를 추적하는 방식으로 자신의 논의를 전개한다.

우선 『존재와 시간』에서 하이데거는 인간 현존재는 일종의 존재론적인 어두움에 싸여 있는 것으로 보면서 그것을 제대로 파악하기 위해서는 데카르트처럼 현존재를 주체로 보면서 사물화하는 것으로부터 벗어나야 한다고 말한다.

데카르트가 전혀 묻지 않았던 sum(나는 존재한다)에 대해서 하이데거는 존재론적인 물음을 제기한다. 코기토의 cogitationes(사유작용)의 존재방식을 정의하기 위해서는 먼저 sum의 존재를 규정해야만 한다. 데카르트처럼 직접적으로 주어져 있는 ego(나)와 주체로부터 출발하는 것은 현존재의 존재를 시야에서 놓치는 결과를 낳게 된다. 이러한 비판은 다른 한편으로는 헤겔의 정신현상학과 후설의 초월론적 현상학도 겨냥한다. 하이데거는 우리가 이렇게 ego와 주체로부터 출발하는 것은 ego를 손 앞의 사물을 실마리로 하여 파악하는 것이 된다고 말한다. 하이데거는 인간 현존재를 사물화하는 개념들로서 의식, 무의식, 혼, 인격뿐 아니라 정신을 들고 있다. 우리가 무엇인가, 우리가 누구인지에 대해서 말하기 위해서는 주체 또는 기체에 속하는 일련의 모든 개념, 특히 정신이라는 개념을 피하는 것이 필수적이라는 것이다.

하이데거는 현존재의 본질적인 특성을 존재 물음에 열려져 있다는 사실로부터 규정한다. 그러나 인간을 사물화하는 전통형이상학은 존재 물음에 무관심하다. 그리고 이러한 무관심은 존재 일반에 대한 무관심일 뿐 아니라 우리 자신인 존재자의 존재, 보다 정확히 말하면 저 각자적인jemeinig 현존재에 대한 무관심이다. 전통형이상학은 현존재의 각자의 나에 대해서 무관심하기 때문에 에고를 현존재 해명의 실마리로 삼는다는 것이다. 현존재가 각자성이라는 성격을 갖게 됨으로써 현존재는 손 앞의 사물들Vorhandene과는 전적으로 다른 성격을 갖게 된다. 이러한 손 앞의 사물들을 특징짓는 것은 바로 자신의 고유한 존재에 대한 무관심이며 자신이 본래적으로 무엇인지에 대한 무관심이다. 이러한 무관심이 그것을 자신의 존재에 대해서 심려하는sorgen 현존재로부터 구별한다.

전통형이상학이 존재 물음을 제기할 필요성을 느끼지 못한 것은 손 앞의 존재Vorhandensein를 자명한 존재의미로 생각하기 때문이며 이는 결국 그것이 현존재의 각자의 존재에 대해 무관심하기 때문이다. 현존재의 각자의 존재에 대한 무관심 때문에 그것은 현존재도 Vorhandensein으로서의 주체라는 의미에서 실체적 동일성을 갖는 어떤 것으로서 해석하게 된다. 그런데 현존재의 '누구'를 이와 같이 영속하는 실체로 만드는 것은 궁극적으로는 시간을 지금이란 순간들의 연속적인 계열로 보는 통속적인 시간 개념이다. 정신이라는 개념은 그 자체도 이러한 시간 개념에 기초하고 있는 한 피해져야만 하는 단어다.

『존재와 시간』에서 하이데거는 이렇게 정신이라는 단어를 피해야 할 것으로 사용하지만 그것을 다른 한편으로는 인용부호 사이에 사용한다. 이렇게 함으로써 그는 그것을 받아들이지 않으면서도 받아들인다. 그는 그것을 피하면서도 더 이상 피하지 않고 있는 것이다. 이를 통해 '정신'이라는 단어가 인용부호 안에서 명명하는 어떤 것이 구원을 받게 된다. 정신은 다시 돌아온다. 인용부호에 의한 정화catharsis에 의해서 이 단어는 그것의 통속적이고 비본래적이며 라틴적이고-데카르트적인 특징들로부터 자유롭게 된다. 그리고 정신이라는 단어를 하이데거가 다시 사용하는 것은 정신이라는 단어가 독특하게 독일적인 단어이며 독일어야말로 그리스어와 함께 유일한 철학적인 언어라는 하이데거의 국수주의적인 신념과 결부된다.

하이데거가 정신이라는 용어를 인용부호 사이에서 다시 끌어들이고 있는 것은 공간과 시간을 다루는 맥락에서다. 하이데거는 공간에 대해 우선 첫 번째 단계에서는 전통적인 정신 개념을 단적으로 피하는 것에서부터 시작한다. 현존재는 먼저 정신적인 내면성으로서 존재한 후에 공간에 존재하는 것이 아니다. 현존재는 자신의 고유한 '공간-내-존재ein eigenes 'im-Raum-sein''를 갖지만 이것은 세계-내-존재 일반을 기초해서만 가능하다. 어떤 하나의 세계 내에 존재하는 것das In-Sein in einer Welt을 정신적 속성eine geistige Eigenschaft이라고 말해서는 안 되며, 인간의 공간성이 단지 그의 신체만을 특징짓는다고 말해서는 안 된다. 이렇게 말할 경우 신체적인 사물Körperding과 정신적인 사물Geistding이 손 앞의 사물들의 형태로 함께 존재하며 이것들이 어떻게 서로 결합될 수 있느냐는 데카르트적인 사이비 문제가 다시 나타나게 된다.

그러나 두 번째 단계에서 하이데거는 인용부호 내에서 '정신'이란 단어를 사용하면서 동일한 논리를 펴고 있다. 현존재가 공간적인 존재이지만 그것이 물리적인 혹은 연장을 갖는 사물과 전혀 다른 방식으로 공간적인 존재인 것은 현존재가 눈앞에 존재하는 사물이 아니라 '정신적인geistig' 존재이기 때문이다. 현존재가 공간적인 존재인 것은 이러한 '정신성' 때문이며, 오직 그러한 '정신성' 때문이라고 하이데거는 강조한다.

『존재와 시간』의 뒷부분에서 시간이 문제가 될 때도 하이데거는 인용부호 내에서 '정신'이라는 용어를 다시 끌어들인다. 하이데거는 이 부분에서 헤겔의 정신 개념과 시간 개념과 대결한다. 헤겔이 말하는 것처럼 "역사는 본질적으로 정신의 역사이지만 그것은 시간 내에서 전개된다"면, 따라서 "역사의 발전은 시간 안에 떨어진다(fällt)"면 어떻게 해서 정신은 이렇게 시간 안에, 이러한 순수감성적인 것, 즉 이러한

'비감성적이면서 감성적인 것(das unsinnliche Sinnliche)' 안에 떨어질 수 있는지를 하이데거는 묻는다.

시간 안으로 정신이 전락한다는 생각은 시간에 대한 통속적인 개념을 전제한다. 헤겔은 항상 시간을 통속적으로, 그것의 유래가 은폐된 '수평화된 세계시간'으로서 사유한다. 그는 다시 시간을 Vorhandenes로서, 즉 그것 자체가 주체성으로서 이해된 정신 앞에 정신을 대면하면서 존재하는 것으로서 해석한다. 그러나 정신이 지배하는 것이면서도 정신에게 소원하거나 외적인 것으로 머무는 시간 안으로 정신이 이렇게 떨어지는 것과 자신을 실현하는 것Verwirklichung은 무엇을 의미하는가? 하이데거에 따르면 헤겔은 이에 대해서 아무것도 말하지 않는다. 그는 그것을 어둠 속에 방치해 둔다. 더 나아가 그는 부정의 부정으로서의 정신의 본질적인 구성이 바로 근원적이고 비통속적인 시숙時熟, Zeitigung의 기초 위에서 가능하지 않은지라는 물음을 제기하지 않는다.

그런데 하이데거가 결국 '정신'이란 단어를 끌어들이는 것은 이러한 근원적인 시간성을 설명하려고 하는 바로 그때다. 하이데거는 『존재와 시간』의 82절의 말미에서 이렇게 말한다.

> '정신'은 먼저 시간 안에 떨어지는 것이 아니라 시간성의 근원적인 **시숙**으로서 **실존한다**(existiert, 강조는 하이데거). 시간성이 세계시간을 시숙시키며, 이러한 세계시간의 지평 안에서 '역사'가 시간 내적인 생기로서 나타날 수 있다.

지금 하이데거는 인용부호를 가지고 계속 유희하면서 '정신'이 떨어지는 위치를 바꾸게 된다. '정신'의 전락은 더 이상 정신이 시간 속으로 떨어지는 것이 아니라 근원적인 시숙이 수평화된, 비본래적인, 고유성을 결한, 데카르트-헤겔주의의 통석적 해석이 표상하는 것과 같은 ―Vorhandenes로서의― 시간성 안으로 떨어지는 것이다.

우리는 이미 인용부호의 배후 내지 사이에 시간과 다르지 않은 저 정신을 보게 된다. 이러한 정신은 결국 시간으로 귀착되며, 그 자체로 퇴락에 떨어지는 것이다.

「독일대학의 자기주장」에서의 정신 개념

『존재와 시간』을 쓸 당시인 1926년에서 1927년 사이에 하이데거는 이 단어를 진심으로 받아들이고 있는 것은 아니며 그것에게 숙박처를 제공하는 것에 지나지 않는다. 하이데거는 그 단어를 받아들이면서도 인용부호 안에 두면서 그것에 대해 거리를 취한다.

그러나 6년 후인 1933년에 하이데거는 총장 취임 연설인 「독일대학의 자기주장die Selbstbehauptung der deutschen Universität」에서 그 인용부호를 제거하게 된다. 그것은 정신에 의해서 관통되고 침투되고 비추어지고 규정되고 있다. 하이데거는 여기에서 독일대학의 자기주장은, 그 자신들이 정신에 의해 지도됨으로써 다른 사람들을 지도하는 사람들을 통해서만 가능하게 된다고 말한다. 이러한 대학이 **독일적인 성격**을 갖는다고 말할 때 이 '독일적'이라는 술어는 2차적이고 우연적인 술어는 아니며 정신의 이러한 주장과 분리되는 것이 아니다. 독일대학은 '본래적으로 독일적이려고 의지하는' 정체성 증명의 운동 내에서 자신을 주장한다.

하이데거는 이 연설에서 그가 참여하는 이념인 나치즘과 그것에 함께 참여하는 모든 사람에게 최고의 확실성과 최고의 정신적인 정당성을 부여한다. 데리다는 이렇게 나치즘을 정신화하는 것이 갖는 양의성에 주목한다.

한편으로 사람들은 하이데거가 나치즘을 정신화하는 것을 통해서 나치즘을 미화하고 있다고 비난할 수 있다. 그러나 다른 한편으로 나치즘을 정신화하는 것을 통해 하이데거는 자신의 진정한 나치즘과 사이비 나치즘을 구별하면서 당시의 지배적인 나치즘에 거리를 취하고 있다고 할 수 있다. 이를 통해 하이데거는 더 이상 '이데올로기' 진영에, 즉 사람들이 어두운 힘들, '대지와 피'에 대한 비정신적인 해석에 입각하여 비정신적이고 자연적이며 생물학적이고 인종적인 힘들에 호소하는 '이데올로기' 진영에 속하지 않게 된다.

데리다는 하이데거가 이렇게 자연주의적이며 생물학적이고 인종주의적인 이데올로기에 거리를 취하기 위해서 정신에 호소하는 것을 통해 정신과 육체를 구별하는 전통형이상학에 근접하게 된다고 본다. 생물학주의, 자연주의, 그것의 유전학적인 형태인 인종주의와 선을 그을 수 있기 위해서는 정신을 육체에 대립적인 것으로 규정할 수밖에 없다. 정신의 이름 아래 혹은 정신의 자유의 이름 아래 그리고 민주주의 혹은 '인권'의 이름 아래 인종주의, 전체주의, 나치즘, 파시즘 등에 대립하는 모든 대부분의 담론은 이렇게 정신을 육체에 대립시키는 기체성基體性의 형이상학으로 귀착될 수밖에 없다고 본다. 인종주의, 생물학주의 등에 선을 긋기 위해서는 우리는 이러한 오염에서 벗어날 수 없다.

이런 의미에서 데리다는 형이상학은 항상 망령revenant의 형태로 하이데거 철학에서 되돌아오고 있다고 말한다. 그리고 정신은 이러한 귀환의 가장 숙명적인 형태다.

하이데거의 인간중심주의

하이데거는 동물은 세계를 갖지 않으며, 따라서 동물은 정신을 갖지 않는다고 말한다. 왜냐하면 모든 세계는 정신을 통해서만 드러나고 정신적인 것이기 때문이다. 하이데거는 자신의 이러한 생각을 프라이부르크에서 1929~1930년의 겨울 학기에 행했던 강의인 『형이상학의 근본개념들』에서 다음 세 개의 테제를 통해 제시한다.

1. 돌은 세계를 결여하고 있다weltlos.
2. 동물은 세계라는 점에서 빈곤하다weltarm.
3. 인간은 세계를 형성한다weltbildend.

여기서 세계는 존재자들이 그 자체로 자신을 드러낼 수 있는 전체적인 지평이다. 이러한 지평은 돌에는 전적으로 존재하지 않는다. 돌은 존재자에 접근하거나 관계할 수 없는 것이다. 이에 대해서 동물은 존재자에 접근하거나 관계할 수는 있지만 그 자체로서의 존재자와 관계하지는 않는다. 동물은 그 자체로서의 존재자에 접근할 수 없기 때문에 빈곤한 세계를 갖고 있다. 일벌은 꽃, 그것의 색깔과 향기를 알고 있지만 꽃의 수술을 수술로서 알지 못하며 뿌리와 수술의 수 등을 알지 못한다고 하이데거는 말한다. 그리고 도마뱀은 사람들이 물을 수 있고 답을 제기할 수 있는 대상으로서의 바위와 태양 그 자체에 관계하지 못한다.

이 경우 하이데거가 말하는 세계의 빈곤과 부유함의 차이는 정도의 차이를 의미하지 않는다. 인간과 동물 사이에는 본질적인 차이가 존재하기 때문에 동물의 세계는 인간 세계의 어떤 종류, 혹은 어떤 정도는 아닌 것이다. 이러한 빈곤은 세계의 결핍, 세계의 보다 적음이 아니다. 동물은 존재자에 대해서 보다 적은 관계를, 보다 적은 접근로를 갖고 있는 것이 아니라 다른 관계를 가지고 있을 뿐이다.

데리다는 하이데거의 분석이 인간중심주의를 피하면서 동물과 인간 사이의 본질적인 차이를 존중하려고 한다는 사실을 인정한다. 그러나 그것은 결여와 빈곤이라는 저 말을 통해서 다시 인간이란 척도를 재도입한다. 결여와 빈곤이라는 말은 인간중심적인 함의를 가지고 있으며, 현존재라는 물을 수 있는 능력을 가진 우리를 기준으로 한다. 동물이 빈곤한 세계를 갖고 있다는 사실은 우리의 관점으로부터만 그렇게 나타날 수 있다.

위의 세 가지 테제로 하이데거는 생물과 인간 현존재 사이에 절대적인 경계선을 긋고 어떠한 생물학주의, 어떠한 생철학 그리고 다소간 직접적으로 그것들로부터 영감을 받은 어떠한 정치적 이데올로기에 대해서도 거리를 취하는 것을 목표로 한다. 데리다는 그럼에도 하이데거의 분석들은 본질적인 난관에 봉착한다고 말한다. 즉 동물에게서 보이는 세계의 빈곤이 한편으로는 무생물과 생물 사이의, 다른 한 편으로는 동물과 인간 현존재 사이의 단절 혹은 이타성을 특징짓는 다고 할지라도, 동물의 세계를 빈곤한 것으로 보는 이 담론에는 인간 중심주의적인 목적론, 즉 인간주의적인 목적론의 잔재가 남아 있다는 것이다. 빈곤이나 결여와 같은 단어는 위계화와 가치평가를 불가피하 게 함축하고 있다. 데리다는 하이데거 철학이 갖는 이러한 위험성은 하이데거의 담론에서는 결코 사라지지 않는다고 본다. 그리고 이러한 위험성은 하이데거가 정신이라고 부르는 것의 애매한 성격과 밀접하 게 연관되어 있다.

그러나 데리다는 이러한 인간주의적인 목적론을 비판하는 것이 자 신의 목적이 아니라고 말한다. 데리다는 그러한 인간주의적인 목적론 이 우리가 생물학주의, 인종주의, 자연주의 등을 윤리적-정치적으로 배격할 때 항상 지불해야만 하는 대가라는 사실을 상기하는 것이 더 욱 중요하다고 말한다.

『형이상학 입문』에서 하이데거의 정신 개념

데리다는 세계 개념과 아울러 그것과 불가분의 관계에 있는 정신 개념이 모호한 채로 있다면 그것은 세계와 정신 그 자체가 역사적으 로 암흑화하고 무력해지고 있기 때문이 아닌지 자문한다. 정신의 무 력화Entmachtung가 존재한다. 그것은 대지의 황폐화, 신들의 사라짐, 그리고 대중의 대두에 의해서 특징지어지는 세계의 암흑화에 상응 한다.

무력화가 정신에게서 힘과 그의 권위의 신경을 박탈한다고 하면, 정신은 힘이면서 힘이 아니고 권력을 가지면서도 권력을 갖지 않는다는 것을 의미한다. 정신이 힘 자체라면 그것은 힘을 잃지도 않을 것이며 무력하게 되는 일도 없을 것이다. 그러나 정신이 이러한 힘 내지 권력이 아니라면, 무력화Entmachtung는 정신에 본질적으로 영향을 미치지 못할 것이며 정신에서 유래하는 것도 아니게 될 것이다. 따라서 사람들은 전자도 후자도 주장할 수 없으며 양쪽 다라고 말해야만 한다.

이에 따라 세계, 힘, 정신과 같은 개념들 각각은 이중화된다. 이러한 개념들 각각의 구조는 그것의 분신分身에 대한 관계, 분신에 의한 빙의에 의해서 특징지어진다. 무력화가 가능한 것은 분신이 있기 때문이다. 하이데거는 무력화는 정신에 고유한 운동이며, 정신의 내부에서 비롯된다고 말한다. 하이데거는 이러한 정신의 무력화와 오해는 정신의 후퇴를 낳는다고 본다. 이러한 후퇴는 다음과 같은 것들이다.

1) 우선 지성Intelligenz, 동조同調, Verständigkeit, 계산 Berechnung , 대중적 보급massenhafte Verteilung, 문필가들과 심미가들의 지배, 고상한 취미와 '기지를 갖고 있다avoir-de-l'esprit'는 의미에서 '단지 기지가 풍부할 뿐인 것das Nur-Geistreiche'이 지배하는 상태로 정신이 후퇴하는 사태가 존재한다.

2) 다음에 정신의 도구화가 존재한다. 이러한 도구화와 관련하여 하이데거는 마르크스주의를 두 번 언급한다. 마르크스주의에서 정신은 상부구조에 해당하는 무력한 지성으로 변형된다. 아울러 사람들을 대중 내지 인종으로서 조직하는 과제가 정신에게 귀속된다.

3) 정신적인 세계가 도구 앞에서 퇴락할 때 그것은 교양 내지 문화Kultur가 된다. 이러한 사실을 분명히 하기 위해 하이데거는 1929년의 교수 취임 강연인 『형이상학이란 무엇인가?』에서 인용을 한다. 하이데거는 인용 구절에서 이름만의 통일에 불과할 뿐인 대학의 통일인 기술적 혹은 행정적인 통일과 진정한 의미에서의 정신적인 통일을 구별한다. 이 후자의 통일만이 참된 통일이다. 왜냐하면 정신의 고유한 특성은 통일하는 데 있기 때문이다. 대학에서 결여된 것을 분명히 하면서 하이데거는 그의 저작에서 부동의 지위를 차지하게 되는 정신에 대한 하나의 정의를 제시한다. 즉 정신은 '근원적으로 통일하고 의무를 부여하는 정신적인 힘eine usprügliche einigende, verpflichtende geistige Macht'이다.

4) 정신이 후퇴하는 네 번째 형태는 정신이 문화적 선전 혹은 정치적 조작의 도구가 되는 것이다. 이는 특히 러시아 공산주의가 전술을 바꿔서 그것이 한때는 배척했던 정신을 다시 원용할 때 그렇다.

따라서 정신을 일깨우고 그의 힘을 다시 소유하는 것은 다시 한 번 '독일 민족'에 맡겨지고 부과되어 있으며 독일 민족이 맡도록 운명지어져 있는 물음에 책임을 지는 것을 통해서 일어난다. 아울러 하이데거는 존재에 대한 어떤 민족의 관계가 기초해 있는 언어의 운명Schicksal der Sprache에 대해서 말한다. 이러한 사실은 독일 민족의 책임, 존재 물음에 대한 책임, 독일어에 대한 책임이 서로 연관되어 있다는 사실을 보여 준다. 그리고 독일어의 절대적인 특권은 다시 한번 그것의 정신적인 성질에서 비롯된다.

이와 관련하여 데리다는 왜 어떤 언어는 이렇게 비교할 수 없을 정도의 특권을 갖는지 그리고 왜 이러한 특권은 정신과 관련해서 결정되는지라는 물음을 제기한다. 데리다는 독일어에 대한 하이데거의 견해는 가공할 정도로 위험하면서 어리석을 정도로 우스우며, 극히 심각하면서도 약간은 코믹하다고 말한다. 데리다는 이와 관련하여 하이데거의 다음 구절을 인용한다.

> 서양의 문법의 형성(Ausbildung)이 그리스어에 대한 그리스인들의 숙고(Besinnung)로부터 비롯되었다는 사실이 이러한 과정에 그것이 갖는 모든 의미를 부여한다. 왜냐하면 이러한 언어는 독일어와 함께(neben der deutschen) (사유의 가능성이라는 관점에서 볼 때) 가장 강력한(die mächtigste) 언어인 동시에 가장 정신적인(geistigste) 언어이기 때문이다.

이 구절에서 하이데거는 그리스어와 독일어 사이에, 다른 한편에는 세계의 모든 언어 사이에 존재하는 관계의 균형을 깨뜨린다. 독일어와 그리스는 사유, 존재 물음, 즉 정신에 대해서 그것들이 절대적인 지위를 갖는다는 것이야말로 하이데거가 도처에서 의미하는 것이다. 하이데거는 〈슈피겔〉 인터뷰에서 이러한 사실을 태연하게, 거만하면서도 아마 약간은 순진하게 동시에 논증으로 무장된 것 같으면서도 어떠한 논증도 제시하지 않는 방식으로 말한다. 데리다는 이런 말을 할 때의 하이데거는 에스프리esprit를 전적으로 결여하고 있다고 말한다.

데리다는 하이데거의 이러한 언어관은 유럽중심주의도 아니고 오히려 중앙-유럽중심주의이며 결국은 독일 중심주의라고 말한다. 이는 『형이상학 입문』 강의 20년 후 트라클에 대한 글에서 결국 하이데거는 그리스어에는 Geist와 Geistlichkeit를 번역할 수 있는 단어는 존재하지 않는다고 시사하기 때문이다. 그는 Geist와 geistlich는 트라클에게서는 우선 불꽃을 의미하며 그리스어인 pneuma(숨결)나 기독교에서 말하는 성령의 불어넣음을 의미하지 않는다고 주장하는 것이다. 이러한 Geistlichkeit의 Geist는 독일어로만 사유될 수 있다고 하이데거는 본다. 따라서 독일어는 하이데거 사유 도정의 종국에서 가장 정신적인 언어로 즉 그리스어보다도 정신적인 언어로 나타난다.

이와 관련하여 데리다는 『형이상학 입문』이 「총장 취임 연설」처럼 정치적인 성격이 강하지 않음에도 불구하고 거기에서 보이는 일종의 지정학적인 진단에 주목한다. 지정학, 즉 유럽, 러시아, 미국이 거기에서 거론된다. 아울러 이러한 지정학적인 진단이 입각하는 모든 자료와 전거는 정신과 정신의 퇴락에 귀착되고 있다. 하이데거에 따르면 독일 민족, '우리 민족', 무엇보다도 이 '형이상학적인 민족das metaphysische Volk'은 가장 정신적 민족이면서 동시에 가장 위험에 내맡겨진 민족이다. 이는 이 민족이 집게 안에 사로잡혀 있고 유럽의 이웃인 러시아와 미국 사이의 중앙에 처해 있기 때문이다. 이 민족이야말로 위대한 결단die grosse Entscheidung, 즉 유럽의 운명을 '이 중앙으로부터 역사적 정신적인 새로운 힘neuer geschichtlich geistiger Kräfte aus der Mitte'의 전개를 결정할 결단을 내려야 하는 민족이다.

횔덜린에 대한 강의에서의 정신 개념

데리다는 하이데거가 정신 개념을 사용하는 중요한 단계로서 하이데거의 횔덜린 강의를 검토한다. 데리다는 정신과 혼psyché, Seele 사이의 관계에 대한 하이데거의 생각을 횔덜린에 대한 하이데거의 해석을 검토하는 것을 통해서 고찰한다. 혼에 대한 정신의 관계는 『반신半神으로서의 시인의 본질』이라는 표제 아래 편집된 1942년의 횔덜린 강의, 특히 '역사적으로 정초하는 정신Der geschichtlch gründende Geist'에 바쳐진 장에서 초점이 되고 있다. 여기에서 하이데거는 횔덜린의 시들을 해명한다.

이 강의에서 정신에 대한 하이데거의 생각은, 십년 후의 트라클에 대한 강의에서든 횔덜린에 대한 횔덜린 강의들이 행해지기 수년 전에 행해진 셸링에 대한 강의에서든 동일한 것으로 머문다고 데리다는 본다. 악에 대해서 셸링이 말한 것은 횔덜린에 대한 강의와 트라클에 대한 강의에 흔적을 남겼으며 그것들 간에는 연속성이 존재한다고 데리다는 보는 것이다.

하이데거의 횔덜린 강의는 '근원적으로 통일하는 통일성ursprünglich einigende Einheit'인 정신의 '통일하는' 본질을 강조한다. 이러한 통일성에 대해서 하이데거는 당시에 이렇게 썼다. "통일성으로서 정신은 πνευμα(숨결)다Als solche Einheit ist der Geist πνευμα." 그가 이때 das Wehen(숨결을 의미하는 단어이지만 그것은 고통 혹은 탄식, 정신의 숨가쁜 혹은 숨가쁘게 하는 'spiration(호흡, 성령의 강림—성령이 성부와 성자에게서 나오는 것)'과 연관이 있다)이라고 부르는 것은 셸링에게 가장 근원적인 방식으로 본래적으로 통일하는 것인 사랑의 숨결Hauch 내지 열망aspiration 이외의 것이 아니다.

그리고 정신이 시인의 혼을 통해서 역사를 근거 짓는다. 그것은 시인 안에, 시인의 혼Seele 안에 자신의 장소를 발견하며 우선 거기에 자신의 장소를 갖는다. 정신의 생각은 시인의 혼 안에 거주한다. 시인은 정신에 자신의 공간을 부여하며, 존재하는 것 안에 정신이 지배하게 한다.

아울러 데리다는 불을 향해 '오라', '지금 오라!'고 말하는 『이스터Der Ister』 찬가의 첫 번째 구절을 해석하는 하이데거의 글에 주목한다. 이러한 부름은 도래하는 것 안에 불을 창설하면서, 그 자체가 오는 부름, 자신이 부르는 불로부터 오는 부름이다.

데리다는 여기서 자신이 왜 셸링과 횔덜린에 대한 독해에서 이처럼 선별하면서 정신의 불에 이르는 길만을 남겨 두었는지 묻는다. 데리다는 이것은 하이데거의 사유가 pneuma와 spiritus라는 그리스적 혹은 기독교적인 규정, 즉 존재-신학적이고 형이상학적인 규정과, 이것과는 다르고 보다 근원적인 것 같은 Geist의 사유가 서로 교차하는 양의적인 성격을 갖고 있다는 사실을 지적하기 위해서라고 말한다.

트라클에 대한 글에서 하이데거의 정신 개념

'정신이란 무엇인가'에 대해서 1953년에 하이데거가 제시한 궁극적인 답은 '정신은 불, 화염, 불태움, 함께 불탐conflagration이라는 것'이다. 하이데거는 트라클에 대한 글에서 "Doch was ist der Geist?(그러나 정신이란 무엇인가?)"라고 물으면서 "Der Geist ist das Flammende …
(정신은 불타오르는 것이다)"라고 대답하며 그러고 나서는 "Der Geist ist
Flamme(정신은 화염이다)"라고 말한다.

하이데거는 트라클의 Geist는 존재-신학의 한계들을 넘어섰다는
것을 보여 주려고 하며 횔덜린에서는 아직 애매한 것이었던 이 해방
은 트라클에서 분명한 것이 되었다고 말한다. 데리다에 따르면 트라
클과의 이 대화Gespräch에서는 모든 것이 「영혼의 봄Frühling der Seele」
에 나오는 시행 하나에 대한 해석을 통해서 열리고 인도되는 것처럼
보인다.

Es ist die Seele ein Fremdes auf Erden.
혼은 지상에서는 이방인이다.

하이데거는 우선 fremd(이방의, 낯선)라는 단어를 그것의 옛날 고지
독일어 어원althochdeutsch인 fram으로부터 해석한다. 그에 따르면,
fram이라는 말이 본래 의미하는 것은 방황이 아니라 어딘가 다른 곳
을 향해서 나아가고anderswohin vorwärts 도상에 있다는 것unterwegs nach
이다. 이러한 사실로부터 하이데거는 플라톤의 형이상학에서처럼 혼
은 천상에서 지상으로 추방된 존재이기는커녕, 지상에의 도상에 있다
고 결론을 내린다. 혼은 먼저 지상을 찾으며 그것에서 도피하지 않는
다. 오히려 혼은 아직 지상에 거주하지 않기 때문에 자신에게 고유한
장소에 거주하지 못하기 때문에 이방인인 것이다.

여기서 '정신적geistlich'이라는 단어는 "혼은 지상에서는 이방인이다"

와 동일한 절 안에서 나타나고 있다.

> ··· Geistlich dämmert
>
> Bläue über dem verhauenen Wald ···
>
> ··· 정신적으로 노을이 진다
>
> 황폐한 숲 위 푸른 하늘에 ···

즉 푸른 하늘에 노을이 진다는 것은 정신적인geistlich 사태다. geistlich라는 단어는 트라클의 작품에서 자주 등장한다. 따라서 하이데거는 이 단어를 우리가 숙고해야만 한다고 말한다. 푸른 하늘에 '정신적으로geistlich' 노을이 진다. 그런데 이렇게 노을이 지는 것은 어떤 몰락Untergang도 서쪽인 서구화occidentalisation도 의미하지 않으며 본질적인 성질wesentlichen Wesens을 갖는다. 이렇게 노을이 지는 것을 통해서 즉 이렇게 몰락하는 것을 통해서 새로운 아침이 도래한다.

하이데거의 논점은 트라클의 시에서의 이러한 정신성의 아침과 밤은 형이상학적-기독교적 해석 내에서 통용되는 태양의 상승과 하강, 동양과 서양, 기원과 쇠퇴보다도 더 근원적인 것이라는 사실을 보여주는 것으로 귀착된다. 이러한 아침과 저녁은 어떠한 존재-신학적인 역사보다도, 플라톤적 혹은 기독교적-형이상학의 세계에서 파악된 어떠한 역사와 어떠한 정신성보다도 더 근원적인 것이라는 것이다.

「가을의 영혼Herbstseele」이라는 제목의 시를 원용하면서 하이데거는 트라클이 우리로 하여금 사유하게 하려는 서양과 플라톤적-기독교적인 유럽의 서양을 구별한다.

하이데거는 존재의 이러한 약속과 말은 부패하고 은폐될 수 있으며 미혹에 빠질 수 있다고 말한다. 하이데거가 여기에서 플라톤적-기독교적 유럽의 서양과 인류의 부패와 악에 대해서 말할 때 그가 숙고하고 있는 것은 바로 약속의 이러한 부패와 악이다. 이러한 부패와 악은 존재의 언어Sprache를 우연히 엄습하는 것이 아닌 숙명적인 부패다.

이러한 존재의 약속은 모든 언어를 여는 것을 통해서 물음 자체를 가능하게 하며 따라서 물음에 선행하고 물음에 속하지 않는 약속이라고 데리다는 본다. 이러한 약속은 '예oui'와 '아니다non'의 모든 대립 이전에 긍정이자 존재의 부름이다. 그리고 이러한 부름에는 어떠한 물음도 이미 응답하고 있으며 언어 활동이 행해지는 도처에서 이미 약속이 일어나고 있다. 언어 활동은 항상 어떠한 물음 이전에도 그리고 물음 그 자체 내에서 약속으로 귀착된다. 그것은 또한 정신의 약속이다. 사유란 이러한 약속에 대한 충성이다. 이것이 의미하는 것은 사유란 그것이 경청할 경우에만, 그것이 이러한 존재의 약속을 듣고 이해하면서 동시에 복종할 경우에만 본래의 사유라는 것이다.

하이데거는 geistig라는 형용사를 1933년 이래 끊임없이 인용부호 없이 광범위하게 사용했으면서도 트라클에 대한 글에서는 아무런 이유도 제시하지 않고 잔인하게 이 단어를 해고한다. 이는 누가 보아도 분명히 비일관적인 것처럼 보이지만 하이데거는 20년 동안 자신이

Geist의 Geistigkeit를 찬양하지 않았던 것처럼 태도를 취한다. 그것의 이름으로 그는 '정신의 무력화'의 모든 형태를 고발했지만 지금 그는 형이상학적-플라톤적 전통이라는 단순하고 조야하게 유형화된 형태 안에 이 단어를 소속시키는 것이다. 그는 이제 이 단어 안에 플라톤주의 전체가 깃들어 있다고 생각한다. 그리고 그는 이 경우 geistig라는 단어는 물질적인 것Stofflichen에 대한 대립물이라고 말한다. 그리고 이러한 대립은 초감각적인 것noeton과 감각적인 것aistheton 사이의 분열Kluft을 지칭한다는 것이다.

이렇게 이해된 정신적인 것Das so verstandene Geistige은 그동안 합리적인 것, 지적인 것, 이데올로기적인 것이 되었지만 그것은 그것의 대립물들과 함께 정신적인 것geistlich의 퇴락에 속한다.

그러나 정신적인 것이 '합리적인 것', '지적인 것', '이데올로기적인 것'으로 전락하는 것이야말로 하이데거가 1935년에 비난했던 것이다. 이러한 관점으로부터 볼 때 하이데거의 정신 개념에 보이는 연속성은 분명하다. 근원적인 의미의 Geist는 기독교적인 Geistlichkeit도 플라톤적-형이상학적인 Geistigkeit도 아니다.

Geist란 무엇인가? 이러한 물음에 긍정적인 방식으로 응답하면서 그리고 항상 트라클에 귀를 기울이면서 하이데거는 화염을 내세운다. 정신은 화염이라는 하이데거의 사상이 갖는 특징들을 데리다는 이렇게 정리한다.

1. 첫 번째 특징선. 하이데거는 정신을 spiritus와 pneuma로 규정하는 것을 단적으로 기각하는 것은 아니다. 그는 오히려 그러한 규정

을 파생적인 것으로 본다. 그는 숨결이, 바람이, 호흡이, 들이쉼(영감, inspiration)이, 내쉼(expiration)이, 탄식이, 화염에 대해 종속 관계를 가지고 있다고 주장한다. pneuma와 spiritus가 존재하는 것은 Geist가 화염이기 때문이다. 그러나 정신은 우선, 근원적으로 pneuma나 spiritus가 아닌 것이다.

2. 두 번째 특징선. 이러한 운동에서 독일어로의 귀환은 불가피한 것 같다. Geist의 의미는 독일어의 고유언어 gheis가 갖는 근원적인 의미에 의존한다.

3. 세 번째 특징선. 정신에 대한 긍정적 규정 ―화염에 싸인 정신― 안에는 이미 최악의 것의 내적인 가능성이 내재하고 있다. 악은 정신 자체 내에 기원을 갖는다. 그것은 정신으로부터 태어나지만, 정확하게 말하면, 형이상학적-플라톤적 Geistigkeit가 아닌 정신으로부터 태어난다. 악은 사람들이 일반적으로 정신에 대립시키는 물질과 물질적·감각적인 것에 존재하지 않는다. 악은 정신적인 것이다.

하이데거는 그리스어인 pneuma와 라틴어인 spiritus가 갖는 가치를 부정하지 않는다. 다만 그는 그것이 독일어인 Geist에 대해서 덜 근원적이라고 말할 뿐이다. 그러나 이러한 근원-파생의 관계는 서양의 언어 안에서뿐이다.

하이데거는 그 외의 언어를 고려하지 않는다고 자신을 비난하는 사람에 대해서 사람들은 하나의 언어 안에서만 사유할 수 있으며 자신은 이렇게 서로 번역이 가능한 세 가지 언어의 삼각형 안에서만 사유하고 있다고 응수할 것이라고 데리다는 본다. 하이데거는 사람들이 이 삼각형 밖에서 동양의 도Tao나 열반Nirvana처럼 분명히 적어도 이것과 동등한 존엄성을 갖는 언어들을 만날 수 있을 것이라는 사실을 인정한다. 그러나 그러한 언어들을 pneuma, spiritus 혹은 Geist에 의해서 번역하는 것은 이렇게 서로 동화된 언어들에게는 부당하며, 궁극적으로는 폭력적인 경솔함의 소치가 될 것이라고 하이데거는 본다.

그러나 데리다는 과연 이 삼각형이 그렇게 다른 언어를 배제할 정도로 폐쇄적인 것인지를 묻는다. 그는 이 삼각형은 기원으로부터 그리고 그것의 구조 자체에서 '성서'의 그리스어가 그리고 다음에 라틴어가 pneuma와 spiritus로 번역하지 않으면 안 되었던 히브리어 ruah(숨)에도 열려 있는 것은 아닌지 묻는다. 이러한 ruah는 정신과 마찬가지로 자신 안에 악을 포함하고 있다.

데리다는 하이데거와 관련하여 사유의 두 길을 도식적으로 구별할 수 있을 것이라고 말한다. 그것들은 하이데거가 걷고 있는 곳에서 교차한다.

그러한 길들 중의 하나. 트라클에 대한 독해에서 그 흔적을 따라갈 수 있는 것이지만 이 길은 어떤 약속의 정신성으로 우리를 이끌 것이다. 그러한 약속은 그것에 대립되지는 않아도 기독교에는 소원하고 기독교의 기원에조차도 소원하며 더 나아가 플라톤적인 형이상학과 그것의 귀결 전체에 보다 철저하게 소원하다. 하이데거가 말하는 새로운 시원은 최선의 약속이라는 점에서 실은 또 하나의 다른 탄생, 또 하나의 전적으로 다른 본질이란 성격을 갖는다. 그것은 모든 성서와 모든 약속 그리고 모든 사건의 기원 그리고 우리의 기억 자체를 형성하는 모든 법과 과제의 기원과는 이질적인^{hétérogène à l'origine} 것일 것이다.

다른 길. 그러나 데리다는 하이데거의 이러한 길에 대해서 트라클을 Geist(정신)에 대한 기독교적인 사유로부터 떼어 놓으려는 시도들은 힘겹고 폭력적이며 때로는 한갓 희극적이며, 전체적으로 거의 설득력을 갖고 있지 않은 것으로 보인다고 말한다. 하이데거가 트라클의 시를 탈기독교화한다고 주장할 수 있는 것은 이때 그가 생각하는 기독교가 매우 통념적이고 독단적이기 때문이다. 따라서 하이데거가 말하는 '기원에서 이질적인' 것은 기독교의 기원, 즉 기독교의 정신 또는 기독교의 본질과 다르지 않을 것이다.

따라서 이 다른 길은 하이데거와 기독교의 근원적인 의미를 살리려고 생각하는 신학자들이 함께 갈 수 있는 길일 것이다. 데리다는 이러한 신학자들이 하이데거에게 이렇게 주장할 것이라고 말한다.

> 그러나 당신이 원-근원적인 정신이라고 부르고 기독교에 낯선 것이라고 주장하는 것, 그것이야말로 기독교의 가장 본질적인 것이다. 그것은 우리가 당신과 마찬가지로 여러 신학적인 요소들과 철학적 요소들 그리고 일반적으로 유포되고 있는 표상의 근저에서 일깨우려고 하는 것이다. 우리는 당신이 말하는 것에 감사하며, 당신이 우리에게 이해시키려고 하고 사유하게 하려는 것 ―그리고 우리도 실제로 다시 인식하는 것― 에 대한 우리의 모든 감사를 받을 권리가 당신에게는 존재한다. 그것은 분명

히 우리가 항상 찾아온 것이다. 그리고 당신이 약속에 대해서, 저 Versprechen에 대해서 말할 때, 역사의 시작과 종말의 저쪽에 있는 그리고 서양과 마찬가지로 동양의 이쪽과 저쪽에 있는 아침보다 더 이른 새벽에 대해서 말할 때 어느 정도로 당신이 우리와 가까운지를 그대는 아는가? 당신이 퇴락(Verfall)과 저주(Fluch)에 대해서 말할 때, 근본악에 대해서 말할 때에는 [당신은 더욱 우리와 가깝다]. … 그리고 우리는 당신이 어떻게 해서든 기독교(다른 한편으로 당신이 너무 잘 알고 있는)와 혼동하려고 하는 통상적인 표상들에 반反해서 또한 어떤 신학적인 요소들과 존재-신학적인 철학적인 요소들에 반해서 그러한 작업을 해야 한다고 할지라도 당신은 우리가 우리의 신앙 안에서 사유하고 일깨우고 회복하려고 하는 것의 본질을 향해 나아가고 있다고 생각한다. 당신은 오늘날 사람들이 기독교인일 경우에 말할 수 있는 것을 가장 철저하게 말하고 있다. 이 점에서는 그리고 무엇보다도 당신이 신과 은퇴 그리고 약속과 관련하여 화염과 불의 글쓰기에 대해서 말할 때, 전前-원-근원성의 나라에의 회귀에 대한 약속과 일치해서 말할 때는 당신은 우리의 친구들이자 동일한 계통의 종교인들인 메시아적인 유대교도들로부터 유사한 반응과 반향을 받지 않을까 생각된다. 이슬람교도와 약간의 다른 사람들이 합창과 찬가에 참여하지 않을까 생각된다. 적어도 그들의 종교들과 철학들에서 ruah, pneuma, spiritus에 대해 말했던 모든 사람이 참여할 것 같다. 그리고 Geist에 대해서 말하는 사람들이 참여하지 못할 이유가 어디 있는가?

데리다가 하이데거에 대한 이 연구에서 궁극적으로 말하고자 하는 것은 무엇인가? 데리다의 주장이 암시적인 것으로 머물고 있기에 분명하게 그의 주장의 요체를 단언할 수는 없다. 그러나 그것은 하이데거가 전통형이상학과 기독교에 의한 오염으로부터 벗어나려고 하지만 이러한 오염은 불가피하다는 것이며 하이데거는 이러한 형이상학과 기독교와 오히려 대화해야 한다는 것이 아닐까 한다. 그리고 데리다는 하이데거 사상이 자신이 피하고자 하는 오염에 의해서 물들 수밖에 없다는 사실이 그의 정신 개념과 관련해서 가장 극명하게 나타난다고 보는 것이다.

데리다가 지적하는 오염들을 우리는 이렇게 정리할 수 있을 것이다.

전통형이상학의 인간중심주의: 이는 무엇보다도 인간은 정신을 갖기에 세계를 갖지만 동물을 가질 수 없다는 하이데거의 주장에서 잘 드러난다.

독일국수주의: 이는 독일어 Geist는 다른 언어로 번역될 수 없으며 존재의 소리는 독일어로만 명명될 수 있다는 생각에서 잘 드러난다.

육체와 정신을 나누는 형이상학적 기체주의: 하이데거는 나치즘을 정신화하면서 생물학적인 인종주의적인 나치즘과 거리를 취하지만 이를 위해서는 전통형이상학처럼 정신과 육체를 나눌 수밖에 없다.

기독교적인 성격: 셸링과 횔덜린의 강의 그리고 트라클에 대한 강

의에 이르기까지 일정한 연속성이 존재한다. 특히 기독교적인 성격이 강한 셸링의 사상이 남긴 흔적은 뚜렷하다. 이런 의미에서 특히 하이데거가 트라클에 대한 강의에서 geistig(정신적)라는 단어 대신에 geistlich(정신적, 영적)라는 단어를 택하는 데서도 기독교와의 이러한 연속성이 시사된다.

데리다는 하이데거의 정신 개념이 사로잡히게 되는 오염을 분석하면서 과연 우리가 이러한 오염에서 피할 수 있는지를 묻는다. 데리다는 자신은 그것에 대해서 알지 못한다고 말한다. 다만 그는 그것을 그것의 가장 복잡한 간지奸智와 가장 정교한 동력을 인정하지 않고 단번에 피하는 것은 불가능하다고 말할 뿐이다.

1   이것은 갈릴레 출판사에서 동시에 발행된 책인 『혼: 타자의 발명물*Psyché: Inventions de l'autre*』의 한 장에 붙어 있는 제목이다. 또한 같은 책의 '중단 (Désistence)'도 참조할 것.

2   취리히대학교 학생들에 대한 답변(1951년). 페디에François Fédier와 사트지앙 Dominique Saatdjian이 〈포에지*Po&sie*〉 13호, 1980에 번역 소개한 세미나. 내가 인용하고 "말하는 것을 어떻게 피할 것인가(Comment ne pas parler)"에서 다시 다루고 있는 구절은 마찬가지로 그레이슈Jean Greisch에 의해서 동일한 해에 『하이데거와 신의 문제*Heidegger et la question de Dieu*』, 1980, 334쪽에 번역되었다.

3   "사유에서는 신앙과 은총에서 일어나는 일을 준비할 수 있거나 결정하는 데 기여할 수 있는 것은 아무것도 성취되지 않을 것이다. 만약 내가 만약 이와 방식으로 신앙에 의해서 요구된다면 나는 [사유의] 작업장[Werkstatt]을 폐쇄할 것이다. 분명히 신앙의 차원 안에서도 우리는 아마 계속해서 사유한다. 그러나 그 자체로서의 사유는 더 이상 [자신의] 과제를 갖지 못하게 된다." Compte rendu d'une session de l'Académie évangélique à Hofgeismar, décembre 1953, trad, par J. Greisch, in *Heidegger et la question de Dieu*, p. 335

4   [오늘의] 이 담론 전체가 불에 휩싸여 있기 때문에, 나는 이 단어로 다음과 같은 사실, 즉 엘베시우스Helvétius의 책 『정신에 대하여*De l'esprit*』는 파리고등법원의 판결에 의해 1757년 12월 10일 재판소 대계단 아래에서 불태워졌다는 사실을 상기시키고자 한다. 이 사건은 국왕이 이 책에서 특권을 박탈하고

교황 클레멘트Clément 13세가 어떠한 언어로도 이 책을 읽는 것을 금한 뒤에 일어났다. 저자[엘베시우스]가 쓴 다소 진지한 두 번째 철회문은 잘 알려져 있다. 나는 몇 줄을 인용하고자 한다. 이것들은 극히 간접적이나마 여기에서 우리가 문제 삼고 있는 것과 무관하지는 않기 때문이다. "…나는 혼의 본성에도, 그것의 기원에도, 그것의 정신성에도 타격을 가하려고 한 것은 아니었다. 나는 나의 의도를 이 책의 여러 곳에서 드러냈다고 믿는다. 나는 기독교의 어떠한 진리도 공격하려고 하지 않았다. 기독교의 진리와 일치하지 않는 것은 아무것도 참으로 존재할 수 없다고 확신하면서, 나는 기독교의 교의와 도덕의 엄격함을 의식하면서 진정으로 그것을 받아들이며 나의 모든 사상, 나의 모든 의견과 나의 존재의 모든 능력을 영광스럽게도 그것에 바친다."

또한 루소가 엘베시우스와 그에 대한 박해자들과도 의견을 같이하지 않았다는 사실은 잘 알려져 있다. 다시 한번 불[이 문제가 된다]. "몇 년 전에 어떤 유명한 책[엘베시우스의 『정신에 대하여De l'esprit』]이 처음으로 나왔을 때 나는 이 책의 원리들을 위험한 것으로 보면서 그것을 비판하려고 결심했다. 내가 이 일을 추진하고 있었을 때 나는 이 책의 저자가 기소되었다는 사실을 알게 되었다. 즉시 나는 나의 원고를 불에 던졌다. 박해받고 있는 명예로운 인간을 군중과 손을 잡고 다시 압박하는 것과 같은 비열한 행위는 어떠한 규범을 통해서도 허용될 수 없다고 나는 판단했기 때문이다. 모든 일이 진정되었을 때, 나는 다른 책에서 동일한 주제에 대해서 나의 견해를 말할 수 있었다. 그러나 나는 그때 그 책의 이름도 저자의 이름도 밝히지 않았다."(『산으로부터의 편지 Lettres de la Montagne』, 1764)

정신으로부터 불에로De l'esprit—au feu[불타는 정신에 대해서]—이 주注의 부제는 이와 같은 것이 될 수 있기 때문에, 자유정신Libre Esprit의 이단자들을 기념하자. 『순수한 영혼들의 거울Mirouer des simples âmes』의 저자인 마르그리트 드 포레트Marguerite de Porette는 1310년에 화형당했다. 사람들은 또한 랜터스 Ranters[영국 연방 시대(1649~1660년)에 기성 교회가 이단으로 간주했던 한 종파의 신자들로, 신은 모든 피조물에 깃들어 있다는 범신론적인 사상을 주장했다]의 저작도 불태웠다. 그들은 17세기의 영국에서, 수 세기 전에 자유 정신이 받았던 것과 동일한 비난을 받았다. Norman Cohn, *Les fanatiques de l'Apocalypse*, trad. Payot, 1983, p. 158.

5 "Sage mir, was du vom Übersetzen hältst, und ich sage dir wer du bist." 바로 다음에 문제가 되고 있는 것은 deinon의 번역이다. 이러한 번역은 그 자체가 deinon한 것이다. 'furchtbar[두려운]', 'gewaltig[압도하는]', 'ungewöhnlich[비범한]', 그리고 정확하기보다는 차라리 참된 형태로는 'unheimlich[섬뜩한]'. (Die Bedeutung des deinon[deinon의 의미], 하이데거 전집 53권, 74쪽 이하). 내가 이 구절을 환기시키는 것은 deinon의 수수께끼가 우리가 살펴보아야만 하는 텍스트들에 흔적을 남겨 놓고 있기 때문이다.

6 "Le puits et la pyramide. Introduction á la sémiologie de Hegel", in *Marges-de la philosophie*(Minuit, 1972). 나는 『조종弔鐘, *Glas*』(Galilée, 1974)에서 헤겔의 Geist라는 단어와 개념을 가장 분명한 주제로 다루었다.

7 *Heidegger, Cahiers de l'Herne*, 45, 1983, 『혼: 타자의 발명물』에서 재발행.

8 토머스 키넌Thomas Keenan, 토머스 레빈Thomas Levin, 토머스 페퍼Thomas Pepper, 안제이 바르민스키Andrzej Warminski. 나는 여기에서 그들에게 감사를 표하고 싶다. 이 책을 그들에게 그리고 셸링을 기념하면서 알렉산데르 가르시아 두트만Alexander García Düttmann에게 바친다.

9 "Denn das Fragen ist die Frömmigkeit des Denkens(물음은 사유의 경건함이기 때문이다)." 이것은 『강연과 논문들*Vorträge und Aufsätze*』에 수록된 "Die Frage nach der Technik"(1953)의 마지막 구절이다. 약간 앞에서 하이데거는 '경건한(fromm)'이라는 단어로 자신이 이해하는 것을 어떤 형태로든 규정했다. techné 이외의 다른 이름을 갖지 않았던 때의 예술에 대해서 그는 그때 이렇게 썼다. "그것은 유일무이하고 복합적인 탈은폐다. 그것은 경건했으며 promos(먼저 오는 것, 맨 앞에 서는 것—데리다)이었으며, 즉 진리의 주재主宰와 보

존에 순종했다(fügsam dem Walten und Verwahren der Wahrheit)"(p. 38).

10 "어떤 사유에서 사유되지 않은 것은 사유된 것에 속하는 결여가 아니다. 사유되지 않은 것은 그때마다 오직 사유되지 않은 것으로서만 존재한다." *Qu'appelle-t-on penser?* (1954), trad. A. Becker et G. Granel, PUF, 1959, p. 118. 이 점에 대해서는 "Désistence", in *Psyche; Inventions de l'autre*, p. 615 이하 참조.

11 그것을 분명하게 주제 중의 하나로 다루고 있는 『조종』보다 이전이다. p. 35, 163, 그 외의 여러 곳. 또한 『엽서 *La carte postale*』, p. 502와 『혼: 타자의 발명물』, p. 411.

12 파리에서 행해진 세미나, 그리고 로욜라대학교(시카고)에서의 컬로퀴엄에서 행해진 강연. 이것은 그 후 영어로 출간되었다. *Geschlecht II: Heidegger's Hand*, in *Deconstruktion and Philosophy*, ed. John Sallis, University of Chicago, 1987. 이 강연의 프랑스어본은 이 책과 동시에 『혼: 타자의 발명물』에 수록되어 출간되었다.

13 *Parmenides*, Gesamtausgabe, Bd. 54, p. 118 이하.

14 *Die Grundbegriffe der Metaphysik*, Gesamtausgabe, Bd. 29/30, §§ 44 이하.

15 *Qu'appelle-t-on penser?* trad. p. 118.

16 *Introduction à la Philosophie de l'esprit; dans l'Encyclopédie des sciences philosophiaues en abrégé*, § 378, trad. M. de Gandillac, Gallimard p. 349. 동일한 서문에서 헤겔은 정신의 본질을 자유로, 그리고 그 형식적인 규정과 관련해서는 무한한 고통을 견뎌내는 능력으로 정의한다. 다음 구절을 인용하는 것을 통해 나는 하이데거에서 정신에 대해서, 자유에 대해서, 그리고 악에 대해서 나중에 말해질 것을 미리 선취하고자 한다. "따라서 정신의 본질은 형식적으로는 자유이며, 자신과의 동일성으로서 개념의 절대적 부정성이다. 이러한 형식적인 규정에 따라서 정신은 밖에 존재하는 모든 것을, 그리고 자신의 외부성을, 자신의 현존까지도 사상(捨象)할 수 있다. 정신은 자신의 개별

적인 직접성의 부정을, 무한한 고통을 견디낼 수 있다. 즉 이러한 부정 안에서
자신을 긍정적으로 보존하며 자신에 대해서 동일할 수 있다. 이러한 가능성
은 그 자체로 정신의 보편적인 추상성, 스스로 의식하면서 존재하는 보편성
이다."(§ 382, trad., p. 352.)

17   § 10, p. 46.

18   *Ibid.*

19   *Ibid.*

20   특히 p. 22.

21   § 9, p. 43.

22   § 10, p. 46.

23   § 25, p. 117.

24   § 6, p. 25.

25   § 12, p. 56.

26   § 70, p. 368.

27   § 82, p. 428.

28   § 82, p. 436.

29   *L'auto-affirmation de l'université allemande*, traduction par Gérard Granel,
      T.E.R. billingue, 1982, p. 10 (*Die Selbstbehautung der deutschen Universität, Das Rek-
      torat 1933-34*, Klostermann, Frankfurt a.m.)

30   p. 5.

31   p. 20.

32   p. 13-14.

33   p. 17.

34   p. 18.

35   *Qui est le Zarathoustra de Nietzsche?* (p. 117, trad. A. Préau in Essais et
      Conférences, Gallimard, p. 140). 물론 이것은 비난은 아니며 반박도 아니다. 하이

데거는 그렇게 하는 것을 항상 자신에게 금한다. 그는 비판도 반박도 전혀 하지 않는다. 그는 그것들이야말로 '왜소한 정신들이 하는 일(Kleingeisterei)'이라고 본다. 그는 내가 인용했던 구절 다음에서 그러한 사실을 분명히 하고 있으며, 거기에서 정신화에 대한 물음을 제기한다. 그는 우선 복수를 '형이상학적으로' 사유했다고 니체의 공적을 찬양한다. 복수의 차원은 우선은 '도덕적인' 것도 '심리적인' 것도 아니다(p. 108, trad, p. 130). 다음에 그는 형이상학의 완성과 동시에 니체 사유의 한계로 이끄는 저 운동을 묘사한다. 그러한 운동은 니체의 사유의 내에서 그가 더 이상 사유할 수 없는 어떤 것이 나타나는 저 장소로 이끄는 운동이다. 이 장소에서는 복수의 정신이 문제가 되고 있다. 이러한 복수의 정신은 니체가 말하는 각인(Aufprägen)에 대한 담론(생성에 존재의 성격을 각인한다는 것, 이것이 최고의 힘에의 의지다'라는 담론)을 통해서는(단지 '최고점에까지 정신화될 뿐'이며) 아마 극복되지 못하는 것으로 [하이데거에 의해서] 간주된다.

36 정신의 이러한 자유는 앞에서(p. 33) 우리가 주에서 인용한 헤겔의 텍스트를 통해서 엄격하게 규정된 위험, 즉 추상적이고 보편적인 정신의 단지 형식적인 자유라는 위험에 처하게 된다.

37 "Jede wesentliche Gestalt des Geistes steht in der Zweideutigkeit[정신의 모든 형태는 양의성 안에 존재한다]"(p. 7, trad. Gilbert Kahn, Gallimard, p. 16).

38 p. 16; trad., p. 29.

39 p. 29; trad., p. 47.

40 미국과 그것의 '사이비 철학'과 '사업 면허를 받은 심리학' 등에 대한 [하이데거의] 비난은 오랫동안 계속된다. 그것은 의심할 여지 없이 1941년에 정점에 달한다. *Concepts fondamentaux*, trad. P. David, Gallimard, p. 111, 120.

41 p. 34; trad., p. 54.

42 Gesamtausgabe, Bd. 29/30, p. 276.

43 p. 294.

44 § 50, p. 307.

45   p. 293.

46   p. 291-292.

47   *Le chant de la terre*, Cahiers de l'Herne, 1987, p. 70.

48   동물이 자신의 생명의 이해관계를 넘어서 본래적으로 묻는 것이 불가능하다면 현존재는 본래적으로 그리고 극히 엄격한 의미에서 물을 수 있는가? 물음은 [먹이의] 탐색과 추적을, 분명히 가장 중층결정성이 높은 방식에 따라서(차이 내에서 그리고 차이의 차연 내에서) 차연하는différer[지연시키고 차이를 만드는] 것밖에 하지 못한다고, 그렇게 생의 이해를 우회하는 것에 지나지 않는다고, 그리고 변질과 가장 불연속적인 변이도 또한 우회에 지나지 않는다는 사실을 증명할 수는 없을까? 오직 죽음으로의 존재 그 자체만이 생에 뿌리박은 물음을 중지시키고 물음을 해방시킬 수 있는 것처럼 보인다. 하이데거라면 분명히 그렇게 말할 것이다. 그는 나중에 동물은 '죽음 그 자체로서의 죽음'을 경험할 수 없다는 사실을 강조한다. 그리고 그것이 동물이 말할 수 없는 이유다(『언어에의 도상에서*Unterwegs zur Sprache*』, p. 215). 그러나 현존재라고 해서 비록 예견에 의한 것이라도 죽음을 그 자체로서 경험하는가? 그것은 무엇을 의미하는가? 죽음으로의 존재란 무엇인가? 본질적으로 결코 생물로서 정의되지 않는 현존재에게 죽음은 무엇인가? 여기에서 문제가 되는 것은 죽음을 생에 대립시키는 것이 아니고 어떤 담론에서, 즉 죽음에의 관계와 죽음에 대한 경험이 살아 있는 것의 생에 무관한 담론에서 우리가 죽음에 어떠한 의미를 줄 수 있는가라고 묻는 것이다. (이 컬로퀴엄에서 생의 문제는 디디에 프랑크Didier Franck가 다루었다. 그리고 Geschlecht…, in *Psyché: Inventions de l'autre*, p. 411 참조할 것.)

49   p. 34-35; trad. légèrement modifiée, p. 54-55.

50   *La crise de l'humanité européenne et la philosophie*, Husserliana Bd. VI, p. 318 이하., trad. Gérard Granel, p. 352. 유럽의 이러한 형태는 그것을 지리적으로 혹은 영토상에서 경계지을 수 없는 한, 분명히 '정신적인' 것이다. 그것은 정신적인 생활, 행위, 창조를 영위하는 하나의 통일된 방식을 의미한다.

유럽적인 인간성이라는 이러한 규정은 '에스키모와 이동동물원의 인도인들과 유럽 전체를 끊임없이 방랑하는 집시'를 배제하는 것과 조화될 수 있는가? '유럽이라는 정신적인 형태는 어떠한 성격을 갖는가?'라는 물음을 제기하고 나서 바로 후설은 이렇게 덧붙인다. "Im geistigen Sinn gehören offenbar die englischen Dominions, die Vereinigten Staaten usw. zu Europa, nicht aber die Eskimos oder Indianer der Jahrmaktsmenagerien oder die Zigeuner, die dauernd in Europe herumvagabundieren[정신적 의미에서는, 영국자치령들, 미합중국 등은 유럽에 속하지만 에스키모, 순회유랑단의 인도인들, 끊임없이 유럽을 떠돌아다니는 집시들은 유럽에 속하지 않는다]." '정신적인' 유럽 안에 영국 자치령을 포함시킨 것에는 상당히 우습게도,—이러한 섬뜩한 구절이 갖는 코믹한 성격으로 인해서—철학적인 일관성이 결여되어 있다. 이러한 심각한 비일관성은 두 개의 차원에 따라서 평가될 수 있다. 1. 영국자치령과 그것이 대표하고 있는 권력과 문화를 구출하기 위해서는 예를 들면 좋은 인도인들과 나쁜 인도인들을 구별해야 한다. 이것은 '정신주의적' 논리라는 측면에서 보나 '인종주의적' 논리라는 측면에서 보나 별로 '논리적이지' 않다. 2. 이 텍스트는 1935년에 [오스트리아의 수도인] 빈에서 행한 강연을 위한 것이었다.

왜 우리는 이 구절을 오늘 상기하면서 인용해야만 하는가? 다음과 같은 몇 가지 이유 때문이다. 1. 일반적으로 사람들이 최악의 것이라고 혐의를 두지 않는 담론[후설의 담론]을 예로 하는 것을 통해서 정신에, 정신의 자유에, 그리고 유럽적인 정신으로서의 정신에 의거하는 것이 사람들이 그것[정신]에 대립시키기를 원하는 정치와 결합될 수 있었고 또한 결합될 수 있다는 사실을 상기시키는 것이 필요하다. 그리고 유럽과 마찬가지로 정신에 의거하는 것은 하이데거의 사유에서와 마찬가지로 후설의 사유에서도 외적이고 우연한 장식은 아니다. 그것은 유럽중심적인 휴머니즘으로서의 이성의 초월론적 목적론에서는 주요하고 주도적인 역할을 하고 있다. 동물에 대한 물음은 그것과 무관하지 않다. "… 인간은 그리고 **파푸아인에게서조차**(강조는 데리다) 동물에 대해서 동물성의 새로운 단계를 표현하는 것과 마찬가지로 철학적 이성은 인류와 그의 이성에 새로운 단계를 표현한다.”(La crise de l'humanité européenne et lq philosophie. 이 문장은 나의 『『기하학의 기원』 서설』(p. 162)에서 인용되어 있다. 독자들은 참고하기를 바란다.) ‘새로운 단계’는 분명히 유럽적인 인간성의 단계다. 이러한 인간성은 초월론적 현상학의 **텔로스**[목적]에 의해서 규정되고 있다(규정되어야만 한다). 그것은 하이데거에서는 그 인간성이 초월론적인 주관성과 animal rationale[이성적 동물]을 넘어서 존재를 근원적으로 묻는 책임을 통해서 규정되어야만 하는 것과 동일하다. 2. 사람들은 자주 후설과 하이데거를 사유에서뿐 아니라 정치적 행적에서도 서로 대립되는 것으로 본다. 그리고 이러한 견해는 분명히 옳다. 사람들은 후설에 대한 박해에 가담했다고 하이데거를 자주 비난한다. 하이데거는 이러한 사실과 이야기에 대해서 이의를 제기하지만 말이다. 그리고 그가 『존재와 시간』의 헌사를 그 책의 재판이 나올 수 있도록 제거했으며(이번은 삭제기호를 위에 쓴 것이 아니라 제거했다), 이러한 제거를 제거될 수 없는 범용한 그리고 혐오스러운 삭제로 변화시키는 몸짓으로 행했다는 사실은 모든 가능한 이의를 넘어서 분명한 사실로 남아 있다. 우리는 여기서 이러한 문제들과 사실들을 충분히 다룰 수 없다. 그러나 끊임없이 새로운 증언들이 나타나고 있는 이 소송에서는 빠뜨린 것들이나 불공정함이 있어서는 안 된다. ‘희생자들이’ 쓰고 사유했던 것이 정신과 유럽을 구실로 하여―그것도 항상 정신의 이름으로―잊혀서는 안 된다. 여기에서는 그것이 우리의 유일한 논점이다. 하이데거는 후설이 집시들에 대해서 말했던 것에 동의했을까? 그는 자신이 ‘비아리아인’이라는 사실을 알았던 후설이 그랬던 것처럼, ‘비아리아인들’을 유럽 밖에 속하는 것으로 간주했을까? 그리고 만약 답이 ‘아니다’라면, ‘아니다’는 답이 신빙성이 높다면, 하이데거로 하여금 초월론적 관념론으로부터 거리를 취하게 하는 이유들과는 다른 이유들 때문이라는 것은 확실한가? 그가 행했거나 썼던 것은 더 나쁜 것인가? 최악의 것은 어디에 있는가? 그것은 아마 **정신의 물음**[정신으로부터 비롯되는 물음]일지도 모른다.

51 *Variété*, p. 32. 유럽의 정신으로서의 정신의 위기와 무력화에 대한 발레리, 후설 그리고 하이데거 세 사람의 담론을 비교분석해 보면 어떤 독특한 배치가, 그리고 규칙적인 방식으로 서로 교환되는 범례적인 특징들이 나타난다. 발레리는 어떤 때는 후설에 가깝고, 어떤 때는 하이데거에 가까우며, 어떤 때는 두 사람 모두에게서 멀리 떨어져 있는 것처럼 보인다. 그는 '유럽적인 문화의 잃어버린 환상'에 대해서 말한다(p. 16). 그는 재와 망령을 환기시키는 것과 함께 시작한다. "우리는 눈에 보이는 대지 전체가 재로 이루어져 있고 재가 무엇인가를 의미한다는 사실을 잘 알고 있다. 우리는 부와 정신을 가득 실은 거대한 배들의 망령을, 역사의 칠흑 같은 어둠을 넘어서 본다."(p. 11-12) 그리고 나서 우리는 저 유명한 구절, 즉 "바젤에서 쾰른에 이르는, 뉴포르Nieuport의 모래 지대, 솜므Somme의 늪, 샹파뉴의 석회 지대, 알사스의 화강암 지대에 접하는 엘시노어의 광대한 지대"에 대한 유명한 구절에 마주치게 된다. 이 모든 장소로부터 유럽의 햄릿은 수백만의 유령을 본다(이때는 1919년이었다). 다음에 발레리는 유럽의 햄릿을 그것의 분신인 '지적인 햄릿'과 구별한다. 이 지적인 햄릿은 진리들의 생과 죽음에 대해서 명상한다. 그는 우리의 모든 논쟁 대상을 망령으로 갖는다. 그리고 그는 "이 모든 해골들을(레오나르도, 칸트, 헤겔, 마르크스) 어떻게 해야 할지 알지 못한다." "잘 있어라, 망령들이여! 세계는 나를 포함하여 그대들을 더 이상 필요로 하지 않는다. 정확함을 추구하는 저 숙명적인 경향을 진보의 이름으로 세례를 주는 세계는 생의 은혜에 죽음의 이점을 결합하려고 한다. 어떤 종류의 혼란이 아직은 지배하고 있지만 곧 모든 것이 분명하게 될 것이다. 우리는 결국은 동물사회라는 기적, 즉 완전하고 결정적인 개미집의 기적의 출현을 보게 될 것이다."(p. 20-22) 나중에, 1932년 『정신의 정치학―우리의 최고선La politique de l'esprit―notre souverain bien』에서 발레리는 정신을 상당히 고전적으로, 즉 신-헤겔주의적으로, 부정적-변증법적으로 정신을 정의한다. 즉 그는 결국 정신을 '아니non라고 항상 말하는' 그리고 우선은 자신에게 아니라고 말하는 것으로서 정의

한다. 이러한 정의에 대해서 발레리는 그것이 '형이상학적'이지 않다고 말하고 있지만 그는 정신을 극히 형이상학적으로, 물리적인, 경제적인, 에너르기적인 변환과 대립의 힘으로서 이해한다. "그러나 지금, 그 무질서를 인식하고 그것을 기르는 자, 그것을 견디지 못하고 그것을 부인하지도 못하는 자, 본질적으로 자기 자신에 대립하면서 자신을 끊임없이 분열시키는 자를 그대들에게 묘사하는 것을 통해서 나는 이러한 무질서의 표와 카오스의 구성을 완성해야만 한다. 그것은 바로 정신이다. 정신이라는 말로 나는 어떤 형이상학적인 실체를 절대로 의미하지 않는다(여기에서 발레리는 보이지 않게 인용부호를 치고 있다). 내가 여기에서 의미하는 것은 단순히 자연의 에너지 작용과는 극히 다른 작용에 원인을 돌릴 수밖에 없는 ⋯ 어떤 변화들을 ⋯ 고려하면서 우리가 [다른 것들로부터] 구분할 수 있는 **변환의 힘**이다. 왜냐하면 [자연의 에너지 작용과는] 반대로 이 힘은 우리에게 주어져 있는 것들을 서로 대립시키거나 그것들을 결합시키는 작용을 하기 때문이다. 이러한 대립과 강제는 그 결과로서 시간의 절약, 또는 우리에게 고유한 힘들의 절약, 또는 능력의, 또는 정확함의, 또는 자유의, 또는 우리들의 수명의 증대를 낳는 것이다."(Variété III, p. 216-217) 정신의 자유의 기원인 정신의 부정적 경제는 정신을 생명과 대립시키고 의식을 '정신의 정신'으로 만든다. 그러나 이러한 정신은 항상 **인간**의 정신으로 남는다. 인간은 "따라서 자연에 반해서 행동하며, 그러한 행동이란 정신을 **생명**에 대립시키는 것이다⋯. 상이한 정도로 인간은 **자기의식**을 획득했다. 이러한 의식에 의해서 인간은 때로는 모든 존재자들로부터 자신을 분리시킬 수 있으며 자신의 인격으로부터 자신을 분리시킬 수조차 있다. 자아는 경우에 따라서는 자신의 고유한 인격을 낯선 대상처럼 고찰할 수 있다. 인간은 자신을 관찰할 수 있다(혹은 그것이 가능하다고 믿는다). 인간은 자신을 비판할 수 있으며 자신을 강제할 수 있다. 바로 거기에 독창적인 창조가 존재하며, 내가 감히 **정신의 정신**이라고 명명하고 싶은 것을 창조하기 위한 시도가 존재한다."(p. 220-221) 생명에 대한 정신의 이러한 대립이 때로는 단순한 현상으로서, 즉 가상으로서 파악된다는 것은 사실이다. "이렇게 정신은 깊은 유기적인 생명의 작용을 혐오하고 피하는 것처럼 보인다. … 따라서 이 점에서 정신은 생명기계의 운동에 분명히 대립한다. … 그것은 감성의 … 근본법칙을 … 발전시킨다"(p. 222-223).

아포리즘과 재기에 가득 찬 눈부신 발레리적인 독창성의 이면에서 우리는 저 깊은 불변적인 요소들, 분명히 이 저자가 자연을 정신에 대립시키는 것과 마찬가지로 서로 대립시키는 반복적인 요소들을 인식하게 된다. 이러한 철학적인 요소들philosophémes은 헤겔, 후설, 하이데거의 철학적인 요소들과 동일한 프로그램과 구성에 속한다. 여러 특징들의 단순한 분리 내지 치환. 예를 들면, 1. 정신이 자연과 생명에 대립된다면, 정신이란 역사이며 "일반적으로 행복한 민족들은 정신을 갖지 않는다. 그들은 그것을 필요로 하지 않는다"(p. 237). 2. 유럽은 지리와 경험적인 역사에 의해서 정의되지 않는다. "유럽과 유럽인이라는 이러한 단어들에 지리적인 것을 약간 넘어서는, 역사적인 것을 약간 넘어서는 의미를, 말하자면 일종의 기능적인 의미를 부여하는 것을 허락해 주기를 바란다.(Variété, p. 41) 다만 이 마지막 단어로 인해 이 거창한 가공적인 컬로퀴엄에서는 다른 참가자들의, 특히 독일인들의 항의가 야기되었을 것이다. 즉 그들은 이 기능주의는 너무나 자연주의적이고 동시에 기술주의적이며, 너무나 '객관주의적', '기계론적', '데카르트적' 등등이라고 비난했을 것이다. 정신의 무력화로서의 위기—"그러면 이 정신이란 도대체 무엇인가? 어떤 점에서 그것은 세계의 현재 상태에 의해 상처를 입고, 타격을 입고, 쇠약하게 되고, 굴욕을 당할 수 있는가? 정신적인 사태들이 겪는 이러한 비참, 정신적인 인간들이 겪는 이러한 고통, 이러한 불안은 어디로부터 비롯되는가?"(Variété, p. 34. 그리고 *La liberté de l'esprit*, 1939를 참조) 이것이 분명히, 20년 이상에 걸쳐서 유럽의 가장 위대한 정신들이 동시에 모였던 이 상상의 심포지움에서, 보이지 않는 대학에서 그들 모두가 자문하는 것이다. 그들은 서로 호응하면서, 찬탄에 가득 찬 동일한 불안을 논의하거나 번역한다—그러면 우리

에게 무엇이 일어나는가? 그러면 유럽에는 무엇이 일어나는가? 그러면 정신에
는 무엇이 일어나는가? 그것이 어디로부터 우리에게 일어나는가? 그것은 여
전히 정신으로부터인가?

그리고 최후에 재—"인식이 모든 것을 먹어치우고 무엇을 해야 할지를 더 이
상 알지 못하게 된 후에 그것은 자신이 우주와 담배로 만들어 낸 저 작은 잿
더미와 이 가느다란 연기를 고찰한다"(Cahiers, t. XXVI, p. 26).

52 *Einführung...*, p. 35; trad., p. 56.

53 p. 36; trad. légèrement modifiée, p. 57.

54 예를 들어 베다 알레망Beda Allemann은 이렇게 쓰고 있다. "정신은 『존재와 시
간』부터 하이데거가 괄호 속에서만 사용하는 단어들 중 하나다. 그것은 절
대적인 형이상학의 근본적인 단어들 중 하나다."(Hölderlin et Heidegger, trad. F.
Fédier, PUF, 1959, p. 219.) 우리가 거듭해서 확인하고 있는 것처럼, 사실은 정반
대다. 오히려 『존재와 시간』 그다음부터 하이데거는 정신이라는 단어를 괄호
안에서 쓰고 있지 않는 것이다. 우리가 곧 보게 될 것이지만 하이데거는 이전
의 출판에서 아직 남아 있었던 괄호를 나중에 삭제하기까지 하는 것이다.

55 p. 37-38. 나는 제라르 그라넬의 번역(p. 13)을 인용하고 있다. 이는 내가 앞에
서 동일한 구절을 번역하면서 그의 번역에 따랐기 때문이다. 이 번역은 『형이
상학 입문*l'Introduction*』에서 질베르 칸의 번역(p. 59)과는 상당히 다르다. 그러
나 이 차이가 인용부호의 유희와는 아무런 관계가 없다는 사실은 분명하다.

56 p. 38; trad. légèrement modifiée, p. 59-60.

57 p. 43; trad. légèrement modifiée, p. 67.

58 Martin Heidegger interrogé par *Der Spiegel*. *Réponses et questions sur
l'histoire et la politique*, trad. Jean Launay, Mercure de France, 1976, p. 66-
67.

59 앞에서 우리가 암시했던 것처럼 이 모든 것은 문제 되고 있는 주제의 심각함
에도 불구하고 '약간 코믹한' 느낌이 든다. 그와 같은 것을 코믹하게 느낄 수

있는 것, 즉 이러저러한 거들먹거림 앞에서 웃을 줄 아는 것, 그것은 (윤리적 혹은 정치적인 의무라고 말해도 좋은) 의무와 기회가 될 것이다. 이는 칸트에서 하이데거에 이르는 독일철학자들이 Witz[기지], wit[위트] 혹은 (프랑스적인) 에스프리, 에스프리로부터 비롯되는 기회에 대해서 분명하게 표현하는 의심에도 불구하고 그렇다. 유럽 언어들의 이러한 연주회에서 우리는 이미 그리스어, 독일어, 라틴어, 프랑스어를 들을 수 있다. 그러나 여기에서, 아마도 너무 유럽의 **중앙** 가까이에 있는 것, '집게' 안에 쥐어 있고 '중앙' 안에 억압되어 있고 압박되어 있는 것을 약간이나마 해방시키자. 숨을 쉬고 약간이라도 공기를 흡입하기 위해서는 **중심으로부터의 이탈**이 필수적인 것은 아닐까? 따라서 나는 매슈 아널드Mattew Arnold의 영국 정신l'esprit anglais을 그의 언어[영어]로 상기시킬 것이다. 『우정의 화환Friendship's Garland』을 읽은 사람들은 'the great doctrine of 'Geist'[정신에 대한 위대한 교설]…'과, 첫 번째 편지에서 어떻게 'I introduce Arminus and 'Geist' to the British public'[내가 아르미누스와 정신을 영국인들에게 소개하는지]를 기억할 것이다. 지난 세기에 이미 Geist라는 단어의 번역 불가능성에 대해서 전적으로 귀가 멀지는 않았던 어떤 저자를 읽어 보도록 혹은 다시 읽어 보도록 촉구하기 위해서 나는 단편 몇 개를 소개하려고 한다. 모든 부분에서 그는 Geist를 그의 언어[영어] 안에 그대로 남겨두었다. "'Liberalism and despotism'! cried the Prussian; 'let us go beyond these forms and words. What unites and separates people now is Geist. ⋯ There you will find that in Berlin we oppose' 'Geist',—intelligence, as you or the French might say,—to 'Ungeist'. The victory of 'Geist' over 'Ungeist' we think the great matter in the world. ⋯ We North-Germans have worked for 'Geist' in our way ⋯ in your middle class 'Ungeist' is rampant; and as for your aristocracy, you know 'Geist' is forbidden by nature to flourish in an aristocracy⋯ What has won this Austrian battle for Prussia is 'Geist'⋯⋯ I will give you this piece of advice, with which I take my leave: 'Get Geist.' 'Thank God, this d-d(damned) professor(to speak as Lord Palmerston) is now gone back to his own Intelligenz-Staat. I half hope there may next come a smashing defeat of the Prussians before Vienna, and make my ghostly friend laugh on the wrong side of his mouth'." ['자유주의와 전제주의'라고 프로이센인은 부르짖는다. '우리는 그러한 (정치) 형태들과 언어들을 넘어서자. 사람들을 지금 통일하고 분리시키는 것은 Geist다. … 그대들은 베를린에서 우리가 'Geist'를—그대들(영국인들)과 프랑스인들은 intelligence(지성)이라고 부를 것이다—'Ungeist(비정신)'에 대립시킨다는 것을 알게 될 것이다. 우리는 'Ungeist'에 대한 'Geist'의 승리를 세계적으로 위대한 일이라고 생각한다. … 우리 북독일인들은 우리 식으로 'Geist'을 위해서 일해 왔지만 … 그대들의 중산계급에서는 'Ungeist'가 날뛰고 있다. 그리고 그대들의 귀족계급에 대해서 말하자면 그대들은 귀족계급에서는 'Geist'가 번영하는 것이 본성상 금해져 있다는 사실을 알고 있다. … 오스트리아와의 싸움에서 프로이센이 승리한 것은 'Geist' 때문이다……나는 그대들에게 'Geist을 가져라'라고 충고하면서 떠나려고 한다. '다행이다. (팔머스톤식으로 말하자면) 이 기분 나쁜 교수는 지금은 자신의 Intelligenz-Staat(지성의 국가)로 되돌아 갔다. 나는 다음번에는 프로이센인들이 비인 앞에서 대패하기를, 그리고 나의 유령 같은 친구[정신의 친구]가 [처음에는 웃었지만] 다음번에는 울기를 반쯤은 희망한다.] 『문화와 무정부상태Culture and Anarchy』에 붙여져, 이 12개의 허구의 편지들은 1871년에 한 권의 책으로 만들어졌다. 아놀드는 편집자의 역할을 맡고 주를 쓰는 것에서 큰 기쁨을 느꼈다. "I think it is more self-imporant and bête if I put Ed. after every note. It is rather fun making the notes[만약 내가 모든 주 다음에 Ed.(편집자를 의미하는 Editor의 약어)를 둔다면 그것은 더욱 젠체하는 것이며 어리석은 것이라고 생각한다. 그러나 내가 주를 만드는 것은 재미있기 때문이다.]" 이 말은 편집자에게 보내는 편지에 나온다. bête[어리석은]는 이탤릭체로 되어 있다. 이 단어는 그 텍스트에서는 프랑스어로 쓰여졌기 때문이다. 그것은 동일한 이유로(앞에서 말한 것을 참조할 것) 칸트가 『인간학l'Anthropologie』에서 esprit란 단어를 이탤릭으로 쓰고 있는 것과 마찬가지다. 이것이야말로 내 쪽에서 강조하고 싶은 것이다. 그리고 이 Geist의 우화가 [처음에는 웃다가] 다음에는 울게 만들기를 반쯤 바라게 하는 이 유령 같은 친구[정신의 친구]의 입을 통해서 진행되고 있다는 것도 내가 강조하고 싶어 하는 것이다.

By the way[그런데], Get Geist는 단지 Geist 때문만이 아니라 Get 때문에도 거의 번역 불가능하다. 근본적으로 번역 불가능하다. 소유한다, 되다 그리고 존재한다는 동시에 의미하는 이 Get의 눈에 띄지 않는 깊이 [때문에 번역이 불가능한 것이다]. Get Geist는 첫째로는 [어느 정도의 혹은 그 자체인] Geist를 갖고 습득하고, 획득하고 입수하고 혹은 파악하라는 것을 의미하며, 둘째로는 그대들 자신이 Geist이거나 Geist가 되고 되는 것을 배우라는 것을 의미한다. 이 경우 Geist는 속사屬司로서 기능한다(그것은 사람들이 'get mad', 'get drunk', 'get married', 'get lost', 'get sick' 'get well' 혹은 'get better'라고 말하는 것처럼 '정신'이 되라는 것을 의미한다) 그리고 그것은 명사로서 기능한다('get religion'—개종하라), 즉 그대 **자신이 정신 그 자체가 되라 혹은 정신을 가져라.** 이와 같이, 번역 불가능성의 이러한 저항, 즉 정신이 '가지고 있는' 것'인' 정신, 그리고 '가지고 있는' 것인, 혹은 그렇게 있어야만 할 것인 정신이 그 자체로 자신에 대해서 갖는 관계에서 자기동일성의 이러한 저항은 재치 있게 그리고 소매la manche[영불해협을 의미한다고도 볼 수 있다] 밑에서, 다른 쪽으로부터 왼쪽으로, **첫 번째 단어를 향해서,** 즉 Get Geist라는 바벨적인 문장의 동사 쪽으로 이동하지 않는가? 정신은 이 두 단어들의 수행적인 그리고 전적으로 근원적인 힘으로부터 비롯된다—지시, 요구, 간청, 욕망, 조언, 명령, 처방. 어떠한 확인도 정신의 표지를 예고하지 않으며 어떠한 역사도 정신의 이 주목할 만한 특징에 선행할 수 없었을 것이다. 문화와 무정부상태. 시작始作에서—시작 없음pas de commencement[이것은 '시작의 걸음'이라고도 번역가능하다]. 정신은 이러한 동사로 자신을 불러내며, 그 동사를 자신에게 향하고, **자신을** 말하며, 자신에게 그것을 말한다. 정신 자신이 자신에게 그것을 말하고 모든 사람들에게 분명히 이해되도록. 즉

처음에는 전미래前未來의 망령인 Get Geist, 다시 말해서 에스프리de l'esprit
가 있었을 것이다.

60   *Nietzsche*, t. II, p. 200, trad. P. Klossowski, Gallimard, 1971, p. 160.

61   *Nietzsche*, t. II, p. 300, trad., p. 241.

62   *Nietzsche*, t. II, p. 309, trad., p. 247.

63   Gesamtausgabe, Bd. 53, p. 156 이하.

64   p. 157.

65   "근대관념론의 교설에 따르면, 정신의 노동은 정립하는 것(das Setzen)이다. 정
신은 주체로서 인식되고 있고 따라서 주체–객체 도식의 내부에서 표상되고
(vorgestellt) 있기 때문에 정립(Thesis)의 작용은 주체와 그것의 객체들 사이의
종합이어야만 한다."(『언어에의 도상에서』, p. 248)

66   p. 154. trad. J.-F., Courtine, légèrement modifiée, p. 221.

67   *Ibid*.

68   하이데거가 끊임없이 읽고 있는 마이스터 에크하르트에서도 아마 그렇다.
마이스터 에크하르트는 예를 들면 이렇게 쓰고 있다. "그런데 아우구스티누
스가 이렇게 말한다. mens 혹은 gemüte라고 불리는 혼의 상위의 부분에 신
은 신의 존재와 마찬가지로 마이스터들이 정신적인 형식 혹은 형식적인 이
미지(관념, idées)의 용기(容器, sloz) 혹은 보고(寶庫, schrin)이라고 부르는 힘(craft)
도 창조했다. *Renovamini… spiritu mentis vestrae*, trad. Jeanne Ancelet-
Hustache, in *Sermons*, Le Seuil, 1979, t. III, p. 151. 또한 *Psyché: Inventions
de l'autre*, p. 583 이하 참조.

69   p. 161.

70   *Schelling*⋯, p. 150, trad., p. 216.

71   Gesamtausgabe, Bd. 53, p. 163.

72   Trad. F. Fédier, in Beda Allemann, o.c., p. 219.

73   Gesamtausgabe, Bd. 53, p. 170.

74   p. 166.

75   인용부호의 진리—이러한 양의성은 니체가 '진리'라는 말 둘레에 친 인용부
      호에 대한 해석 안에 집중되어 있다(*Nietzsche*, t. I, p. 511 이하, trad., p. 397 이하).

76   *Die Sprache im Gedicht, Eine Erörterung von Georg Trakls Gedicht*, 1953,
      in *Unterwegs zur Sprache*, Neske, 1959, p. 35 이하. trad. in *Acheminement
      vers la parole*, Gallimard, 1976, J. Beaufret, W. Brokmeier, F. Fédier, p. 39
      이하.

77   P. 70, trad., p. 72. 여기에서 말로부터 말하는 것(Sagen)으로, 말하는 것으
      로부터 시적인 말함(Dichten)으로, 이러한 시적인 말함으로부터 노래(Singen,
      Gesang)로, 또한 화음(Einklang)으로, 이것으로부터 찬가hymne로, 따라서 송가
      로 길이 필연적으로 통한다. 나는 이와 같은 것으로 귀결의 순서를 보여 주는
      것도 아니고 어떤 의미작용으로부터 다른 의미작용으로의 소급하는 것이 필
      연적이라는 사실을 보여 주려고 하는 것은 아니다. 나는 여기서 내가 다룰 수
      없는 하나의 문제를 시사하고자 할 뿐이다(나는 다른 곳에서 그러한 문제를 다루고
      있다, "Comment ne pas parler", in *Psyché: Inventions de l'autre*, p. 570 이하). 그리고 이러
      한 문제에서는 위의 여러 의미작용들은 하이데거에게는 서로 불가분의 관계
      에 있는 것처럼 보인다. 찬가는 존재-론적, 이론적, 혹은 사실 확인적인 진술
      을 넘어선다. 그것은 송가를 부르며 이 경우 존재자를 넘어서, 아마 심지어—
      우리가 곧 살펴보겠지만—하이데거가 한 때 '물음(Fragen)'으로서 지칭하는 사
      유의 '경건함'도 넘어선다. 이 텍스트[Sprache im Gedicht]에서 하이데거는 결
      정적인 순간들에 어떤 음조의, 그리고 Grundton[근본음조]를 담지하는 단어
      의 위치에, 그리고 그것을 듣는 것에 자신의 모든 해석을 바치고 있다. 즉 이
      단어는 강조된(betont) 단어다—'하나', 'Ein Geschlecht'에서 Ein(Dieses betonte
      'Ein Geschlecht' birgt den Grundton[이 강조된 '하나의 성'은 … 근본음조를 은닉하고 있다])(p.
      78) 하이데거는 끊임없이 시가 Gesang에서 노래하며 말하고 있는 것에 귀를
      기울이도록 호소한다. Gesang이라는 단어는 자주 hymne[찬가]라고 번역되

지만 하이데거는 [Gesang이라는 단어에 깃든] 모음[Versammlung]이라는 의미를
강조한다. Gesang이란 동시에(in einem) 'Lied[가곡]과 비극과 epos[서사시]다(p.
65). 몇 년 뒤에 가곡(Lied)과 찬가(기리는 것, 칭송하는 것, laudare, 송가를 부르는 것) 사
이에 존재하는 연관성을 하이데거는 다시 상세히 서술하고 있다. 송가는 항
상 불려진다. 슈테판 게오르게Stefan George의 「노래*Das Lied*」에 대해서 "말하
는 것은 사유하고 결합시키고, 사랑한다. 즉 조용히 환희작약하면서 허리를
굽혀 절하는 것, 기뻐하면서 경외하는 것(ein jubelndes Verehren), 찬미하는 것
(ein Preisen), 칭송하는 것(ein Loben),—laudare이다. Laudes는 노래에 대한 라틴
어 이름이다(Laudes lautet der lateinische Name für die Lieder). 노래를 말한다는 것은
노래한다는 것을 의미한다(Lieder sagen heisst: singen). 노래(Gesang)란 말하는 것
을 노래로 모으는 것(die Versammlung des Sagens in das Lied)이다.(Das Wort, 1958, in
Unterwegs⋯, p. 229; trad., p. 214. 또한 *Der Weg zur Sprache*, 1959 참조, 여기에서는 횔덜린,
Gespräch와 Gesang이 문제가 되고 있다. p. 266, trad., p. 255.)

78   p. 75.

79   p. 47.

80   p. 47.

81   *Ibid*.

82   p. 50 이하.

83   p. 57.

84   p. 59-77. 발레리의 「정신의 위기」(1919)에 관해서는 하이데거의 강연 Terre
et ciel de Hölderlin, Hölderlins Erde und Himmel, in *Approches de Hölder-
lin*[Erläuterungen zu Hölderlins Dichtung], Gallimard, 1973, trad. F. Fédier, p.
231 참조. 우리가 여기에서 논의하고 있는 모든 것에 대해서는 이 책의 다음
장소들을 참조할 것. p. 55-58, 66, 73-78, 83-87, 107-120, 154-157, 211, 229
그리고 기타.

85   Paul de Man, *Allegories of Reading*, Yale University Press, 1979, chap. 11,

Promises(Social Contract) in fine, p. 277. 프랑스어 번역본은 곧 갈릴레 출판 사에서 나올 것이다. 나는 이 문제들을 *Mémoires for Paul de Man*(New York: Columbia University Press, 1986), chap. 3, 'Acts: The Meaning of a Given Word,' p. 91-153(p. 95 이하)에서 다루었고 하이데거의 책에서 약속에 대해서 언급하 는 많은 부분(예를 들어 *Qu'appelle-t-on penser?* p. 83, trad. A. Becker, G. Granel, PUF, 1959, p. 133)을 인용했다.

86 따라서 모든 물음 이전에. 이러한 도정의 시작부터 우리를 괴롭히고 있는 '물음의 물음'이 흔들리는 것은 바로 여기에서다. 그것은 그것이 더 이상 물음이 아니게 되는 이 순간에 흔들리게 되는 것이다. 이는 물음이 자신이 갖는 무한한 정당성을 더 이상 갖지 못하게 되는 것이 아니라 어떤 언어의 기억, 자신보다도 '오랜' 어떤 언어의 경험에 대한 기억에 빠져 들어간다는 것을 의미한다. 이러한 언어는 항상 보다 이전에 있고 전제되어 있으며, 어떤 경험과 어떤 '언어행위'—이러한 단어들의 통상적인 의미에서—내에 한번도 존재하지 않았을 정도로 극히 오래된 것이다. 이러한 순간—이것은 하나의 순간이 아니다—은 하이데거의 텍스트 안에 그 흔적이 남아 있다. 그가 약속과 'es gibt'에 대해서 말할 때는 물론이고 적어도 함축적으로 그러나 문자 그대로의 방식으로 그리고 극히 분명한 방식으로 『언어에의 도상에서』에 수록된「언어의 본질Das Wesen der Sprache」특히 174쪽 이하에서 그렇다. 언어의 본질을 물을 때 모든 것은 의문부호에서 출발한다. 언어의 본질이란 무엇인가? 본질(das Wesen)이란? 언어의(der Sprache)? 도식화해 보자. 우리가 궁극적인 물음을 제기하는 순간에, 말하자면 우리가 모든 물음, 즉 언어의 가능성에 대해서 물을(Anfragen) 때, 우리는 이미 언어의 장 안에 존재해야만 한다. 언어가 이미 우리를 향해서 말해야 하며 그것이 어떤 방식으로든 우리에게 말해지고 고지되어 있어야만 한다(muss uns doch die Sprache selber schon zugesprochen sein). Anfrage[문의問議]와 Nachfrage[조회照會]는 언어의 이러한 앞섬, 이렇게 앞서서 도래하는 언어의 말걸음(Zuspruch)을 전제한다. 언어에 대한 물음이 제기될

경우에 언어는 항상 미리(im voraus) 이미 현존한다. 이 때문에 언어는 물음을 능가하는 것이다. 이러한 앞섬은 어떠한 계약에도 앞서는 일종의 근원적인 약속 혹은 결합이며 그것에 대해서 우리는 어떠한 방식으로든 이미 동의했고 이미 긍정하고[oui라고 말했으며] 보증을 했어야만 했던 것이다. 그것에 뒤따르는 담론의 부정성과 문제성이 어떠한 것이든 그렇다. 이러한 약속, 동의의 형식으로 아 프리오리 하게 일어나는 이러한 응답, 언어를 향한 언어의 이러한 참여engagement, 언어를 통해서 그리고 언어에게 주어진 이러한 언어, 이것이 하이데거가 Zusage라고 명명하는 것이다. 그리고 그는 이러한 Zusage의 이름 아래 물음이라는 태도의 궁극적인 권위, 즉 소위 최종 심급으로서의 지위를 —아직 이렇게 말해도 된다면— 다시 의문에 부치고 있다. Zusage라는 단어는 우리가 일반적으로 서로 분리시키는 의미들을 포함하고 있기 때문에 나는 그것을 번역하지 않을 것이다. 그 단어는 약속, 동의 내지 승낙 그리고 약속 자체 내에서 주어지는 것으로 근원적으로 몸을 맡기는 것과 같은 의미들을 갖고 있는 것이다. "우리가 그것 자체를 충분히 숙고할(bedenken) 경우에 우리는 무엇을 경험하는가(Was erfahren wir)? 물음(Fragen)은 사유의 본래적인 몸짓(die eigentliche Gebärde des Denkens)(Gebärde, 몸짓 그리고 회임懷妊, gestation은 다른 곳에서 성찰의 주제가 되고 있다. p. 22)이 아니고 물음에 도래해야만 하는 것의 Zusage의 청종이 사유의 본래적인 몸짓이다."(p. 175, trad, p. 159.)

물음은 따라서 언어에서 최후의 단어가 아니다. 우선 그것은 최초의 단어가 아니기 때문이다. 어떤 경우에든 단어 이전에 우리가 'oui'라고 명명하는, 때로는 단어 없는 단어가 존재한다. 그것은 언어 혹은 행위 내에서의 모든 다른 약속에도 앞서는 일종의 전-근원적인 보증이다. 그러나 그것이 언어langage에 앞선다는 것은 그것이 언어에 대해서 낯선 것이라는 것은 아니다. 그러한 보증은 언어langue 안에—따라서 항상 하나의 언어 안에—참여한다. 물음 자체가 이렇게 보증되지만 이는 물음이 Zusage의 보증에 의해서 구속되고 속박되며 침묵하게 된다는 것을 의미하지는 않는다. 전혀 그 반대다. 물음은 미리 그리고 물음이 무엇을 하든, 이러한 보증에 응답하고 이러한 보증으로부터 응답한다. 이러한 보증을 통해서 물음은 자신이 선택하지 않았지만 그것의 고유한 자유까지도 규정하는 책임을 지게 된다. 그러한 보증은 다른 어떠한 사건 이전에 주어진 것이다. 그러나 그것은 그것의 앞서옴 자체가 하나의 사건이다. 단 그것에 대한 회상이 모든 기억에 앞서며 어떠한 이야기에도 도전하는 신앙에 의해서 우리가 연결되어 있는 사건이다. 그러한 보증에 대해서는 어떠한 삭제도 가능하지 않다. 그 배후로의 어떠한 귀환도. 사유란 우선 근거 짓는 것이고 항상 근본적인 것과 근저적인 것을 탐구해 왔기 때문에 우리들의 사유의 역사에서는 물음은 사유에 척도를 부여하는 특징선(Zug)이었다는 사실을 상기시킨 후에 하이데거는 이전에 자신이 했던 진술들 중의 하나를 다시 꺼낸다. 그가 이렇게 하는 것은 이러한 진술을 의문에 부치는 것이거나 그것과 반대되는 것을 말하기 위해서가 아니라 그 진술을 그것을 넘어서는 운동 안에 다시 각인하기 위해서다. "얼마 전에 「기술에 대한 물음」이라는 제목의 강연의 말미에서 나는 이렇게 말했다. '물음(das Fragen)은 사유의 경건함(Frömmigkeit)이다'라고. 여기에서 경건한(fromm)이라는 단어는 '순종적인(fügsam)'이라는 고대적인 의미로, 즉 사유가 사유해야만 하는 것에 순종한다는 의미로 이해되고 있다. 사유가 종종 자신이 도달한 통찰을 충분히 시야에 확보하지 못하고 그것들에 적합한 방식으로 응하지 못한다는 것은 사유의 도발적인 경험에 속한다. '물음은 사유의 경건함이다'는 인용된 문장에 대해서도 그러하다."(p. 175-176)

그것 이후, 강연 「언어의 본질Das Wesen der Sprache」 전체가 이러한 Zusage에 대한 사유의 관할 아래 들어오게 된다. 하이데거가 그 경우 인위적이고 형식적인, '공허한' 전도(Umkehrung)를 행하고 있다는 것을 부인한다는 것은 분명하다. 그러나 우리는 다음과 같은 사실을 인정할 수밖에 없다. 즉 어떠한 물음보다도 앞서고 어떠한 물음보다도 사유에 고유한 어떤 긍정에 대한 사유는 그의 이전의 사유의 길 거의 전체quasi-totalité에 무한한 영향—영향이 미치는 장소를 파악할 수도 없고 확정할 수도 없는 영향—을 끼친다는 것을. 그것은 Umkehrung[전도]는 아니지만 전회(Kehre)와도 다른 것이다. 전회는 아직은 물음에 속하는 것이다. 하이데거는 분명히 그렇게 말하고 있다. 그러나 이 일보一步는 풍경의 전체를 변형시키거나 그 형태를 왜곡시킨다. 이는 물론 이 풍경이 가장 철저한 물음의 불굴의 법칙 앞에서 구성된 한에서다. 다른 시사점들 중에서 몇 개의 시사점들에 한정하여 말하자면, 현존재의 분석론의 출발점은—따라서 『존재와 시간』 그 자체의 기획이—현존재가 물음에 열려 있다는 것에 의해서 규정되었으며 존재론의 Destruktion[해체] 전체가 무엇보다도 데카르트 이후의 근대가 주체의 존재에 대해서 불충분하게 묻고 있다는 것을 겨냥했었다는 사실을 상기시키고자 한다. 이렇게 그 전의 것에 영향을 미치는 격변과 함께 새로운 질서가 설립되는 것처럼 보일 수 있다. 예들 들면 우리는 이렇게 말할 수 있을 것이다. 지금 Zusage의 담보를 내걸음en-gage[약속]을 출발점으로 해서 전체를 새롭게 시작해야만 한다. 이는 전적으로 다른 담론을 건립하고 전혀 다른 사유의 길을 개척하고 Umkehrung[전도]는 아닐지라도 새로운 Kehre[전회]를 향해 나아가고 물음의 특권 내에 아직 잠들어 있었던 저 Aufklärung[계몽주의]의 잔여를—극히 양의적인 몸짓이지만—제거하기 위해서 필요하다. 이러한 심원한 격변을 고려하지 않는 것이 이제부터는 불가능하다고 나는 믿지만 그럼에도 불구하고 그러한 재시작의 절대적인 필요성을 진지하게 받아들일 수는 없다. 이에 대해서는 몇 가지 이유가 있다.

1. 무엇보다도 먼저, 그것[재시작의 절대적인 필요성을 진지하게 받아들이는 것]은 하나의 길의 불가역적인 필연성을 전혀 이해하지 못하는 것일 것이다. 이러한 길은 그것이 하나의 사유를 이끌어 가는 좁고 위험한 통로로부터 매우 늦게 자신의 유일무이의 과거(소통, 언어와 글쓰기의 길)를 다르게 보게 하는 그러한 길이다. 이러한 유일무이의 과거는 자신 안에 모든 나머지를 새기고, 문제가 되고 있는 통로, 즉 물음의 피안으로 이끄는 통로까지도 각인하는 과거다. 이 때 사람들이 발견된 이 통로를 통해서 자신의 발걸음을

따라서 되돌아갈 수 있더라도 이러한 귀환은 새로운 원칙과 어떤 영점으로부터의 새로운 출발을 의미하지 않는다.

2. 새로운 출발점은 단지 불가능할 뿐 아니라, 체계의 법에 한번도 종속되지 않고 철학에서 체계적인 것을 주제들 중의 하나로 다루고 가장 명백한 물음들 중 하나로 삼는 사유에 대해서는 아무런 의미도 갖지 않는다.

3. 하이데거의 사유의 길이 따르는 질서는 결코 '이성의 질서'가 아니었다. 예를 들어 데카르트의 경우에 그러한 질서를 지탱하는 것은 우리가 이미 논했던 문제들을 불러들인다.

너무 늦을 때, 항상 너무 늦을 때, 이것들이 다시 시작하지 않는 이유들이다. 그리고 그러한 담보의 구조는 이렇게 번역될 수 있다. "이미 너무 늦다, 항상 너무 늦다." 이러한 이유들이 일단 이해되면 회고적인 고찰은 모든 것을 무효화하고 모든 것을 다시 시작하는 것이 아니라 다른 전략과 다른 층위학stratigraphie으로 이끌 수 있으며, 실제로는 이끌지 않으면 안 된다. 하이데거의 사유의 편력은 이제까지 거의 눈에 띄지 않았고 별로 크지 않고 때로는 자주 거의 명백하게 드러나지 않는 층들, 즉 마르틴 하이데거 자신에게조차도 눈에 띄지 않은 어떤 층들을 횡단하며 구성하거나 남겨 둔다. 그것들은 희귀하고 불확실하며 은밀하지만 그것들이 하나의 공간을 재구성하는 한에서 사후적으로 현저한 것으로 나타나게 된다. 그러나 그것들은 이렇게 공간을 재구성하면서 독해에 대해서와 마찬가지로 사유에 대해서도 그만큼 새로운 과제들을 부여한다. 이는 우리의 관심을 사로잡는 예에서는 바로 책임의 근원 자체가 문제가 되고 있기 때문에 더욱더 그러하다. 그것은 하나의 예를 훨씬 넘어선 것이며 하나의 예라는 것과는 다른 것이다. 여기로부터 출발해서 우리는 위에서 보았던 것과 같은 발견된 이행로의 장소를 미리 그것의 필연성에서 정하는 것을 가능하게 하는 표시점들과 징후들을 탐색할 수 있다. 그것들은 하이데거의 작품의 전체 내에서 언어에서 Zusage의 담보가 물어지기 이전에, 담보를-거는 것en-gage이 물어지기 이전에, 물음의 특권이 의문에 부쳐지기 이전에, 정확한 시기를 알기를 말하자면 1958년 이전에 존재한다. 이러한 표시점들과 징후들이 존재하며 우리는 현재 그것들을 간취하고 해석하고 [그것들이 속하는 연관 안에] 재기입하는 데 보다 잘 준비되어 있다. 그리고 그것은 하이데거를 독해하고 일종의 해석학적 혹은 문헌학적 경건심을 발휘하기 위해서 유익한 것만은 아니다. 항상 불가결한 주해를 넘어서 이러한 재독해는 여러 새로운 과제들에 대해서, 즉 하이데거의 사유와 사유의—또는 담보를 거는 것의—다른 장소들의 관계들을 규명하기 위해서 남아 있는 것에 대해서 지금까지와는 다른 위상학topologie을 모색하는 것이다. 이러한 사유의 장소들을 영역이라고 사람들은 생각할지 모르지만 실은 그렇지 않다(윤리 혹은 정치, 그러나 또한 철학, 과학, 모든 과학, 그리고 직접적으로는, 불안정하며 장소를 정할 수 없는 담론들인 언어학, 시학, 화용론, 정신분석 등).

우리가 돌이켜 볼 때 우리는 어떠한 표시점들과 징후들에 접하게 되는가? 이 주에서 내가 할 수 있는 것은 여러 개들 중에서 몇 개를 지시하는 것뿐이다. 가장 메마른 방식으로.

1. 『존재와 시간』(58, 59, 60절)에서 '부름'의 의미(Rufsinn)과 귀책성(책임 혹은 죄책감이라고 하기보다는), 모든 '도덕적 양심'에 앞서는 'Schuldigsein'에 관련되는 모든 부분.

2. 『존재와 시간』과 『형이상학 입문』에서 Entschlossenheit[결의성]와 사명(Sendung)을 인수하는 것(Übernehmen)의 가능성(『형이상학 입문』, p. 38, trad., p. 59), 따라서 결의성이 위탁하는 근원적인 물음을 인수하는 가능성에 관련되어 있는 모든 것. 물음의 위탁에 열려 있음, 물음에 대한 책임과 결단은 물음 자체를 통해서 필연적으로 전제되어 있다. 그것들이 물음과 동일한 아니다. 물음은 지양되지 않고 이러한 다른 경건함에 의해서 지탱되고 그것에 연계되어 있으며 그것에 걸려 있다.

3. 「예술작품의 근원」에서 Verlässlichkeit, 즉 어떤 종류의 근원적인 '신뢰성'에 연관되는 모든 것(『회화에서의 진리La Vérité en peinture』, Flammarion, 1979, p. 398

이하에서의 나의 연구를 참조하기 바란다).

4. '긍정'과 '부정', 즉 그것을 말하는 것(Sagen)이 우선은 논리적 언표나 명제적 언표가 아닌 긍정과 부정에 관련되는 모든 것—긍정과 부정을 대칭적으로 다루고 있는 『셸링 강의』의 저 구절에서(p. 143, trad., J.-F. Courtine, p. 248).

5. 예를 들어 『사유란 무엇인가?』(이 책의 p. 146, 주 1번 참조)에서 약속(Versprechen 혹은 Verheissen)에 관련되는 모든 것.

그러나 나는 '피함(vermeiden)'의 양태들을—그리고 특히 화용론적인 기호(예를 들면 인용부호와 삭제)의 침묵의 극dramaturgie을—특권적으로 취급하기로 약속했기 때문에 세 번째 삭제의 예, 의문부호의 삭제를 언급하고자 한다[여기서는 「언어의 본질Das Wesen der Sprache」에 대한 강연에서 삭제된 의문부호가 문제가 된다]. 하이데거는 우선, Das Wesen?과 der Sprache? 뒤에 존재하는 의문부호는 언어의 본질에 대한 담론의 제목에서 풍길 수 있는 오만하고 통상적인 성격을 완화시킨다고 시사했다. 그런데 Zusage에 대한 저 신뢰에 가득 찬 청종이 사유의 몸짓 자체이며 가장 본래적인 태도이자 자세(Gebärde)라고 상기한 후에 그는 이러한 사실로부터 다시 의문부호를 삭제해야 하는 것(die Fragezeichen wieder streichen)이 필연적이라고(이러한 필연성을 독단적인 확신과 혼동하지 않아야 한다) 결론짓는다(p. 180).

(잠시 중단: 하이데거의 문집을 통해서 이런저런 시점에 규정되었던 작업들이 필요한 열성과 일관성과 함께 행해질 경우 하이데거의 문집이 어떻게 보일지를 몽상하기 위해서. 즉 '정신'이라는 단어를 '피할 것', 최소한 그것을 인용부호 안에 둘 것, 다음에는 동물처럼 현존재Dasein를 갖지 않는 따라서 세계를 갖지 않는 혹은 세계를 조금밖에 갖지 못하는 어떤 것에 대해서 말할 때마다 세계와 관계가 있는 모든 이름을 석제하는 것, 다음에는 모든 곳에서 '존재'라는 단어를 십자가 아래에 삭제하는 것, 마지막으로 언어가, 간접적으로는 모든 것이 문제가 될 때 모든 의문부호를 십자가가 없이 삭제하는 것 등. 이러한 동물-기계의 갉아먹고 반추하며 소리 없는 탐욕에, 그것의 무자비한 '논리'에 내맡겨진 텍스트의 표면이 상상된다. 하이데거의 변태적인 독해, 중단의 종료.—데리다)

사유가 이러한 담보에 연관을 갖게 되는 이러한 독특한 상황에서 사유가 '청종'이자 자신에게 말하게 하는 것(Sichsagenlassen)이며 물음이 아닌(kein Fragen)인 한에서 "우리는 의문부호를 다시 삭제해야만 한다고 하이데거는 말한다." 이것은 제목의 통상적인 형태로 되돌아가는 것을 의미하지 않는다고 하이데거는 덧붙인다. 그것은 더 이상 가능하지 않다. '자신에게 말하게 하는 것'은 의문부호를 삭제하라고 촉구하는 것이지만 수동적인 순종은 아니며 무비판적인 영합은 더욱 더 아니다. 그러나 삭제하는 부정에 모든 것을 굴복시키기에 바쁜 부정적인 활동도 아니다. 사유는 동의서명을 하는 것이다. 우리들 이전에, 모든 것 이전에, 모든 것 아래에 혹은 모든 것 위에, 사유는 물음과 부정과 부인을, 언어 혹은 말(Sprache)과의 교신 안에 기입하고 무제한적으로 진입시킨다. 언어는 우선 기원祈願하고 자신을 우리에게 알리며 우리를 신뢰하고 우리에게 자신을 내맡기지 않으면 안 되며 이미 그렇게 했어야만 한다 (muss sich die Sprache zuvor uns zusagen oder schon zugesagt haben). 이미라는 말이 여기서는 본질적이다. 그것은 이러한 언어의 본질에 대해서 그리고 언어 안으로 끌어들이는(담보를 거는, en-gager) 것에 대해서 무엇인가를 말하고 있다. 언어가 지금 우리를 신뢰하고 우리에게 자신을 알리는 바로 그 순간에 언어는 이미 그것을 행했던 것이다. 그러나 이러한 과거는 결코 되돌아오지 않는다. 그것은 자신을 현재로 변화시키지 않는다. 그것은 항상 보다 오랜 사건으로, 즉 약속en-gage에 대한 동의서명으로 우리를 미리 끌어들이는 사건으로 항상 되돌아간다. 즉 친절한 말 걸어옴(Zuspruch)을 향해서. 두 번에 걸쳐서 하이데거는 이렇게 쓰고 있다. Die Sprache west als dieser Zuspruch(p. 180-181). 이 말은 번역을 거부하는 것 같다. 몇 줄의 간격을 두고서 프랑스어 번역자는 두 개의 서로 다른 번역을 제시하고 있다. 1. "La parole se déploie en tant que cette parole adressée[언어는 이러한 말 걸어진 언어로서 자신을 전개한다]." 2. "La parole se déploie en tant que cette parole adresse"(p. 165)[언어는 이러한 말 걸어옴으로써 자신을 전개한다]. 이 두 번역은 비록 불완전하고 서로를 보완하려는 헛된 시도를 하고 있다고 단정될지라도 그 어느 것도 올바른 번역이다. 여기에서 말 걸어옴은 …으로의 관계(zu)가 표현하는 방향성, 관계성 그리고 부름과 같은 것을 의미하는 동시에 친절함prévenance(이것은 Zuspruch가 갖는 통상적인 의미들 중의 하나다—도움, 위로, 격려)과 함께 고지되는 것의, 즉 항상 선행하는 친절함 안에서 우리에게 자신을 고지하는 이러한 부름의 내용이기도 하다. 말(Sprache) 안에서 뿐 아니라 언어(Sprache) 안에서도 약속은 말 안으로 끌어들이는 것과 똑같이 언어 안으로도 끌어들인다. 말은 언어 안으로 끌어넣어져 있다. 그리고 여기에서 자신을 '전개하는(west)' 것은 Sprache의 본질(Wesen)이다. Wesen에 대한 모든 언어는 이렇게 "Das Wesen der Sprache: Die Sprache des Wesens"(p. 181)이라고 쓰여지고 있는 것으로부터 다르게 자신을 전개해야만 한다. [여기에서는] 두 점[:]이 계사를 지우고 있으며 삭제기호로서 쓰이고 있다. 존재의 삭제, 즉 Sein과 ist의 삭제이지 Wesen의 삭제는 아니다. 이러한 삭제 혹은 이러한 두 점 대신에 계사 'est'가 쓰인다면 그것은 여기에서 다시 혼란을 끌어들이는 것이 될 것이며 물음이 초월되는 곳에서 물음을 다시 재발하게 할 것이다.

Ereignis의 사유는 말 걸어옴에 응답하는—담보를 걸어 약속하는—이러한 동의를 기준으로 한다. 그리고 인간의 본래적인 것은 이러한 응답을 통해서만 혹은 이렇게 책임을 지는 것을 통해서만 도래한다. 그것은 최소한 그리고 오직 인간이 동의하고 승인하며 자신에게 고지된 말에, 즉 그의 말걸음과 응답을 통해서만 본래 그의 것이 되는 말걸음에 자신을 향할 때만 도래한다. 이러한 맥락에서 Ereignis라고 명명한 후에 하이데거는 Zusage는 공허함 속에서 존재하는 것은 아니라는 사실을 상기시킨다. "그것이 이미 적중시켰다(Sie hat schon gefroffen). 인간 이외의 무엇을 [적중시켰는가]? Denn der Mensch ist nur Mensch, insofern er dem Zuspruch der Sprache zugesagt, für die Sprache, sie zu sprechen, gebraucht ist.[왜냐하면 인간은 언어의 말 걸어옴에 동의하고 언어에게 언어를 말하기 위해서 필요로 되어지는 한에서만 인간이기 때문이다.](p. 196, trad., p. 181.)

내가 앞에서 암시했던 에식스대학교의 토론회에서 프랑수아즈 다스투르 Françoise Dastur가 나로 하여금 이 구절에 주목하게 했다. 『언어에의 도상에서』에 있는 이 구절은 물음을 넘어서 이끌고 있다. 나는 감사의 표시로 이 주를 그녀에게 바친다.

87 p. 59.

88 이 점에 관해서는 다음 책들을 참조하기를 바란다. "La mythologie blanche", in *Marges—de la philosophie*, Minuit, 1972 그리고 "Le retrait de la méthaphore", in *Psyché : Inventions de l'autre*, Galilée, 1987.

89 p. 59.

90 *Glas*, Galilée, 1974, 특히 p. 14, 20, 22, 31, 70, 106, 262-263. 불, 화로, 보호 그리고 민족이란 주제들이 교차하는 이 장소들에서는 하나의 전통의 연속성이 문제가 되기 때문에 다시 헤겔을 인용하는 것이 적절하다. "우리는 철학사에서 다음과 같은 사실을 보게 될 것이다. 즉 과학들과 지성의 육성이 열렬하게 숭상되면서 추구되었던 유럽의 다른 나라들에서는 철학은 이름만을 남기고 기억과 예감으로까지 사라져 버렸으며 몰락하고 말았다는 것, 그리고 철학은 [독일 민족에게] 고유한 것(Eigentümlichkeit)으로서 독일 민족에게 보존되었다는 사실을. 우리는 자연으로부터, 성스러운 불의 수호자(die Bewahrer dieses heiligen Feuers)라는 보다 높은 소명(den höheren Beruf)을 받았던 것이다. 그것은 아테네의 에우몰피다이가(die eumolpidische Familie에게 엘레시우스의 밀의密儀의 수호가, 사모트라케의 주민에게 신에 대한 보다 높은 경배예식의 보존과 보호가 맡겨졌던 것과 동일하며, 또한 그 이전에는 세계정신(der Weltgeist)이 유대 민족에게, 세계정신이 그들에서 새로운 정신으로 출현했다는 최고의 의식을 맡겼던 것과 동일하다." *Leçons sur l'histoire de la philosophie*, trad. J. Gibelin légèrement modifiée, Gallimard, 1954, p. 14. [헤겔의] 이 담론도 똑같이 '정신의 모든 힘', '세계정신', 그리고 '순수한 정신성'을 환기시키는 것에서

부터 시작했다. 그가 대학에서 행한 이 취임 강연의 여백에 헤겔은 프로이센 적인 지성의 진지함과 보다 높은 요구에 대립되는 창백한 망령(schale Gespenst) 을 시사했다. 유대교에 대한 헤겔의 해석에 대해서는 또한 『조종』, p. 43-105 와 그 외 여러곳을 참고하기를 바란다. 그리고 '하이데거의 망령에 결부되어 있는 것'에 대해서는, 혹은 '마르틴의 ghost 또는 Geist와 함께', 예를 들면 전 화téléphone로 일어날 수 있는 것에 대해서는 『엽서』, p. 25-26을 참조할 것.

91 한편으로 하이데거는 헤겔이 영혼학pneumatologie에 대해서 표명한 유보들에 일정한 정도까지 그리고 전통적인 방식으로 동의할 수 있을 것이다(이 책의 앞 부분, p. 33 참조). 그러나 다른 한편으로 사람들은 pneuma와 화염, 불의 가스, 즉 그것의 의미가 정신이라는 단어에 밖에 흔적을 남기고 있지 않는 것과 같 은 불의 가스 사이의 구별에도 이의를 제기할 수 있을 것이다. 사태는 분명히 보다 복잡하게 얽혀 있다. 우선 우리는 아리스토텔레스가 『호흡에 대해서』 (XV, 478a 15)에서 '영혼의 불'에 대해서 말하고 있는 것을 상기해야만 한다. 그 러나 psyché가 pneuma는 아니다. 아리스토텔레스는 오히려 pneuma를 태양 의 불과 열에, 그것의 자연적인 결과인 증기와 가스에 결합하고 있다. 그러나 physis의 규정이 수반하는 거대한 문제들을 도외시한다면, pneuma를 열과 불로부터 절대적인 형태로 분리시키기는 어렵다. 비록 그것의 원천이 태양 과 마찬가지로 '자연적인' 것에 그칠지라도. 나는 여기에서 엘렌 이오아니디 Hélène Ioannidi의 풍부한 분석을 참조하고자 한다. Hélène Ioannidi, Qu'est- ce que le psychique?, in *Philosophia*, nos 15-16, Athènes, 1985-1986, p. 286 이하. 예를 들어 종자와 영혼 사이의 관계가 문제가 되는 부분에서 저자 는 이렇게 쓰고 있다. "동물의 열은 불에서 비롯되는 것이 아니고 pneuma, 뜨거운 공기, 가스에서 비롯된다. pneuma의 자연적인 본성은 천계의 요소와 유사하다. '…불은 어떠한 동물도 낳지 않는다. 그리고 불타오르는 질료 안에 서는 그 질료가 습한 것이든 마른 것이든 어떠한 존재도 형성되지 않는다. 이 와 반대로 태양의 열은 동물의 열과 마찬가지로 낳는 힘을 갖는다. 정자를 통

해서 표면화되는 열뿐만이 아니다. 무엇인가 다른 자연적인 잉여물이 산출된다면 그것도 또한 생명의 원리를 소유하고 있는 것은 아니다.' 수컷에 의해서 발산되어, 혼의 원리는 수컷이 쏟아 내는 정자의 체내에 포함되어 있다. 혼의 원리는 신체와는 불가분의 것과 함께 그것과는 독립한 저 신적인 것, 지성도 포함하고 있다."(p. 294, 저서는 주에 이렇게 덧붙이고 있다. "이 용어(pneuma)로 아리스토텔레스는 물론 증기, 가스, 공기, 흐르는 액체를 이해하고 있다"고 루이Pierre Louis는 주를 달고 있다."

92 이에 대한 참고문헌을 여기에서 다 거론하기에는 너무 많다. 이 맥락에서는 『구원의 별L'Étoile de la redemption』에서 프란츠 로젠츠바이크Franz Rosenzweig가 불, 정신, 피 그리고 약속에 대해서 말하는 부분을 특기할 만하다. L'Étoile de la rédemption, Le Seuil, coll. ≪Esprit≫, 1982, trad. A. Dezczanski et J.-L. Schlegel, p. 352 이하.

93 여기에서도 참고문헌의 수는 너무 많으며 또한 그것들을 다 거론할 필요는 없을 것이다. 그러나 바울이 '혼의 인간(psychikos anthropos)'—이것은 'animalis homo' 또는 'homme naturel'이라고도 번역된다—과 '영의 인간(pneumatikos, spiritualis)'을 구별하고 있다는 사실을 분명히 해 두자. 전자는 신의 정신으로부터 오는 것(ta tou pneumatos tou theou)을 영입하지 않는다. 즉 pneuma로서 또한 [신의] 숨결이 불어넣어진 말이기도 한 성령을 영입하지 않는 것이다. 마태가 전하기를 "…말하는 것은 그대들이 아니라 그대들 안에서 말하는 그대들 아버지의 정신(to pneuma tou patros)이기 때문이다."(X. 20, trad. J. Grosjean et M. Léturmy, Gallimard, 1971, p. 33.) pneuma(spiritus)는 성스러울(agion, sanctus) 수 있거나 불순할(akatharton, immundus) 수도 있다(예를 들어 「마태복음」 12:43, 「마가복음」 1:26, 3:11 등).

내가 아는 한에서 하이데거는 이것과는 다른 맥락에서 단지 한번 밖에 성령(pneuma agion)에 대해서 시사하고 있지 않다. 그러나 불은 그렇게 멀리 있지 않다. 거기에서 문제가 되고 있는 것은 glossa, lingua, langue, language, 이러한 단어군은 다른 한편으로 [프랑스어로] parole, language, langue를 동시에 의미하는 [독일어] Sprache의 번역을 어렵게 만든다. 이러한 사실은 주지의 사실이다. 하이데거는 이러한 관점으로부터 'Die Sprache ist Zunge', 말(la parole)—언어(la langue)—는 혀(langue)라고 주를 달면서 루터에 의한 불가타Vulgate[라틴어 성서] 번역을 인용하고 있다. "…그리고 그들에게 불처럼(wie vom Feuer) 갈라진 혀들(Zungen)이 나타났다. …그리고 그들은 다른 혀들로 설교하기 시작했다." 그럼에도 불구하고 이러한 말하는 새로운 능력(Reden)은 단순한 달변(Zungenfertigkeit '잘 돌아가는 혀')으로 이해되고 있는 것이 아니라 **pneuma agion**, 성스러운 숨결(vom heiligen Hauch)로 충만해 있다."(Unterwegs zur Sprache, p. 203, trad. légèrement modifiée, p. 189.)

94   하이데거는 "철학에서 단번에 그리스 철학으로 되돌아가는 것은 불가능한 것과 마찬가지로 서양의 역사와 철학에 기독교가 미친 영향을 강제적인 선언에 의해서 폐기하는 것은 불가능하다"고 인정한 후에, 또한 "서양철학의 시작은 '그것의 가장 강력한 적대자, 일반적으로 신화적인 것, 특히 아시아적인 것을 극복해야만 했기 때문에 위대했다"고 상술한 후 이렇게 덧붙이고 있다. "셸링이 자유에 대한 논문에서부터 기독교의 적극성을 갈수록 강력하게 강조하는 것은 확실하다. 그러나 그것으로 그의 형이상학적 사유의 본질과 의의에 대해서는 아무것도 결정되지는 것은 아니다. 왜냐하면 그의 사유는 이런 방식으로는 전혀 이해되지 않고 있을 뿐 아니라 이해될 수 없기 때문이다. … 이렇게 (악을 죄로) 해석하는 것에 의해서 악의 본질은 전적으로 특정한 방향에서 보다 첨예하게 드러나게 된다. 그러나 악은 단지 죄가 아니며 죄로서만 파악될 수 있는 것도 아니다. 우리의 해석이 존재에 대한 본래적인 형이상학의 근본적인 물음을 목표하는 한 우리는 악을 죄라는 형태로 문제 삼는 것이 아니라 존재의 본질과 진리의 관점에서 구명할 것이다. 이와 함께 다음과 같은 사실도 간접적으로 드러난다. 즉 악을 파악하기에는 윤리학의 지평은 불충분하며, 윤리학과 도덕은 악의 극복과 거부 혹은 그것을 감소시킨다는

의미에서 악에 대해서 취하는 태도와 관련된 입법일 뿐이라는 사실이 말이다."(Schelling, p. 175, trad. J.-F. Courtine, p. 251-252.)

95 예를 들면 『휴머니즘에 대한 편지』에서 동일한 테제들을 강조하면서, 그것들을 '형이상학'에, '의지의 형이상학'에, 또는 '인간을 animalitas[동물성]로부터 출발해서 사유하면서' '그의 humanitas[인간성]의 방향으로' 사유하지 않는 형이상학에 대립시킬 때조차도 그렇다. "인간의 신체는 동물의 유기체와 본질적으로 다른 어떤 것이다. 생물학주의의 오류는 인간의 신체적 차원에 영혼을, 영혼에게 정신을 그리고 정신에게 실존적인 것을 쌓아 올리고 이제까지보다 더 소리 높여 정신을 높이 평가할 것을 주창하는 것을 통해서 극복되지 않는다…"(trad. R. Munier, Aubier, p. 59)

96 p. 60

97 p. 173-174; trad. J.-F. Courtine, p. 249.

98 우리가 앞에서(p. 57-58) 높이에 대해서, 방향에 대해서, 고양l'érection에 대해서 말했던 것에 대해서 참조할 것. 단순하고 일면적인 어떠한 귀속도 피하기 위해서 우리는 에마뉘엘 레비나스를 인용할 수 있을 것이다. "우리가 이 순간에 주석을 덧붙이고 있는 절들의 각각에서 우리가 부딪히는 문제들은 남성들과 여성들의 인간성을 남성적인 것의 정신성이라는 가설과 화해시키는 데에 있다. 여성적인 것은 남성적인 것의 상관자는 아니고 그것의 필연적인 귀결이다. 여성적인 것의 특수성 혹은 그것이 수반하는 성의 차이는 '정신'을 구성하는 대립들과 동일한 높이에 처음부터 설정되어서는 안 된다. 대담한 물음: 어떻게 해서 성의 평등이 남성적인 것의 우위로부터 생기는가?"("Et Dieu créa la femme", in *Du sacré au saint*, Minuit, 1977, p. 141). 이 구절을 나는 다음 논문에서 인용하고 해석했다. "**En ce moment même dans cet ouvrage me voici**", in *Psyché: Inventions de l'autre*, p. 195. 이러한 해석은 또한 레비나스에서 인용부호(p. 191 그 외 여러 곳)의 문제, 재의 문제(p. 184-202), 그리고 심적 현상의 문제(p. 166)에도 관련되어 있다,

99   예를 들면, 하이데거가 불화(Zwietracht)에 대해서, '타격(성질)로서의 '분-리'에 대해서, 'Umschlag轉化'로서의 급변에 대해서 말하고 있는 부분들을 참조할 것, Schelling…, p. 215-217, trad., p. 305-307.

100   p. 61.

101   p. 66.

102   p. 79.

103   p. 67.

104   p. 80.

105   "Comment ne pas parler", in *Psyché: Inventions de l'autre.*